主　编　刘士喜

副主编　李昌玉　苏宇明　罗毅

编委会成员（以姓氏笔画为序）

王　玮　羊毛措　杨　洵　张旭彬　张　浪

罗　部　侯涵莹　鄢万春　魏书君

追梦·逐梦

——2021年四川省国家奖学金获奖学生风采录

四川省学生资助管理中心◎编

四川大学出版社
SICHUAN UNIVERSITY PRESS

图书在版编目（CIP）数据

追梦·逐梦．2021年四川省国家奖学金获奖学生风采录 / 四川省学生资助管理中心编．— 成都 ：四川大学出版社，2022.12

ISBN 978-7-5690-5678-5

Ⅰ．①追… Ⅱ．①四… Ⅲ．①大学生－模范学生－先进事迹－四川－2021 Ⅳ．①K828.4

中国版本图书馆CIP数据核字（2022）第180143号

书　　名：追梦·逐梦——2021年四川省国家奖学金获奖学生风采录

Zhuimeng·Zhumeng——2021 Nian Sichuan Sheng Guojia Jiangxuejin Huojiang Xuesheng Fengcailu

编　　者：四川省学生资助管理中心

选题策划：庄　溢

责任编辑：庄　溢

责任校对：王小碧

装帧设计：墨创文化

责任印制：王　炜

出版发行：四川大学出版社有限责任公司

地址：成都市一环路南一段24号（610065）

电话：（028）85408311（发行部）、85400276（总编室）

电子邮箱：scupress@vip.163.com

网址：https://press.scu.edu.cn

印前制作：成都完美科技有限责任公司

印刷装订：四川盛图彩色印刷有限公司

成品尺寸：170mm×240mm

印　　张：23.5

字　　数：405千字

版　　次：2023年2月 第1版

印　　次：2023年2月 第1次印刷

定　　价：42.00元

扫码查看数字版

四川大学出版社微信公众号

序

“青年强，则国家强。当代中国青年生逢其时，施展才干的舞台无比广阔，实现梦想的前景无比光明。”“广大青年要坚定不移听党话、跟党走，怀抱梦想又脚踏实地，敢想敢为又善作善成，立志做有理想、敢担当、能吃苦、肯奋斗的新时代好青年，让青春在全面建设社会主义现代化国家的火热实践中绽放绚丽之花。”这是习近平总书记在党的二十大报告中向广大青年发出的最强动员令。从 2002 年起，为鼓励广大青年学生勤奋学习、努力进取、勇于实践、敢于创新，实行国家奖学金制度，每年从全国本专科学生中，评选出德、智、体、美、劳全面发展特别优秀的学生，向他们颁发国家奖学金。获得高等教育中级别最高、奖励幅度最大的奖学金，对他们来说是一项莫大的荣誉和鼓励。

为展示当代大学生的青春风采和奋斗精神，充分发挥榜样示范作用，从2015年起，四川省每年从国家奖学金获奖学生中遴选出 100 名优秀代表，请他们以自己的视角和语言，讲述大学期间的学习、生活故事，追梦、逐梦风采，集结成《追梦·逐梦——四川省国家奖学金获奖学生风采录》。本次遴选的 100 名获奖学生，每一位的故事都很精彩感人。四川农业大学的董孝容同学，以仅高于调档线 4 分的成绩考入四川农业大学，通过脚踏实地的拼搏，取得硕士研究生推免资格，如愿拿到中国科学院大学的录取通知书，成为师生口中不仅学习好、学生工作也干得好的“拼搏女孩”；

成都理工大学的袁希强同学，初入大学不清楚自己的人生方向，内心迷茫，但默默坚持、不懈努力，最终荣获了国家奖学金等十余项奖励；成都中医药大学的黄开月同学，初到大学，不知道如何将理论知识与临床技能相联系，不知道中医与西医如何融通，但没有气馁、潜心钻研，撰写的论文被北大核心期刊发表，以第一发明人的身份成功申请实用新型专利；四川师范大学的朱钱阳同学，从“六十分万岁”到专业成绩第一，最终被保送到电子科技大学……这样的故事还有很多。我们希望通过宣传他们的成长成才故事，引导广大青年学生以榜样为“镜”，学习他们志存高远、奋发图强的精神，以奋斗追梦逐梦，为人生添姿增彩。

宝剑锋出磨砺出，梅花香自苦寒来。中国特色社会主义进入新时代，实现中华民族伟大复兴，建设中国特色社会主义现代化强国，希望在青年，力量在青年。青年大学生是青年中的佼佼者，是青年人的领航人，衷心期望青年大学生朋友立大志、明大德、干大事，以德为先、以学为业、以勤为径，不负青春、不负韶华，争做时代的弄潮儿、强国的建设者、伟业的接班人。

中共四川省委教育工委副书记，四川省教育厅党组成员　张澜涛

2023 年 1 月 13 日

教 育 部 文 件

教育部关于2020—2021学年度本专科生国家奖学金获奖学生名单的公告

根据《财政部 教育部 人力资源社会保障部 退役军人部 中央军委国防动员部关于印发〈学生资助资金管理办法〉的通知》（财科教〔2019〕19号）和《教育部 财政部关于印发〈本专科生国家奖学金评审办法〉的通知》（教财函〔2019〕105号）的相关规定，教育部、财政部联合成立了国家奖学金评审领导小组，设立了国家奖学金评审委员会，按照客观、公平、公正的原则，对各省（区、市）、计划单列市及新疆生产建设兵团教育部门，中央有关部门（单位）教育司（局）和教育部直属各高等学校报送的本专科生国家奖学金评审材料进行了认真评审，现将获奖学生名单予以公告。

希望全国高等学校学生以获奖学生为榜样，勤奋学习、积极进取，争做德智体美劳全面发展的社会主义建设者和接班人。

教 育 部

2021年12月17日

2020—2021 学年度本专科生
国家奖学金获奖学生名单
（四川，2128 人）

四川农业大学（70 人）

甘富全　唐玉挺　王柏林　曾　辰　王　杨　康　玉　王金杰　胥德玉　巨正霖
关依然　丁家琪　董孝容　林　彬　王宇博　陈峻熙　欧仕文　刘玮雯　黄怡婷
董潇潇　杨辰宇　宋嘉锐　张嘉博　李晓萍　曹潜者　魏　群　徐　科　叶　子
张　寒　李芷晴　李明潞　崔桐灏　胡博海　段鉴书　俞叠甜　陈媛媛　卢桂蓉
何媚琳　龚晓娇　杜　珂　付太飞　刘晓慧　胡语梣　邱雨荷　唐钧洲　杨欢欣
曲馨乐　谢守红　赵佳怡　文　婷　廖雪伶　张　琪　张芸菡　陈聃聃　赵伟豪
赵钰洁　谭文杰　丁治中　陈　仪　董瀞颙　陈　立　杨喻洁　徐　佳　魏盈东
黄楚涵　江　晗　董心倓　郭云凤　杨　萍　黄琰朔　刘　敏

西南石油大学（52 人）

王　睿　吴雪玲　魏长江　高　烁　戴启辰　牛碧莹　韩昕培　康传哲　胡子木
李正煜　桂润茜　袁凤霞　刘嘉美　林晓熻　谭　晶　刘彩怡　李相红　杨守威
陶大海　李林峰　莫峦奇　巴金宇　寇　豪　冯　浩　刘自阳　霍梅妮　李烈兴
赖雅琪　许　晓　史天瑜　张津溪　张晨曦　罗予均　和凤扬　王彤彤　胡力文
陈　霞　肖明洋　任江南　柴　迪　胡芮瑛　曾　诚　陈　乐　雷　岚　杨　航
杨　柳　罗　玉　黄欣婧　刘思梦　汪韵畅　彭欣玥　何容华

成都理工大学（51 人）

姜博涵　张睿泽　罗　倩　张展阔　刘智欣　王　彬　苏进源　袁希强　刘昊杰
王佳蕊　王杉杉　孙思雨　罗　川　冯文佼　程盈盈　黄成洋　李若晨　鲜宇鑫

苏阿丽 夏澜绮 张新萍 卓雪霜 段嘉骏 周轩怡 王凯龙 孙于淞 郭睿晗
刘雨蝶 罗有天 鲁建男 杨婧宜 白雨夕 杨 文 侯汶利 张 倩 梅江海
曾雨婷 安 康 张世和 吴珺泓 李尔康 卢 璐 谭伊人 杨 蕤 卢彤彤
陈示亦 高瑞雪 吴薇羽 牟立强 杨 帆 金文中

成都中医药大学（34 人）

欧阳旭 张治洋 曾 玉 李竺蔓 程 思 陈琪琪 肖 祥 吴宣谕 任雪雷
叶舫航 黄开月 李紫钰 张 敏 胡启超 唐一丹 罗 丹 徐涯鑫 安梓淇
余佳琳 罗 灿 何 艳 王 骞 彭馨怡 王瑞雪 杨兴雨 龚文洁 赵文卓
龙建宇 谢晓芳 郭金萍 耿浩铭 乔晨烨 徐佳星 尹沫淋

四川师范大学（59 人）

于岳秀 肖千千 郑 好 陈 昕 高 雅 杨贵诗 黄 婷 吴宇伦 秦润玥
陈虹蓓 王启伶 柏佳怡 陈泓佳 徐 睿 张志杰 彭希翠 王 冬 冯 锐
杜俊良 刘奥博 王 欢 王思明 韩 双 薛 月 岳 庆 杨蕾蕾 李怡敏
张靖好 毛艳萍 王艺霖 胡议月 朱钱阳 李思佳 白 佳 郑伯松 武 雨
靳羽天 杨 灿 马枭飞 缪银海 王乙番 马润琦 郭 柳 闫璐垚 范源麟
张 洁 王慧琳 刘 静 蔡 玲 刘湘渼 邱懿宣 郑欣茹 黄怡婷 余 涵
朱 琳 赵思民 王 越 石晶晶 何彭思漪

西南科技大学（55 人）

李凌宇 杨圣龙 张秋婧 高 源 王一欣 邓博川 翁瑞雪 李云洋 蒋海洋
廖燕燕 许龙倩 王 波 杨天龙 陈长锋 陈潇然 李 芮 韩雨芯 谢心澜
胡金典 王 岚 董世骞 邓展鹏 钟丹丹 张玲玲 苏鹏鑫 杜 娟 高 浩
叶媛丽 吴佳艺 苟兆霞 孙颖颖 雷绍鑫 陈诗韵 李 昕 肖媛洁 袁歆怡
石静怡 栗华杰 罗 洪 沈相姗 胡旭阳 王 璨 施 云 张 露 曾泽浙
李晓婷 梁琬璐 田密密 李坤雨 乔国泰 王琦源 舒青山 邓思琪 张 雕

蔡雯馨

西华大学（67人）

何　琴　赵　灿　梁　煜　刘　婷　杨海燕　李思远　张　敏　严家富　崔志安
唐靖媛　左洋朋　王　铭　刘　祥　姜美岑　周硕聃　谢　琪　严单单　谢紫欣
张小杰　缪思玘　张玉洁　汪　森　周柏利　张艺菲　张兴艳　郭逸萱　谷松泉
刘芝樱　付　杨　张天圣　赵潇然　邓彬彬　王艳阳　刘　一　韩佳利　倪光鲜
黄琬芯　林红岭　买瑞学　徐万芳　宋淯丰　陈柯莹　丁　秦　杨　艺　卢忠杰
王　泽　潘绍芬　包　婷　吴　浩　罗上清　梅　磊　陈艺玮　王　涵　李　欢
周文静　于　虹　冯　倩　但思静　胥美琪　代　宇　张愉情　邓欣欣　刘　欢
唐万钰　胡欣怡　邵振东　魏方玲

成都信息工程大学（37人）

刘　微　张梓桓　王永鑫　程　帆　李子欣　牛梦晨　翟福成　陈相纬　李晨嫣
张超权　郁智轩　于　越　何思思　张礼望　唐艺媛　范菁菁　谈宇轩　王　祺
黄彬伶　张　瑜　万　艳　谢桐萌　黄晓涵　何　遥　刘祥源　段　玲　石筱晨
吴丹洪　高宏宇　姚松松　洪兴宇　谢晓雨　周　璇　袁　巧　黄煜然　李淑敏
张淑芳

四川音乐学院（22人）

党　婕　高佳颖　付　瑶　曹颖豪　李佳芮　匡泓霖　朱　媛　刘恒汐　王雨菲
方　晴　吴知翰　潘孝玉　李铄仪　陈　刚　刘　宇　林依妮　何芸倩　母　丹
郭　杨　裘思扬　宿　帅　巩雨霏

成都体育学院（13人）

邓家鑫　冷雯雯　李　睿　刘子与　向佳欣　韦　思　张瑞悦　张　铭　唐　彬
范纤千　赵雪佚　刘美瑜　黄张嘉洋

西华师范大学（47 人）

廖熙雯　刘美廷　侯道松　陈海燕　高才钧　江孟娟　王启帆　何　湘　余　娇
程小宸　李雨嘉　程可馨　薛焯林　倪　亮　余　健　李洪沂　王锦鹏　朱　丽
陈晓苑　周　月　李世鑫　黄　婷　杨　瑜　邹　凌　陈　皑　陈昱同　张宝开
周玉梅　肖　沁　陈思洁　袁　娟　田瑞歆　屈嘉颖　梁与桐　陈春竹　蒋　城
怀　玉　李　玲　杨　娇　代慧芝　胡帮勋　张学蕊　李东叶　杜小奇　袁子婷
李　磊　张　琦

四川轻化工大学（62 人）

钟　袁　罗启铭　代尧兰　肖汗惊　唐文桃　高瑜婷　蒋　莹　马　莉　闵文东
黄金雪　李云卓　王　超　余　庆　龚美玲　邹倩玉　刘力琪　陶玉洁　刘心怡
罗西尧　高　凤　严开惠　佟婕歆　周　济　孟山力　李孝权　唐文静　胡　玲
龚　蝶　张三妹　潘海能　张鸿江　曾婉旭　刘丽红　李红霞　李　杨　夏　雪
王雅琳　王淇莹　吴小红　张清然　钟玥苗　狄莉香　何春霞　杨　锐　洪维维
张　敏　陈　晨　杨　域　欧小蓉　张宇豪　贺　聪　欧玉梅　谢星月　李慧宁
胡财富　邓雨婷　周泽伟　先俊泽　周小琪　杨宇柔　罗　丹　江　宇

西南医科大学（27 人）

薛　岚　兰　婷　聂慧宇　李蜀闽　施灵锐　杨彬彬　袁静篸　邓艳梅　唐钰涛
周子渲　崔钰婷　殷晓珮　陈智溢　胡馨月　舒雪倩　杨　源　冯恬异　邱　香
王　喜　李秋池　简春霞　张天姿　胡雨蛟　胡　洵　王虹雨　罗玉玺　沙马伍各

川北医学院（28 人）

刘霜飞　徐　琴　唐诗祎　程登龙　张汇玲　卢世蝶　段诗雨　王子墨　唐　静
白　雪　宋锦渲　刘作华　刘诗琪　徐孟洋　张芯瑞　张立东　杨暄琦　黄一洋
陈韵洁　马玉雯　谢好婕　李佳瑄　黄　英　车　俐　彭才婷　罗　鑫　陈　鸿
李紫仪

成都医学院（21人）

余思琦　潘伍亮　李　梁　付晓焰　李　娜　徐才敏　李方怡　肖　湉　何雪林
黄冬梅　何　好　钱春柳　段雨洁　刘瑞雪　周鹏宇　倪文丽　袁思弈　李疏颖
徐玥茜　张瑞欣　白欣雅清

内江师范学院（30人）

段王卓　李　新　李　慧　王韵西　廖有琴　王小蝶　蔡　雨　敬小强　张昭辉
陈倩红　李雯婷　李春香　卓晓琳　梁龙情　廖溢琦　唐富英　兰泽林　范小龙
肖　静　杨　忠　杨　兰　鞠娇娇　李宇星　郭　静　毕林杰　代金贝　李雪梅
范　杰　陈金香　方慧琳

乐山师范学院（31人）

敬开壮　肖　尧　罗培杰　王艺潼　张兰心　黄馨蕾　徐乙丹　雷升琼　王鑫怡
张宇洋　胡潇云　谭文霞　汪航飞　邓沛琳　郑泽兰　杨　棋　彭湖弯　王玥瑶
秦　倩　王玉曼　赵洋洋　周雯慧　李月书　胡雪琦　姚雨婷　蓝红林　侯诗雨
罗馨梦　李华清　贺嘉怡　夏梦蝶

绵阳师范学院（31人）

王世滢　王淏婷　赵钰平　贾　真　任广琼　王宇鑫　邓雪莲　李明瑶　王　琦
王鸿儒　李　雪　袁　媛　唐大芩　王　曦　熊　维　周淳瑜　熊　睿　肖丽娟
贾又珺　余苹苹　黄晓妹　舒树雨　童兴燕　刁星语　李欣沂　叶晓雨　刘　婷
马嘉璇　唐泽玉　王雨秋　徐　瑞

四川文理学院（24人）

许继钊　程小双　徐德容　陈　丽　杨　洋　袁丽娟　何一东　林黎明　黄旖旎
石雅楠　江　逸　聂　文　李涝羽　于慧晴　刘灿钰　郭婷婷　叶春美　骆　萌
刘　璐　韩雨露　曹　烽　罗双玉　蒋奇玲　廖玉兰

成都大学（37 人）

任米鑫　吴树根　庞紫琳　潘　静　赵家琛　李　丽　白素伊　李芮琪　严轲怡
袁天豪　张国馨　王光宇　王源源　江燕林　李　慧　泮梦瑶　邓芮林　王艳琳
王泽惠　曾　月　李梦娇　唐　嘉　利　焰　贺太平　曹　龙　朱思棋　缪瑞丹
罗怡龙　化　垚　唐小容　钱丰奎　黄　韬　李佳伟　魏弘凯　曾广群　熊雅倩
王路瑶

宜宾学院（33 人）

唐荣辉　文桂胶　宋文谊　宗贵淋　王胜杰　代佳灵　曾婷婷　刘文平　杨　丹
李雪嘉　文红又　梁　锐　康　帅　梁　露　陈蕾宇　李　辉　鲁　俊　龙祥彬
胡丽莎　高　侨　朱萍慧　李金洋　吴　芳　柯曾莉　李　潇　张　巧　杜双梅
王　芸　马　骁　唐　密　吴小婷　龙金焰　张伊倩

西昌学院（32 人）

严　雨　李沁涟　蒋欣琪　包欣雨　刘　君　高荣霏　李　琪　周云鑫　高小淇
李元鹏　杨　彪　杨　凤　罗吉祥　郭婷婷　谭佳林　曹　月　罗　净　付家新
姜柯臣　舒婉婷　李　昕　许　郭　周光强　蒋　文　黄露茜　王　欢　刘晓红
肖歆懿　刘　鑫　比木洛康　黑莫伍呷　拖木子沙

四川民族学院（15 人）

周芯妍　杨凌霜　赖仕应　刘虹利　邓媛媛　罗　岚　杜红竺　谭嘉妮　卿　成
王海燕　陈晓瑞　程远术　王佩贤　索南木措　余航洋乐

四川警察学院（8 人）

郑媚桂　蒋羽蝉　林芮竹　郑傲麟　徐子媛　周雅雯　谢美圆　李薪格

攀枝花学院（26人）

李平贵 刘　曦 黄春梅 王　霞 郭英娇 王彬彦 马安明 徐诗蕊 钟慧敏
邹　雪 米甜梅 王　菲 王　梓 蒲兰兰 王　玥 宋慧锦 邹　蝶 钟海霞
李锦秀 郑成松 郑　旺 黄　涛 谭建英 黄　稀 乔　敏 赖依玉蔓

成都师范学院（26人）

田雪颖 蒲雨欣 董　濠 陈　静 杨　洋 周　维 刘越波 王润柯 刘晓淳
廖鑫瑜 匡　越 袁玉丽 胡玲霞 桂华兰 杜　杰 肖小美 游长城 雷　田
李金桂 刘汰吉 何秀红 郭坤沙 唐　蛟 刘雨庆 葛文萱 徐雅玟

成都工业学院（23人）

郭乃溯 夏双洪 王　誉 魏　星 谢圣富 李　健 刘　畅 杨清清 袁江龙
黄佳薇 薛俏榕 杜　平 雷从林 唐胡林 龚姝月 杨　诗 杨　鹏 杨　冉
张　磊 张瑞森 江艺豪 胡飞扬 张秋生

四川旅游学院（16人）

刘诗语 李　璟 申圣铃 张　青 何　容 代雨洋 陈俊宏 吕雨欣 鲜謦伊
蒲白雪 徐　航 刘凤雷 李　欢 马小华 李　雪 郑晓莉

阿坝师范学院（17人）

罗明凤 陈虹吉 李　行 苟灿娟 张馨月 杜火兵 杨　悉 陈星颖 晏文智
聂　瑞 王乾龙 孙　澳 卓　措 公　晨 刘钦瑕 侯孟春 李天意

成都东软学院（14人）

杨　帆 杜静文 黄欣然 邹婧婷 刘开霞 龙海洋 于　丽 张巾巾 甘卿玲
严佳燕 任丽萍 羊　华 王　笑 欧阳生林

四川传媒学院（37 人）

朱文君　田雨凡　赵井源　周天泽　赵乾昕　兰　洋　税航磊　付宇琪　王景义
张芮嘉　吴佳豪　王艺扬　陈文雨　刘娇娇　刘子怡　王利慧　邓丽玮　刘晶晶
张靖华　刘雪莹　宋沁珂　宫宇航　张梦辰　庞可欣　高翊恺　郭窈嘉　郭琦博
傅　龙　黄越展　唐浇浇　刘文静　张玉婷　邓泳伶　蒲　芸　王龙森　霍浩杰
赖　蝶

成都文理学院（35 人）

徐云强　李梦瑶　韩芙君　曹　婷　杨凤琳　李　政　税　丹　解　肖　王　佳
叶汶雯　黄雨昕　马文焕　李蕊红　徐　春　孙　林　陈嘉雯　崔钰婧　李春江
林津羽　贺庆辉　李　翠　陈兴江　李宛宏　李星蓉　李　欣　杨　淇　孙研华
曹紫琲　岳　燕　李　娇　高梦瑶　高友春　吴晨溪　吴冰好　郑　洁

四川工业科技学院（19 人）

张宝山　熊勇强　曾永禧　吴刘密　缪应芬　蔡　建　吴佳婷　苟　聪　张　月
唐光超　徐朝林　谢青文　唐科奇　黎晨瀹　张译丹　徐溶胤　李兴海　韩春兰
李　莉

四川文化艺术学院（19 人）

林梓烁　夏贯新　赵一丹　杜怡霖　夏梦洁　王天茹　杨振宇　张梁慧　刘宏玉
陈　曦　杨李豪　王妍如　吴佳佳　黄成密　刘　艳　黄胜男　曹旭龄　李炜璇
曹必琼

四川电影电视学院（23 人）

胡子莹　李　鑫　朱益靓　李宇豪　陈　丹　刘萍英　邵海瑞　张清砚　黄海燕
张园缘　钟璐瑶　邓乔予　黄雯倩　杨涵涵　杨朝会　李诗怡　孙建曾　戴　畅
罗纯洁　柴璐颖　陈子怡　曾婉璐　瓦西牛妞

成都锦城学院（32人）

杜蒙男　沈资源　李耀雄　伍宣颖　李名悦　游和翔　李成奥　谢函峰　陈天宇
宋文刚　梅海涛　尹海雯　龙傲燃　白郅豪　袁　逍　毛新雨　赵天文　何典点
任芷欣　余柯颖　姚春江　孙宇辰　习　峰　韩鑫祺　钟连杰　王浩全　黄垲淋
岳紫蕊　王珽瑞　彭昱婷　李　杏　杨天淼

成都银杏酒店管理学院（12人）

肖丽津　卢艺豪　向洪萍　易　欢　陈思雨　李　怡　戴子汶　赵燕玲　陈虹如
吴俐清　王群瑶　刘　丹

电子科技大学成都学院（22人）

杨宇新　刘毅臻　苏铄寒　赵　璐　周贤阳　罗　瑞　钟盛葳　陶沁玉　孔维建
陈文涛　郦佳雯　杨　颖　樊梦可　代　江　陈文健　纪松江　程　洁　黄　晨
胡力雯　陈其银　曾小可　邹玉洁

成都理工大学工程技术学院（23人）

汪　雪　石　妍　姚　怡　王　坤　周文倩　石侦汐　谭　江　王　硕　滕　站
孟　轲　池　翔　罗建民　谢乾滨　周辅杰　孙甜甜　覃　洁　高　丹　魏柯达
陈志薇　张　杰　邝倍源　田家赫　刘　丹

四川工商学院（30人）

黄秋鑫　黄培灵　彭思月　陈青青　胡晓雯　钟永欢　陈小波　李玉凤　樊明悦
陈心悦　周晓萍　柴慧琪　艾　敏　张　泽　黄晓慧　黄雪莲　李平川　王　旭
许消晨　刘文迪　高晓云　吕成鑫　赖琳丹　李晓平　康秀清　陈　静　齐艳艳
姚禧婕　张钟文　杨　冰

四川外国语大学成都学院（21 人）

姜秋月　刘诗熠　赵晓瑜　邓心怡　何宇杰　汪　洋　赵颖琳　袁玉婷　巴悦绮
孟端端　刘沁源　陈　云　乔泷泷　黄家璇　张苑婷　罗来宇　邹嘉雯　欧杨柳
吴云天　全亚美　周俊杰

西南财经大学天府学院（31 人）

张烨佳　罗婉婷　杨　倩　钟林秀　刘思宇　胡佳文　张雨欣　刘圆瑞　王冰冰
彭麟寒　蒋宏宇　彭　艳　马柯名　朱辰洋　冯垚霖　霍　骄　孙靖婷　肖洪瑶
杨依健　李苓雪　何易函　毕又文　尹　淋　揭薪宇　谢　丹　谢　婷　刘思琦
袁宇周　谭智琦　游书阅　云　朗

四川大学锦江学院（25 人）

丰英铃　雷会莲　马惠玲　王礼伟　向宇杰　董泽如　干云龙　朱思琦　黄欣宇
文　杰　杨　可　欧　淳　李小双　韩　湘　杨汀钰　蒋文倩　熊　宁　毛　婷
张宝怡　陈　勋　陈　英　孙辰亮　刘思敏　李　洁　郑浩东

绵阳城市学院（14 人）

徐　静　周芸芸　蔺相月　杨　洋　姜星雨　谢爱薏　唐菊祥　谭海蓉　李诗雨
院　静　雷　悦　杨　琴　张海波　韩学昭

西南交通大学希望学院（28 人）

阳　祺　郑关羽　赵继松　卫宇航　贺志豪　胡沙沙　李　静　康淑雯　余海涛
沈秋伶　查天宇　毛雅茜　杨　恬　易椿林　赵茂尧　李　萍　符　芳　王　海
代继贤　王　深　梁同天　刘　巍　颜子杰　彭　锴　李可欣　张传祥　王中芳
黄宇佳

成都艺术职业大学（18人）

熊富丽　杨　伦　巴小平　蒋　鑫　陈旭婷　唐棋林　黄靖婷　黄锡炼　周　阳
田如意　徐　澄　吴文凤　王思涵　张　鑫　谢丽君　蒲姣利　王嘉欣　欧其牛牛

吉利学院（4人）

刘星岑　刘昕奕　黄成云　蒋家快

成都纺织高等专科学校（13人）

周海燕　潘艺璇　刘辉雁　陈宥熙　蒋　勤　邱静宇　李　洋　姚　毅　庄依婷
梁小俣　李　洪　罗丕江　林雨昕

四川中医药高等专科学校（18人）

孙一心　李　湘　张　洋　叶秀艳　姜蔼芩　林雨佳　杨　林　李　豪　肖洋洋
周　丽　王　霞　莫　倩　陈麒龙　章芙兰　李　莉　王　漫　杨婷婷　阿加伍勒

四川幼儿师范高等专科学校（15人）

蒲华容　江馨岚　袁佳艺　习婷婷　冯渔洋　郭小烧　杨友会　宋震霖　范逸菲
彭海斌　陈思琦　邓应雯　王绍岩　黄莉岚　吉克牛牛

川北幼儿师范高等专科学校（11人）

龚美琳　周雪梅　唐思琪　岳佳霖　余诗琪　张婉莹　王姝洁　罗　佳　郑茂洁
黄　杰　黎诗佳

川南幼儿师范高等专科学校（9人）

杜熙滢　方一超　冉　扬　林亚军　刘媛媛　刘一箱　潘海伦　杨振欣　李安芬

民办四川天一学院（11 人）

李洪波　廖学琴　王　宇　何　武　陈　卓　陈思涵　赵树森　陈林霜　魏　林
蒲红君　康永莲

成都航空职业技术学院（16 人）

刘　卫　严志奎　白跃平　向家成　李柏兵　刘远鸿　陆德意　田明昊　邬昕蔚
翟　壮　李嘉豪　何语墨　刘思颖　何一帆　魏志豪　李义民

四川建筑职业技术学院（25 人）

陈　鹏　刘春怡　何姝颖　吴　喻　张　敏　赵　涛　付　超　陈昱昊　兰中真
何柯良　赵远鹏　余明丽　马天宇　石非石　梁峻峰　刘自萍　银庆玲　许　欢
杨佳琳　唐　龙　余自超　宋佳钰　阳　舟　凌　飞　曾美云

四川工程职业技术学院（17 人）

曾玉洁　戴　杰　李肴茜　邱　建　张天月　陶宇琳　周启凯　谢金兰　李元玉
王帮兰　刘凯瑞　马明波　李　方　曾　静　肖　淼　江柏君　彭大寿

四川电力职业技术学院（3 人）

胡　超　徐　婷　杨蕊萍

四川交通职业技术学院（20 人）

胡　涛　范小龙　袁志彪　郝成凤　丁　勤　罗劲松　王志桃　杨玉婷　李　坤
荣紫颖　李智文　岳　涛　张晓洁　卫迎甜　陈世倩　傅明月　罗婉茹　杨　懿
杨宇荟　许　森

绵阳职业技术学院（12人）

黄朝凤 韩 鹏 黄燕平 杨 洋 胡云勇 冯 陈 薛金文 魏婷婷 罗巾函
张 锐 先正梅 金心月

四川航天职业技术学院（15人）

吴俊贤 刘 爽 王 林 龚春艳 程吉辉 郭文卓 何 欣 陈 超 罗晨洛
杨雪莲 罗金菊 黄萌涛 梁小凤 廖婉婷 刘 霞

成都职业技术学院（16人）

陈谢雯 郑智佳 陈泓任 廖从萍 唐 杰 何 锐 钱春燕 刘 畅 钟亚琋
祝梦琴 唐 洁 邓 攀 朱小乔 李龙君 王 卫 熊 欢

四川化工职业技术学院（9人）

高志伟 姚清坪 胡能辉 刘 方 封 静 付枝坪 李欣瑶 罗 林 何正磊

四川水利职业技术学院（11人）

曹忠明 奉加辉 吴 倩 刘旭海 文俐蘅 罗 艺 王 婷 施晓萌 王小义
张秀莲 马世越

南充职业技术学院（15人）

喻婉芸 颜 蓬 顾兴佳 罗海燕 何俊辉 廖永强 张 凡 刘 莉 卿云龙
雷 月 周 琴 刘新宇 李芝岑 蒋昕邑 乃古么成龙

内江职业技术学院（10人）

胥文静 张 宇 刘思悦 冯 睿 林 芯 唐芙蓉 谢小芳 强文华 向嘉茂
敬洪庚

四川邮电职业技术学院（8 人）

鲁小鑫　刘　燕　蒲华琼　孙小梅　贺　星　黎　磊　罗鸿杰　朱　沙

四川机电职业技术学院（9 人）

张　睿　易雪梅　叶　慧　苏奉丹　向巧巧　邓婷耀　李　敏　侯世淋　王艾江

四川工商职业技术学院（11 人）

史　颖　苟　琳　许文莉　张静茹　何茹怡　赵盈盈　田龙阳　刘明霞　邓小凤
徐震珊　牟　倩

达州职业技术学院（14 人）

张龙骏　贺绪伟　吴美玲　李青珂　李　巧　邹清清　李　薇　陈　雨
黎若冰　皈小松　夏　鹏　周　霖　丁　娟　吉尔么色作

四川托普信息技术职业学院（14 人）

魏明珠　王炳森　马浩珲　聂钰川　汤　缘　邓　君　赖景宏　乔　彬　杨　竟
罗　特　雷　双　王聪俐　蔡琴琴　唐财玲

四川国际标榜职业学院（9 人）

姜　玲　彭　涛　罗　婷　毛希洁　赵希豪　李　艺　罗礼乐　沙玛拉提　唐　璇

成都农业科技职业学院（17 人）

谢　径　李达玺　李相睿　李瑞森　余芷雪　吴　勇　蒋立林　夏天赐　安小兰
刘　婷　李炆燕　张　钰　张　悦　罗佳林　任泽霖　张　娇　李景美

宜宾职业技术学院（13人）

马　鸿　缪　鑫　黄天禧　蒋　成　林虹宇　赵昱鸳　闫小英　陈善兵　毛建峰
刘欣悦　方思源　谢世华　焦　婷

泸州职业技术学院（13人）

贺春燕　吴志豪　陈茂林　廖嘉成　王小英　林　宛　何小琼　孙　菁　苏义军
包照伟　岳鑫源　张雨竹　邓　极

眉山职业技术学院（8人）

黄天旭　陈洪钦　舒　悦　李章淋　陈　蒋　张廷芳　彭嘉懿　林红丽

四川职业技术学院（14人）

刘学森　张友全　周礼礼　袁天生　刘雨煌　何颖玫　黄秀蓉　孙李娟　赖　彤
杨诗晗　向宏佳　谷　子　雷　丽　梁梦婷

乐山职业技术学院（13人）

蒋露依　王桃菊　王凯丽　吴　丹　谯　娟　杨雅馨　曹　鑫　向成卓　吴先洪
向永懿　李澜欣　陈美琪　尹博宁

雅安职业技术学院（15人）

兰晓玲　梅江艳　李　洋　贾川黎　蒋　蕾　赵玉琴　王　瑞　胡小龙　陈佳佳
黄志琴　李　丹　何　佳　周　平　吉斯莫里扎　俄木江林

四川商务职业学院（10人）

王　宏　詹会芳　黄瀚巧　李颙珺　曾　妮　饶文丽　郑　韩　李莎莎　蒋天俊
程小丽

四川司法警官职业学院（4 人）

陆　琪　王心悦　王　雨　薛马川

广安职业技术学院（16 人）

邵宇莎　艾巧林　江文庆　徐利菲　白红利　杨　雪　刘　林　李　晓　戴香雨
李明燕　廖鄢梦　胡明珠　毛若伊　徐　柔　马　格　赵桂英

四川信息职业技术学院（10 人）

曾世宇　谢思瑶　卿　博　陈　杰　刘珊珊　廖雨靖　向　帅　朱　锴　高进秋
罗文贤

四川文化传媒职业学院（13 人）

黄忠宇　李兹松　曾美玲　郑咏琪　邓文静　何　闯　刘燕玲　刘　叶　岑雨阳
刘珊珊　刘才凤　高　娅　段程琼

四川华新现代职业学院（10 人）

杨玉深　邓江洪　邓江琴　王　成　黄旭蝶　辜思江　柳星雨　马云龙　秦　丹
李　欣

四川铁道职业学院（5 人）

卿洪志　张钰姚　郑雨函　崔丽莉　沈红英

四川艺术职业学院（6 人）

胡佳贤　陆芙蓉　范恩博　刘译骏　雷　毅　刘心源

四川科技职业学院（16人）

李恒博　刘　凯　秦必朗　周　超　胡仁杰　王一任　魏　琴　彭文聪　赵祥宇
沈高琛　孟红英　田　洁　廖泞湘　马静美　卢枭宇　孙　吉

四川文化产业职业学院（10人）

毛明江　周　莹　李　蘩　姜　范　刘思怡　朱　燕　侯弘毅　张桂鑫　徐阳天
张育凤

四川财经职业学院（8人）

贾庆林　杜　婷　李　琴　熊　铃　徐青青　杨婕妤　龚润莲　莫色秀英

四川城市职业学院（14人）

陈思宇　徐海洋　彭英豪　李　雯　尤泓霖　姚敏雪　赵　兰　向　雨　杨绣娟
彭莉萍　邵凤婷　董春梅　陈　祥　王　熙

四川现代职业学院（13人）

张修海　徐胡林　符　瑞　李河东　马　献　徐子淦　曹淏茗　张国庆　周　波
雷婷婷　蒋欢欢　曾　婧　庞梦妮

四川长江职业学院（13人）

刘　燕　陈凤灵　张茗峙　于　万　张玉霞　史　鹏　黄桂芳　唐　铭　吕永卓
周　敏　龙　玉　谢雨馨　郑　浪

四川三河职业学院（11人）

朱财源　杨　佳　叶　婷　陈慕星　向纤婷　喻欢欢　陈俊先　何雨微　禹　雪
周利敏　刘　阳

四川卫生康复职业学院（10 人）

刘裕萍　钟　玲　肖　茂　向廷玉　唐嫣蔓　杨美玲　樊　鑫　邓玉凤　邵春霜
王雨涵

四川汽车职业技术学院（5 人）

姚森刚　王嘉鑫　李晓龙　李双凤　谢　莉

巴中职业技术学院（8 人）

刘美伶　丁　岚　杨怡逸　鲜怡婷　夏小兰　文万巧　邹　玥　阿牛五沙木

四川希望汽车职业学院（8 人）

明　鑫　周　杰　王尤杰　莫海洋　江兴运　蔡运超　陈美升　侯　杉

四川电子机械职业技术学院（11 人）

江梦玲　熊　骏　罗利蓉　喻　涛　赵文龙　陈小翠　李　霖　洪　敏　姚兰玲
李　娟　李　金

四川文轩职业学院（14 人）

王慧珍　蒋述春　李炎东　肖淑文　都成澜　李佳妮　詹思颖　毛心雨　唐玲钰
谢文婧　袁旭辉　李　根　任薪豫　罗霜雪

四川护理职业学院（10 人）

林亚蓝　陈才丽　张湘聆　黄　熔　曾　燕　李祝君　刘　柳　陈诗婷　唐心欣
周霆宇

成都工业职业技术学院（13人）

施冰洋　何志爽　邓君才　彭朝奇　袁玉兰　陈舒婷　冯永洪　徐中华　王佳慧
周宇辉　赵　杉　曾　艳　王　博

四川西南航空职业学院（10人）

毛雨思　葛德骏　秦　燚　陈　飞　曾　锐　虎亚君　刘　洋　刘莹芷　唐海涛
张蕉如

成都工贸职业技术学院（8人）

晋如林　贺　涵　陈锦潇　陈非同　王宇新　邓粤洋　高　川　李　帆

四川应用技术职业学院（5人）

刘永先　周新悦　段焰莎　张焱梅　竹文舒

阿坝职业学院（2人）

李　琼　陈凤碧

德阳城市轨道交通职业学院（4人）

黄　颖　何姝娴　赵子泉　李慧娴

德阳科贸职业学院（3人）

孙雨生　牟瑞荣　王艺儒

江阳城建职业学院（5人）

邓　芮　鲜玉文　罗　欣　豆　佳　张　镒

眉山药科职业学院（4 人）

郑　媛　张善美　许　可　刘惜菡

四川体育职业学院（1 人）

伍开桂

天府新区航空旅游职业学院（4 人）

闫贝妮　廖传智　钟雯静　程冰心

天府新区通用航空职业学院（5 人）

丁　溢　丁月悦　谯　江　陈　冰　付梓潼

天府新区信息职业学院（4 人）

孙玉琴　王茜儿　胡　城　郑　怡

西昌民族幼儿师范高等专科学校（6 人）

唐臻颖　宋金花　周润涵　胡　依　白春霖　蒋璐瑶

达州中医药职业学院（6 人）

李玉梅　柏　嫚　黄美玲　罗青青　肖　跃　赵婉君

内江卫生与健康职业学院（4 人）

王小英　肖　春　余佳潞　石雨思

南充科技职业学院（3 人）

喻　鸿　唐　欢　陈明童

攀枝花攀西职业学院（1人）

维色小军

资阳口腔职业学院（2人）

张予恒　朱爱萍

资阳环境科技职业学院（4人）

刘时润　张　宇　龚海香　陈庚晨

南充文化旅游职业学院（2人）

汪必臻　王玟倩

广元中核职业技术学院（2人）

舒　同　羊秀秀

目　录 CONTENTS

拼搏的“笑容”，最美！

四川农业大学◆董孝容

董孝容，女，汉族，1999 年 9 月生，中共党员，四川农业大学食品学院包装工程专业 2018 级学生。获国家奖学金、国家励志奖学金，四川省大学生综合素质 A 级证书；获校级优秀学生标兵、优秀共青团干部等荣誉称号；获第十七届“挑战杯”全国大学生课外学术科技作品竞赛三等奖、第六届四川省“互联网 +”大学生创新创业大赛银奖；曾任学院团委学生兼职副书记，带领“‘食’代先锋”实践团队在 2020 年全国大中专学生志愿者暑期“三下乡”社会实践活动中获评社会实践优秀团队，在 2020 年第六届寻找全国大学生百强暑期实践团队活动中获评最佳实践团队（全国仅 10 个）。以第一作者身份发表 SCI 论文 2 篇，以第三作者身份发表 SCI 论文 1 篇，累计影响因子 17.943；主持省级大学生创新创业训练计划项目、校级科研兴趣项目各 1 项。现已保送至中国科学院大学。

由于名字“董孝容”里的谐音梗，所以不管什么时候我都希望自己能够充满“笑容”。但要说到最美的“笑容”，我想，那一定是拼搏的“笑容”，因为它蕴藏着我大学四年青春岁月里三份珍贵而难忘的喜悦。

笑对学习，志士惜日短

刚进大学的我一点也笑不出来，因为高考时我以仅高于学校调档线 4 分的成绩被四川农业大学包装工程专业录取。“吊车尾”的我深知只有付出十倍百倍的努力才能实现赶超，便给自己制订了每天早上6点30前起床的计划并坚持了三年。得益于早起后高效、完整的学习，我做到了课前有预习、课后有复习。每一门课程我都要反复研读比对至少15份课程学习资料，综合整理出个性化复习提纲。62门课程，超900份资料，近千个学海拼搏的日夜，最终实现了学习成绩三连跳的逆袭。大三学年必修课加权平均成绩92.57，高出大一学年4.19分，专业排名年级第一。三年来，在学科竞赛、创新创业、实践志愿等领域获校级以上奖励及荣誉称号30余项。

人才有高下，知物由学，得益于对每门课程的钻研，我对专业有了更广泛的涉猎和更深入的认识。持续提升的学业成绩、日趋扎实的专业基础让我信心倍增，心中也悄然埋下继续深造的种子，以期探求专业更深更广的未知领域。

笑对科研，上下而求索

随着对各门课程知识的深入了解，我逐步发现了食品包装这一学科的魅力，开始频繁出入实验室。

大学期间，我开始围绕“超声辅助静电纺丝技术制备抗菌纤维膜”展开研究。成功制备一张膜需要经过6个指标、100多个参数的试验，一次完整的试验需要9个小时，因此我们常常需要排队轮流使用制膜设备。白天学习、工作，晚上利用设备空闲时间见缝插针地进行试验，成为我的生活常态。500多次独自前往凌晨五点的实验室，再迎着黎明的晨光离开实验室开始一天的学习和工作，是我为科研拼搏的独特记忆。

凭借着对科研的热爱和拼搏，我以第一作者身份发表SCI论文2篇，以第三作者身份发表SCI论文1篇，单篇一作影响因子最高达6.953，累计影响因子17.943。目前我已申请国家发明专利1项、授权实用新型专利7项，主持省级大学生创新创业训练计划项目和校级科研兴趣项目各1项。

科研取得的突破让我经常笑得像个孩子。当看到我国每年有2.8亿吨果蔬在采摘后腐败，导致高达千亿人民币的经济损失时，我深深感受到科研成果只有实现落地转化，才能发挥价值，才能让果农菜农们也跟我一样笑得像个孩子。因此，我再次迈开了拼搏的脚步，积极参与科创竞赛，共同组建项目“绿芯——广谱性纤维包装行业引领者”。团队与成都天府绿康草莓基地等 6 家公司进行合作，通过制备不同种类的抗菌纤维膜来解决易腐败水果采后的贮藏和保鲜等关键问题，保持其在货架期内品质不变或仅产生可接受范围内的变质，最高将烂果率和损耗率分别降低 20%，减少近 100 万元的经济损失。该项目荣获第十七届“挑战杯”全国大学生课外学术科技作品竞赛三等奖以及第六届四川省“互联网 +”大学生创新创业大赛银奖。

笑对实践，此事要躬行

热爱与奉献是我耕耘学生工作的动力之源。策划职业生涯导航服务项目，筹备专业技能竞赛，疫情下组织线上考研心得分享……学习和科研以外的时间我都是在学生工作中度过的，深切体会到服务他人所产生的最充实的快乐。然而，升入高年级的我也曾为如何能兼顾好学习和学生工作感到迷茫。“学习和学生工作是相辅相成的”，学院老师的鼓励启发了我，最终我通过竞选成功当选学院团委学生兼职副书记。我放弃课余娱乐，重新规划时间，充分发挥自我教育、自我管理、自我服务、自我监督的作用，以热忱和真诚投入服务师生的工作中。三年来，我协助老师组织开展食苑大讲堂、团干培训等思想引领活动 70 余场，有效覆盖学院全体团员；组建品牌志愿服务项目，获评校十佳志愿服务项目；筹办 2021 线上公益新年晚会直播，为凉山彝族自治州布拖县 121 名儿童募集爱心捐款近 4000 元；开展创新创业等各类竞赛及活动 20 余场，服务 300 余家企业；助力学院获得校“五四红旗团委”、就业工作先进集体奖等多项荣誉。

此外，我结合专业知识积极投身实践活动。作为“‘食’代先锋”实践团队副队长，组织团队成员围绕“后疫情时代”复工复产和食品行业发展，采用线上线下结合的形式开展“新餐饮中国行 2020”调研、科技创新云助农、食品安全与防疫卫生宣传等活动，形成调研报告 12 份，开发科技产品 6 个，达成精准扶贫合作 1 项，助力健康中国建设。团队在 2020 年全国大中专学生志愿者暑期“三下乡”社会实践活动中获评“社会实践优秀团队”，在 2020 年第六届寻找全国大学生百强暑期实践团队活动中获评“最佳实践团队”，在 2020 年四川省大中专学生志愿者暑期“三下乡”社会实践活动中获评“社会实践优秀团队”，事迹被中国青年网等媒体报道 24 次。

因为脚踏实地地拼搏，我成了师生口中不仅学习好，学生工作也干得好的“拼搏女孩”。

“青春是用来奋斗的。”凭借着多平台的锻炼和实践，我练就了过硬的综合能力，成功取得了硕士研究生推免资格，并在近1000名申请者中脱颖而出，如愿获得了中国科学院大学的offer。无问西东，奋力奔跑，坚持不懈的拼搏换来了更加自信的笑容！

“家、营、校”，我的成长三重门

四川农业大学◆文婷

文婷，女，汉族，1998年3月生，中共党员，四川农业大学风景园林学院环境设计专业2016级学生。2016年考入四川农业大学，同年9月保留学籍参军入伍，获中国人民解放军旅嘉奖一次。2018年9月退役复学，获得国家奖学金，国家励志奖学金，校级优秀学生标兵奖学金、优秀学生、优秀学生干部等荣誉。现已保送至浙江大学。

我叫文婷，在我短短20多年的人生中，有幸经历了从家门到营门，再从营门到校门的成长之旅，收获了一份属于自己的青春精彩。

从家门到营门：儿时梦想照进现实

我的外公是一名抗美援朝老兵。小时候，常常听他讲战场上的故事。他身上的抗美援朝精神，让我早早地在心里种下想要参军的种子。于是，18岁，在众多姐妹都热衷红装的时候，刚刚拿到大学录取通知书的我还没来得及享受美好的大学生活，便踏上了开往军营的绿皮车。

列车一路北上，穿过茫茫的戈壁来到了祁连山下。从湿润温暖的南方到干燥寒冷的北方，从清静平和的校园到摸爬滚打的训练场，从张扬个性到令行禁止……这巨大的差异让我感到措手不及。早就听闻部队的艰苦，然而，当迈入部队的大门时，我才真正体会到这到底是何种艰苦。在新兵连训练的三个月，是我这一生都无法忘怀的三个月。第一次三公里测试后，全排倒数第二的成绩让我惭愧。但我没有自怨自艾，而是迅速调整心态。“外公那一辈的志愿军战士，直到被冻成冰雕也没有放弃阵地，我怎么能因为这点困难就放弃呢？”抱着这样的信念，我在一周后的第二次三公里测试中，咬牙紧跟一位中等成绩的战友，她跑一步，我跟一步，只要她没倒，我也坚持到底。三分钟的飞跃提升，让严苛的班长对我刮目相看。此后，我逐渐放下了怯懦，在训练中重塑自己。冬季训练，我们经常用拳头在雪地里撑俯卧撑，撑上几个小时，双手一周都拿不了筷子还要掉好几层皮。新兵连就像一只茧壳，困住了那个脆弱迷茫的我，也带给我破茧重生的可能。在青涩懵懂的 18 岁，军营把我撕碎重塑，让我现在无论何时都拥有从头再来的勇气。

终于熬到了下连队，等待我的不是《士兵突击》里的热血沸腾、真枪实弹，也不是《太阳的后裔》里的浪漫军恋，而是日复一日的高强度、超负荷的训练，是每天打扫营房卫生和经常性的严格检查。枯燥几乎摧毁了我的斗志，压力动摇了我的意志，我怀疑自己是否能够坚持下来。

我在部队待了两年，没有上过战场，没能为守卫祖国的疆土留下自己沸腾的鲜血，也没有参与抢险救灾，为拯救同胞与天地对抗。好多战友说：“我们这一批兵啊，可能生不逢时吧。”我也曾一度这样认为，但自从发生了一件事情以后，我就再也没有否定过自己留在部队里的意义。

2017 年的冬天，我所在的部队正在甘肃张掖驻扎。由于当地水资源匮乏，官兵就会去帮助驻地老百姓挖水渠。那时太阳正落山，农民也刚干完农活回家。当道路左右两侧的身影交错，空旷的田野里传出了一点不一样的声音：解放军辛苦啦……疲惫不堪的我努力辨识着这声音，夕阳的余晖伴着这质朴的声音，如同阵阵春风，吹在了我心上，抚摸着我疲惫的躯体。这声声的感谢，是如此动人，如此可爱。我瞬间泪流满面，心中仿佛涌起了滔天巨浪，久久不能停息。那一刻，我终于明白，这所有的一切都是有意义的。

是啊，我们是和平年代的兵，我们的任务不再是赶赴战场驱逐那些在祖国大地肆意妄为的敌人，不再是从邪恶势力的魔爪中拯救饱受苦难的同胞。因为我的祖国，如今已是这样的强盛。我们和革命先辈们一样，但也和他们不一样。他们的血泪是猛烈的暴雨，唤醒干涸大地上枯萎的生命，而我们的守护是潺潺流动的溪水，滋润中华大地上美妙的生灵。

从营门到校门：军旅底色助力逆袭

2018 年 9 月，我服役期满退出现役。回到学校后，我始终保持着心中那份真挚、淳朴的爱国情怀。为了以自己在部队的所学所感回报学校，我与在校退役士兵一起组建了学校第一支国旗护卫队，并担任首届指导员。新组建的国旗护卫队受到校内外众多关注，队伍不断壮大，影响力也在逐步提升，越来越多的川农学子选择担负起护卫国旗的光荣使命。三年内国旗护卫队从组建时的 7 人发展到 340 余人，致力于开展校园国防教育、征兵宣传、国防知识科普等活动。这不是一个普通的学生组织，而是一个有使命感的团队。从 001 开始，队伍里的每个人都会拥有一个编号，因此每一个人都独一无二、不可替代。它将不断传承下去，为学校的征兵、军训、国防教育等工作注入来自军营的亮色。

文可提笔安天下，武能策马卫边疆。作为一名大学生，我始终没有忘记学习是我的本职工作。刚回到学校，我对学校的学习生活极不适应，专业课学习也十分吃力，第一学年成绩排名专业第 52 名。但部队的磨炼让我拥有了坚韧的毅力和不服输的精神，我告诉自己：“学习再难，也没有打仗难。”我从大二开始每天早上 6 点 20 分起床学习，坚持打卡 700 余天，碰到不懂的知识点就用加倍的时间去钻研，直到学懂弄通为止。通过两年努力，必修课成绩上升至第 3 名，我还获得了国家奖学金等奖励和荣誉近 20 项。目前，我已被保送至浙江大学农业与生物技术学院，完成了华丽“逆袭”。

经历这“三重门”的磨炼，让我懂得了人生活在世界上，最大的财富乃是具备一种自立自强、奋发不止的精神。青春有很多样子，很庆幸我的青春不仅有家的温馨和校园生活的精彩，还有穿军装的无悔岁月。

凤凰涅槃　浴火重生

四川农业大学◆谭文杰

谭文杰，女，汉族，1998年3月生，中共预备党员，四川农业大学体育学院社会体育专业2016级学生。获国家奖学金、国家励志奖学金、四川省大学生综合素质A级证书，获第二届全国大学生体育产业创新创业大赛（西南赛区）一等奖、省级学生武术锦标赛奖项5项，获四川省优秀毕业生、重庆市垫江县抗击新冠肺炎疫情“最美志愿者”等荣誉称号。考取教师资格证、国家武术二级裁判员证、教练员证书。现已保送至华南理工大学。

我是一个平凡的女孩，与死神的频频交手，让我对生命有了更深刻的感受。关爱与温暖点亮了我的世界，同病魔抗争、与时间赛跑，让我拥有了凤凰涅槃、浴火重生的别样人生。

感受生命的脆弱

从重庆一个贫困家庭考入川农的我更加珍惜每一次机会。2016年，我入校就参加了雅安市第三届运动会，获得女子800米第二名、跳远第三名，在学校体育文化节比赛中获得太极拳一等奖，被武术老师看中加入学校武术代表队。课余，我与男友创建“零顶体育”微信公众号，成立1年粉丝数便达到6万。大一学年综合素质测评成绩位列专业第一，获评“优秀学生”，也获得了国家励志奖学金。大学里丰富的机会让我向着“一专多能”的体育人迈进，一切奔赴都是美好。

只是，这份美好就像泡沫，很快就破灭了，让我感受到了生命的脆弱。2017年9月，我在一场意外晕倒后被查出急性白血病，医院直接下达病危通知书。刚知道这个消息的时候，我就像被雷击中，脑子一片空白。不忍家人看见我的眼泪，我一个人蜷缩在病床上做无麻醉的骨髓穿刺，清晰感受着针头在骨髓腔游走，任由它抽走自己仅剩的希望与生命力。由于家境贫寒，我只能先进行化疗，恶心呕吐、掉发、骨骼刺痛等一系列副作用接踵而至。现实的打击、病痛的折磨、高昂的治疗费，让我几度想要放弃治疗。

挑战生命的极限

学院老师了解情况后，第一时间号召师生众筹32万元并来西南医院看望我，跟我说期待我早日重返校园；学校举办祝福征集活动，为我收集祝福并进行现场募捐。老师同学的关心支持鼓励了我，病房里病友们乐观、坚毅的治疗态度也感染着我。他们即便因化疗导致失明、心肺功能衰竭，也在努力抓住生的希望。正是这些爱和激励，让病床上的我感受到力量。我不再孤单，不再害怕，在治疗期间也坚持背单词、看专业书。

2019年复学，因病后免疫力低而导致的糟糕的身体素质让爬楼梯都变得举步维艰，学院常规的跑操也会让我心跳过速，甚至引致疼痛及呼吸困难。体能与协调性的退化更让我的羽毛球、足球等专业课学习难乎其难，同学们练习十余次就能掌握的动作，我需要练习成百上千次……我开始质疑自己，甚至抑郁。耳边一直萦绕着大夫的话：“我从医35年，还没有移植后的病人学习体育专业，你的身体不能再进行剧烈运动，尽快转专业吧。”

与死神博弈的胜利给了我面对困难的勇气，骨子里对体育的热爱与倔强让我不甘放弃，想要去挑战生命的极限。天资不够，那就勤练补拙；体力不够，那就休息一会儿再来；训练时间不够，那就自己找时间加练。课上，我认真听老师的技能讲解，严格要求自己完成老师布置的训练任务；课下，请同学指导练习。课余与节假日都是我为自己安排的补课时间，新老校区各运动场馆和老板山都是我的训练场。持续合理的训练让我的心肺功能与体能日渐增强，我渐渐跟上了同学们的学习进度，还勇敢地站上了 2021 年四川省学生武术套路公开赛的赛场，同省内一 28 所高校的同学同场竞技，获得 24 式和 32 式太极拳两项冠军。我从这次比赛中找回了自信。

英语四级考试的失败，是我难以释怀的事，我下定决心要通过考试。每天早上 6 点 30 分，出门带完师弟师妹的早操，我就买好早餐边吃边赶往教室。除了术科课、三餐和学校代表队的训练，其余时间我都在教室里学习。由于中学老师未曾教过我英语音标和语法，我不得不从零开始，坚持每天背 60 个单词，练 2 个小时英语听力，看视频纠正发音。此外，我还要准备教师、武术教练员等专业资格考试，常常寝室熄灯后还得在自习室继续学习。

星光不负赶路人，我顺利通过了英语四六级考试，以及教师、国家武术二级裁判员、教练员、急救员等资格证书的考试；参与 1 项省级创新创业训练计划项目，1 项校级科研兴趣项目，并获得国家奖学金、全国大学生体育产业创新创业大赛（西南赛区）一等奖、校级优秀学生标兵等三十余项荣誉，成功保送至华南理工大学。

传递生命的温暖

我和男友共同创立了一个能够给全国各地高中体育生、中学体育教师提供科学体育训练的学习平台，从经营微信公众号一路走到成立公司，从最开始的无偿科普、捐赠跑鞋等运动器材到现在为体育学子提供专业优质的体考培训、为贫困学生免费培训体育技能。

学习之余，我还积极参加了南郊小学支教等志愿活动和社会实践，想用行动回报学校与社会的哺育与再造之恩。2020 年，当新冠肺炎疫情来临时，我毅然参与防控工作，每天和队长奔走在田间地头，宣传科学防疫知识，发放消毒防护用品，运送物资到村民家中。我也曾担心因免疫力低下而被感染，但每当看见基层工作人员带病坚守岗位，看见普通人面对疫情的无助、病人们对生命的渴望，就会想起当初的自己，也坚定了继续工作的决心，帮助采买、派送物资，监测新冠肺炎患者家属的健康状况……虽然很累，但我找到了自己存在的价值。

未来，我希望自己能成为一名人民教师，把生命的温暖传递出去，让更多的孩子有一个美好的未来。我也想告诉大家，遭遇挫折诚然痛苦，但它终将成为过客，人生没有绝境，再努力一点点，不辜负青春与世界，成为让自己喜欢的人。

心栖梦归处，不负韶年华

西南石油大学◆谭晶

谭晶，女，汉族，2000年9月生，中共预备党员，西南石油大学新能源与材料学院新能源材料与器件专业2019级学生。获国家奖学金1次、中国石油奖学金1次、优秀学生一等奖学金5次，获四川省大学生工程训练综合能力竞赛一等奖、四川省大学生生物与环境科技创新大赛三等奖、全国大学生金相技能大赛一等奖，获校级十佳优秀学生干部、三好学生、优秀团员、优秀团干部等荣誉称号。

从踏入西南石油大学校门的那天起，我便开启了自己的追梦之旅。“明德笃志，博学创新”的校训，始终激励着我在学思悟践中坚定信念，在追寻探索中砥砺前行。在石大两年多的岁月里，我逐步成长为青春最好的模样，没有辜负美好的年华，更没有辜负自己。

行远自迩，笃行不息：奋斗是人生标杆

很喜欢冰心先生《繁星·春水》中的那段：“成功的花，人们只惊羡她现时的名艳！然而当初她的芽儿，浸透了奋斗的泪泉，洒遍了牺牲的血雨。”我一直都坚信，任何光鲜亮丽的成功都由汗水和泪水浇灌。

虽然出身于一个普通家庭，但父母都极为重视对我的教育，他们用言行教会了我怎样去独立、去奋斗。

初入大学，我就了解到我校加快建设一流能源大学的目标，意识到，随着国际能源危机加剧和能源市场结构变化，新能源必将成为未来发展的趋势。结合自己的规划，我综合分析了本专业的特点和优势，确定了未来继续在新能源领域研读的目标。在大一的某次讲座中，我了解到学院的推免政策中学分绩点是主要的考核标准，从此，努力学习专业课和选修课成为我大学生活最重要的部分。很多同学都惊叹于我的学分绩点和综合测评总是保持专业第一的好成绩，但他们没看到这近三年我付出的努力和承受的压力。

在日常的学习生活中，图书馆是我除睡觉外待的时间最长的地方。只要一没课和其他工作，我就去那里坐坐，考试临近的话就复习准备考试，没有考试的时候就看看书，有时候看书都会看到忘记了吃饭的时间。就像李苦禅所说的“鸟欲高飞先振翅，人求上进先读书”，书籍对我来说亦师亦友，因为它武装着我的头脑，引领着我的思想，促使我树立正确的人生观和价值观，让我明白奋斗的意义。

更多的时候，为了有充足的时间理解专业课的公式和原理，我强迫自己关闭手机，在图书馆的闭馆音乐的催促下回宿舍。这一路走来，我发现自己的学习状态在不断改变，从刚开始高中的题海战术到后来的高效率课堂学习再到现在的课内外融会贯通，我逐步适应了自己的节奏，找到了最舒适的学习状态。

在大一、大二学年，我不断尝试各种身份与事物，想要探寻自己的兴趣与天赋。我尝试担任班级负责人，加入了院级、校级学生会，加入演讲协会和翻译协会，学习跆拳道和弹吉他，加入实验室课题组，参与各类学科竞赛……凡是我能接触到的，我都大胆地进行了尝试。那些忙碌的日子是精彩而充实的！

奋斗需要吃苦，奋斗更需要自我约束，只有能吃苦、能自律的人才能实现人生理想，才能梦想成真。自强不息，厚德载物，道理便在其中。

行而不辍，未来可期：坚持是人生信念

大学的生活真的和想象中的一样，不是靠高中时严苛的规则来迫使自己学习，考验的是一个人的毅力与恒心。于我而言，学习是这样，学生工作亦是如此。

在做学生工作的过程中，我从以前胆怯、内向的女孩蜕变为如今阳光、独当一面的姑娘。大一我加入学生会外事部和学生规划与发展服务中心，开始逼着自己上

台进行自我介绍和才艺展示，因为工作需要，我不得不主动与部门成员加强交流。慢慢地，我变得喜欢表达，朋友也多了起来。积极的做事态度和较强的学习能力，让我有了担任分享会主持人和代表学校出访外校、接待来访者的机会。

我深信“人生便如一块香料，是只有在坚持的信念为柴，坚守的行动为火炙烤中才能散发出最浓郁的芬芳”。因此，历经大一一年的摸索与实践，大二时，我依然选择留在了院学生规划与发展服务中心的深造工作部，这也给了我深入参与学院学风建设的机会。在此期间，我不断提升对自我的要求，做事愈加精益求精，对于学生工作，也由当初的喜欢变成后来的热爱。

大三，我当选为学院的团委秘书长，协助学院开展日常教育教学管理等工作，始终将“促进优良学风建设，营造良好的校园学习氛围”作为自己的行动指南。此时的我肩负更大的责任，不仅需要统筹布局各部门的工作，还需要协调与外部的联系，所言所行皆代表着整个集体。所以我考虑问题更加全面，变得更有大局意识。在服务同学的工程中，我的组织和领导能力逐渐提升，综合素质不断加强。

虽然挫折重重，但我从未想过放弃，始终坚信坚持终会成功。历经三年的磨炼与坚持，我在这里找到了归属感和自我价值，这些经历与收获将使我受益终身。所有不能打败你的都会使你愈加强大。

初心如磐，笃行致远：追逐是人生美梦

坚守初心，负重前行，勇敢追求人生梦想是我义不容辞的责任。当代中国青年是与新时代同向同行、共同前进的一代，生逢盛世，肩负重任。我们更应脚踏实地、埋头苦干，孜孜不倦、如饥似渴，在攀登知识的高峰中追求卓越，在肩负时代重任时行胜于言，在真刀真枪的实干中成就一番事业。

同时，恰逢国家实施“双碳”战略，对作为新能源材料与器件专业学子的我来说，这是机遇也是挑战。带着对专业实验课题的浓厚兴趣，我进入了实验室课题组跟随导师进行氢能、太阳能电池等方面的研究。我们的“绿氢”项目正在孵化，为下一届的“互联网 +”大学生创新创业大赛做准备。

我对科研的兴趣来源于老师的引导和学姐学长的鼓励。在我的认知里，科学家和科研工作者是很酷的，但在自己真正了解并且参与科研实验时，我才发现搞科研

很苦。小小的一个水热合成实验，或许进行数十次才能得到想要的材料，一遍又一遍，需要的是耐心更是细心；不同浓度溶液的荧光测试，每组测三次，一整套测试有时需要连续做五六个小时，但仍可能在测试温度、猝灭时间以及人为操作等因素的影响下，最终得不到正确的荧光强度，一切都得重新开始。在很长一段时间里，我甚至怀疑做实验是否是在浪费时间和精力。直到能独立地完成一些实验，能取得一定的科研成果，我才意识到：失败和吃苦是科研的常态，任何质变都需要量变的积累。

我深知大学就是现实社会的冰山一角，充满着无数的竞争，要想在这一个人生小舞台上脱颖而出，就必须加强对自己各方面的锻炼；要想方方面面比别人优秀，就要做好时时刻刻吃苦的准备。不论何时都应坚信：不忘初心，奋起追逐，终能实现自我理想。

最后我想说，不管前路怎样艰险且漫长，只要朝着正确的方向坚持走下去就会到达梦的彼岸；不管何时回忆起大学的这几年时光都不要因虚度而悔恨，不要因碌碌无为而羞愧。让心追随梦想前行，不负身处最好时代与最美年华的自己！

执着于理想，纯粹于当下

西南石油大学◆刘自阳

刘自阳，男，汉族，2000年12月生，中共预备党员，西南石油大学电气信息学院电子信息工程专业2019级学生。获国家奖学金1次，国家励志奖学金1次，优秀学生特等奖学金1次、一等奖学金1次、二等奖学金2次；获“蓝桥杯”全国软件和信息技术专业人才大赛三等奖、全国大学生嵌入式芯片与系统设计竞赛西部赛区二等奖、全国大学生电子设计竞赛省赛三等奖、全国大学生数学建模竞赛省赛三等奖、四川省大学生机器人大赛三等奖；获四川省大学生综合素质A级证书，校级三好学生、优秀共青团员等荣誉称号。

2019年9月，我懵懵懂懂地从一千多公里外带着行李和录取通知书来到成都这个陌生的都市，满怀憧憬地踏进了西南石油大学这个陌生而又让我好奇的大学。就这样，我掀开了人生的又一个新的篇章。

天道酬勤，在奋斗中成长

由于高考发挥失利，我错过了去理想院校的机会。

在拿到通知书的那一刻，我便暗暗告诉自己：一定要记住今天的感受，大学期间要比别人更努力才行！

初入大学，想有所收获就必须先走出迷茫。我在刚踏进大学校园的时候和大多数同学一样，没有了老师和家长强迫式的学习，没有了高考的目标引导，对未来的路究竟会走向何方感到无比迷茫。课余时间究竟该做什么、该如何做、该从何处做起成了我无法回答的问题。不过好在，学校和学院组织了各种宣讲会和分享会，让我对专业前景有了清晰的认识，也坚定了自己继续求学深造的决心。利用各种渠道我也清楚地知道了凭借优异成绩可以获得专业的保送资格，学分绩点和综合测评对于评奖评优有多么重要等。这让我鼓足了劲，暗示自己不能这样“混日子”了，要逐渐走出迷茫，开始奋斗。

没有人能随随便便成功，我也是。大二上学期，由于种种原因，我的学分绩点专业排名落后了几名，结果出来后我没有泄气，而是积极地寻找解决方案。新的学期我便朝着计划和目标迈进。我每天课前都会先预习，上课也都坐在第一排，做好相关笔记；尽量多地和老师互动，鼓励自己勇敢表达；下课后复盘课上的知识点；对于不懂的知识点就多想、多问、多练。为了挤出更多的学习时间，我每天早睡早起保持规律作息，一有时间就会去找教室自习。就这样日复一日地坚持和勤奋付出，大二学年结束时，我的学分绩点和综合测评排名均为专业第一，获得了诸多荣誉。这是对我过去一年努力学习、自我提升的极大肯定，也增强了我对未来的信心。

不限于课堂知识的学习，各项专业技能和科研能力的提升也是我努力的方向。作为一名工科生，在不断获得理论知识的同时，我也要通过各种实践来巩固所学知识，只有这样才能不断成长。大学期间我积极参加各种学科竞赛，如“探索杯”大学物理竞赛、四川省大学生机器人大赛、“蓝桥杯”全国软件和信息技术专业人才大赛、全国大学生数学建模竞赛等，以赛促学，在实践中助力成长。

充实自我，在忙碌中成长

大二下学期是我入大学以来最繁忙的学期。一开始，只是抱着试一试的想法报名了“蓝桥杯”全国软件和信息技术专业人才大赛，但是回想到大二上学期在紧张的考试复习周为了通过校内选拔所付出的时间和精力，我就下决心定要拿到好成绩才行。

时间撒到哪里，哪里便会开花。除了学习和必要的活动外，我几乎把剩下的所有时间都投放在那块竞赛板上，其间，还有一些其他项目和考试，感觉时间不够用。

考虑到这些事情的重要程度，我只能重新调整计划表，每天的课余时间被用于修改项目申请书和钻研往年赛题。通过选拔赛，我意识到自己毫无编写大型程序的经验，所以就向同学和老师请教，根据指导书领会大型程序的逻辑层次关系和每行代码的含义。

枯燥且高强度工作的日子一天天过去，渐渐地我开始对竞赛有了自己的想法，可以指出指导书里的一些错误，在工程设计上也渐渐得心应手。由于那时的我还没有接触到数字电路、单片机等方面的专业知识，所以理论部分的成绩很差。于是，我又报名了学校的数学建模选拔赛，以此夯实基础。

一周后我入围了“蓝桥杯”全国总决赛，最终获得了“蓝桥杯”全国软件和信息技术专业人才大赛三等奖，在此期间，还成为一项省级创新创业训练计划项目的负责人，也通过了学校的数学建模选拔赛。最重要的是，在这段艰难且忙碌的日子里，我有幸加入了心心念念、向往已久的中国共产党，成为一名中共预备党员。

现在回想起这段艰难的日子，尽管过程令人痛苦，但我感觉分外充实，也明白了水滴石穿不是水的力量而是坚持的力量。

志愿青春，在奉献中成长

进入大学后，我被选举成为班级的学习委员。我也一直秉持“服务他人，提升自己”的理念，以积极向上的心态来带动大家学习的热情。作为学习委员，我不断提升自己的能力和水平，以更好地帮助周围的同学解决问题。平时，我会积极向学习有困难的同学分享自己的学习方法和笔记；学期末，会和班上的同学一起复习。经过一番努力，专业排名前三的同学均在我们班，大家一起获得了进步。

“志愿服务源于心，献出爱心在于行。”由于暑假留校，我便申请参加学校的返校防疫志愿活动。作为一名预备党员，我明白自己的责任，加上暑期的空余时间比较多，所以志愿者岗位一旦有了空缺我都会积极申请。活动结束后我也被评为优秀志愿者。这些志愿者活动不仅充实了我的大学生活，还让我感受到了我校学子参与志愿服务的积极性和主动性。尝到了奉献的甘甜滋味，对我今后的人生发展意义非凡。

梦在路上，也在脚下，就算山高水远，终究要靠双脚走下去。未来我也会选择继续攻读硕士、博士学位，努力提升专业技能、拓展知识面，并将自己所学回馈祖国和人民，为祖国建设贡献自己的一分力量。

未来已来，岁月可期。往后的日子我将继续带着期望和嘱托在奋斗中成长、在忙碌中成长、在奉献中成长！

时在中春，阳和方起

西南石油大学◆刘思梦

刘思梦，女，汉族，2001 年 3 月生，共青团员，西南石油大学工程学院工程造价专业 2019 级学生。获国家奖学金 1 次，校级优秀学生特等奖学金 1 次、一等奖学金 3 次、二等奖学金 1 次；获大学生数学“睿智杯”竞赛校赛一等奖；获校级三好学生、优秀学生干部、优秀青年志愿者、优秀团员等荣誉称号。主持大学生课外开放实验项目“不同疏散速度下的某高校宿舍火灾安全管控研究”；在期刊 *Scientific Journal of Economics and Management Research* 发表论文 1 篇。

我时常思考我们来到大学的意义是什么。一张学位证书、一份好的工作、一个通往更高平台的踏板……在过去两年的大学生活中，这个问题一直萦绕在心，我也不断地尝试在选择与实践中寻找答案。慢慢地，在一次次经历后我逐渐听到了自己内心算不上强烈但充满希望的回复。从问题开始的未知到如今能看见些许形状，答案慢慢浮出水面……

埋下一粒种子

“春种一粒粟，秋收万颗子。”最早，这句简单的诗是爷爷教我背的。爷爷当了一辈子农村教师，大抵是见过了太多因为谋生而早早放弃自己学习生涯的人，从小便教育我多读书。耳濡目染下，我自小便明白知识的重要性。这或许是我心中埋下的第一粒种子。

在成长的道路上，我也很感激自己的父母。能在一个温暖的家庭中健康成长，我感到很幸运。或许在他们看来提供给我的仅仅是那简单质朴的平凡生活，但我认为那已是对我莫大的支持，足以让我全身心地投入学习与生活。我的父母出生在河南洛阳的农村，早早便到社会打拼，最后在城市安了家。他们身上那种敢于和生活抗争的精神，一直激励着我，让我明白要用自己的奋斗去改善生活环境，过上自己想要的生活。我想这是父母给我埋下的另一粒种子。

这些早早被埋下的种子，让我在失落低沉、自我怀疑时，能直面自己内心。那一粒粒种子正慢慢地发芽……

种一棵树

“种一棵树最好的时间是十年前，其次是现在”，经济学家莫约的这句话始终提醒着我。

大学是“学生时代”到“步入社会”的一个过渡，不单单给予我们知识，同时也给我们提供了一个试错的场所。刚入校那会儿我和同学们一样，怀着激动与憧憬，但心中时常提醒自己要尽可能抓住每一次机会，去尝试，去突破，去发掘自己的兴趣。大一期间，出于对羽毛球的热爱，我抱着试一试的态度参与了学校组织的“新生杯”羽毛球比赛，结果出乎意料，我获得了女子单打第一名。这是我来到大学获得的第一份荣誉，看似“偶然”却成为之后很多事情发生的“必然”。后来，我成为羽毛球校队队员。在训练过程中，了解到可以考取四川省羽毛球二级裁判证的消息，出于对这个项目长久以来的兴趣，我便又抱着“试一试”的心态报名。我学习了许多羽毛球赛事的相关知识，最后也顺利取得了证书。后来，我被推选代表学校出战川东北片区高校大学生羽毛球联赛。在备战过程中，我积极参与训练，无数的汗水积累，终于迎来了步入赛场的那一刻。幸运的是，前期所有训练的技巧都得到运用，我最终取得了“优秀队员”的称号。虽在比赛上未获得较好的名次，但也并没让我灰心，反而让我明白在生活中的任何领域都有需要学习的地方，不要去定义自己，不要给自己设置上限，只有不断突破、不断学习，未来才会有无限可能。这不禁让我想到了《阿甘正传》中的那句经典台词：生活就像一盒巧克力，你永远不知道下一块会是什么味道。

大一期间，除了球场，图书馆也是我出入最为频繁的场所。只要没课，我就去那里坐坐，看看书，尤其是工程造价相关的书籍，以拓展专业知识。我想，“那棵树”早在那时就已被我种下。

到了大二，褪去初入大学校园时的稚嫩，我对于个人在专业上的发展规划也初见雏形，但不行动永远是“纸上谈兵”。我找到了专业课老师表达了自己对科研的想法，希望得到老师的帮助。由于当时专业知识积累还不够，老师为我指出了几个大方向，并建议我先查阅相关文献，再学习论文写作。

万事开头难，刚开始我也摸不着头脑，但知道科研没有捷径，只能沉住气慢慢摸索。我将自己阅读过的文献进行归纳总结并提出自己的创新点，定期与专业课老师交流，终于确定了研究方向与选题。

大三不知不觉到来，学业压力的增大，专业课数量的增加，让我不再像过去一样有大把的时间去图书馆遨游。好在有前两年初步的科研基础铺垫，“那棵树”已经有了稳健的根基。后来，学校开展大学生课外开放实验项目。这个消息，激发了我对科研空前的兴趣，让我摩拳擦掌，跃跃欲试。我很感谢学校能提供这样一个平台，让我能在本科期间便接触科研项目，了解如何进行科学研究。我找到了自己的指导老师，请他给我一些思路。在他的帮助下，我认真研读文献，确定研究主题，最终顺利立项。“不同疏散速度下的某高校宿舍火灾安全管控研究”立项只是万里长征的第一步，之后，我便开始细化研究。

当然，选择的同时就代表失去。当别的同学出现在电影院、商场的时候，我基本上是在实验室。久而久之，实验室仿佛成了我第二个家。在遇到研究瓶颈时，尽管偶尔会对自己的选择有一些动摇，甚至一度想要放弃，但我会听到心中的那棵大树呼喊着让我坚持下去的声音。功夫不负有心人，在指导老师的带领下，经过不懈的努力，我以第二作者的身份在期刊 *Scientific Journal of Economics and Management Research* 上发表了自己人生中的第一篇论文《Research on Fire Safety Management and Control of a College Dormitory under Different Evacuation Speeds》。那一刻，我感觉之前所做的一切都值得。在此，也非常感谢工程造价专业唐爽老师的悉心指导，让我在科研的路上有了一个很好的开端。我想我曾种下的那棵树正在慢慢长大……

写在最后

大学生活里，学习永远是我的第一个主题。造价行业的发展离不开建筑业繁荣的大环境，作为国民经济支柱产业之一的建筑业一直以来保持着高速、稳定的发展势头。火神山、雷神山医院在短短十几天拔地而起，让我深刻理解了中国速度，感悟中国基建人的责任担当。在面对大型项目的整体造价控制上，港珠澳大桥这一超级工程的完工，给我们行业的未来发展带来了许多启示。在国内，造价行业起步相对较晚，目前还停留在建设期的工程价款控制。近年来，虽然在计价模式、执业资格评定等方面进行了改革与规范，但对于先进的管理理念、科学的管理模式还处于探索阶段。如何从目前的全过程造价管理过渡到未来将重点发展的全生命周期造价管理，将项目可行性研究阶段、设计阶段以及施工后的运维阶段纳入整体造价的成本控制，是作为未来行业接班人的我们需要思考的。

未来充满着无数未知，对于可控的事情，我们要保持谨慎；对于不可控的事情，我们要保持乐观。得知自己获得国家奖学金的那一刻，我没有太多喜悦，因为成绩只代表过去，最重要的还是能够活在一种从容、笃定和盼望之中，诚实地面对自己，接受自己“有限”的同时去突破自己的“舒适”。

青春本是一段不断出错、不断修正，并带着经验不断前行的过程，成长的路上固然存在迷茫，却不能因此缺少向前的勇气。我们应该勇敢尝试新事物，找到适合自己的节奏，当自己足够强大时，回头看过往的经历，会发现那颗早早埋下的种子，已变成参天大树。

枯木逢春犹再发，人无两度再少年。人生只有一次，我们时在中春，阳和方起！

栉风沐雨，砥砺歌行

成都理工大学◆姜博涵

姜博涵，男，汉族，2000年5月8日生，中共党员，成都理工大学地球科学学院地理信息科学专业2018级学生。获国家奖学金、校级一等奖学金等3项奖学金；获校级优秀学生、优秀学生干部、优秀共青团干部、优秀团员等荣誉称号；获第三届大学生自然资源科技作品大赛全国二等奖、第十二届“北斗杯”全国青少年科技创新大赛四川省三等奖等奖励30余项。负责校级项目3项，其中主持重点科技立项1项，作为主要研究者参与导师省级科研项目1项；发表SCI论文1篇，以第一作者身份发表国家级期刊论文2篇。现已保送至天津大学攻读硕士研究生。

从家乡来到成都求学，从懵懂无知到褪去青涩，我改变了很多，也成长了很多。上下求索之中，有的人放下梦想，得过且过，有的人努力向着前方奔跑，誓不把四年虚度。不论站在开始的那个我有多少惶恐和不安，站在终点的我有多少从容和遗憾，这四年至少可以算得上一句“没有白过”。《大学》开篇中写道：“物有本末，事有终始，知所先后，则近道矣。”什么是首要的，什么是次要的，我想已经能给四年前的自己一个完整的答案。

有关我的懵懂与憧憬

带着未知与憧憬我踏进了大学的大门，对大学的培养方式与学习目标却不甚了解，对地理信息科学专业的认知更是模糊不清，仍停留在考好每一门课程的高中学习思维里。随着时间的流逝，各类学术讲座、科技竞赛逐步进入了我的大学生活，我也渐渐意识到大学不再是简单的课程学习、考试，更多的是科学研究与探索创新。机缘巧合之下，我在大一学年的尾声认识了我的恩师，她邀请我加入她指导的研究生团队，并参加 SuperMap 杯全国高校 GIS 大赛组件开发组的比赛。虽然专业基础薄弱、仅仅接触了通识课的我十分不安，但不愿放弃进军高层次专业研究的机会，于是在大学的第一个暑假里，从零开始主动学习烦琐的 C 语言编程和 ArcGIS 二次开发。为了不拖累团队，我大量翻阅专业相关书籍，不舍昼夜地向导师和学长学姐提出自己的疑惑并加以总结和归纳。最终，在大家的鼓励和支持下，我渐入佳境。有了团队的团结和坚持，我们取得了全国优胜奖的成绩。

正是这段经历让我走进了专业的大门，真正爱上了大学这个有无限可能的象牙塔。正是这个令人难忘的开始，让我真正认识到自己专业的价值与用途，激发了我对专业的热爱和对知识的渴求。我明白了要想成为一名具备综合能力的大学生，仅仅学习课本上的理论知识并取得好的考试成绩是远远不够的，理论联系实际才是提升自己专业素养的最优方式。哪怕比赛结果并非最佳，参赛也必将在我的大学生活中留下浓墨重彩的一笔；哪怕未来布满荆棘的路还长，我也必将迎难而上，勇立潮头！

有关我的羡慕与渴望

随着时间的推移，我逐渐接触到了学校里许多优秀的同学，他们身上往往带着“专业学霸”“科研大佬”“社团主席”等令人羡慕的标签。我曾不止一次地去听他们的经验分享会，看着他们在台上侃侃而谈，看着他们列举出的一条条不可思议的成绩与奖项，听着老师对他们“全面”“综合”“优秀”的评价，感到无比羡慕和敬仰。我立志要成为这样的人，渴望得到和他们一样的荣誉。

直到后来，我才真正意识到：每一个优秀同学光鲜成果的背后都隐藏着无数汗水和挫折，我不应该仅仅沉浸在对他们的羡慕和崇拜之中而对自己进行毫无实际意义的鞭策和激励，而是应该跳出“空洞”，仔细思考怎样才能学好专业知识、怎么进行科学实践、如何制订详细周密的计划使自己稳步提升。

荀子在《劝学》中说，不积跬步，无以至千里，不积小流，无以成江海。惊艳的成就背后是披荆斩棘的勇气，是脚踏实地的实干，是披星戴月的坚持。我所能做的就是走好脚下的每一步路，做好手上的每一件事，坚定地向自己的榜样不断靠近。我始终坚信“精诚所至，金石为开”，勇往直前敢于攀登，最终必然会到达自己渴望的那个彼端，星光不负赶路人。

有关我的忙碌与选择

大学是一个“小社会”，与高中最大的不同就是破除了“唯学业论”，我们除了扎实、透彻地学习专业知识外，还需要拥有精彩纷呈的课外活动。作为成年人的我，慢慢意识到，眼前的世界与之前的迥然不同，自己已不能再完全依靠父母和朋友，而是需要在前进的每个岔路口做出及时、正确的选择。在开放的大学环境中，除了必须完成的学业，我们还要面对学生工作、社团活动、科研比赛等种种“诱惑”，这时时间的安排和自己的选择显得尤为重要。依稀记得大三下学期的期末，在 20 天内面对 5 门课程考试的同时，我还需要完成 3 门课近 5 万字的实验报告、比赛成果的提交和论文的修改投稿……如此忙碌的日程安排让我一度想要放弃，但我又清晰地知道，既然选择了这条路，咬着牙也要走完，我所能做的就是不断地坚持以及在学业考试和科研实践的时间安排上做出最优的方案。在大学丰富的学习生活中，我们随时都要做好自己的选择，不断平衡专业学业和课外实践，但一旦选定就请一定坚持走下去，毕竟路在前方，身后永远只是影子。

有关我的思考和展望

光阴似箭，日月如梭，大学四年转瞬即逝。我总是在思索这些年我究竟学到了什么，有什么提高，还有什么不足。一个人散步，是与地球的单独约会；一个人思考，是与自己的相识。只有当我们足够了解自己时，才不会迷失自我，在前进中失去方向。而了解自己最好的方式就是做自己的知己，不断地与自己相识。《论语·学而》中说：“吾日三省吾身，为人谋而不忠乎？与朋友交而不信乎？传不习乎？”在事务繁多的学习生活中，我习惯每天“自问自答”，总结得失，得到不断的完善和提高。而随着大学生活即将结束，大家也即将踏上新的征程，成为怎样的人想必是大家共同的话题。我坚信我们每个人在某个时段一定都会有自己的梦想，但伴随时间的推移，许多梦想却消失隐没了。我们都渴望着能够做自己想做的事情，但是生活中却总是充斥着身不由己和不尽如人意。总是听到许多同学用“无用论”评价许多课程和作业，我想说的是：存在即合理，我们无法预知未来，能做的仅是认真对待。

时至今日，我在进行专业研究时发现，许多原理、模型都是来源于高等数学、概率论等一系列基础课中，而在低年级所学的地图学、空间分析等专业基础课都是在为后续的深入学习与研究打基础。俗话说基础不牢，地动山摇，没有大量基础知识的积累，又怎么能期待在未来迸发出科学的火花？对未来，我们要始终保持敬畏和期待，怀揣“百炼之至，当我问鼎”的豪迈气概努力朝着梦想的方向前进。

有关我的热忱与感恩

我们是幸运的一代，出生在这个腾飞的伟大中国，党和国家给予了我们稳定的学习环境和优越的教育资源。世界正经历百年未有之大变局，我们青年大学生应该刻苦奋进，开拓进取，积极投身于建设伟大祖国的事业中。同时，我也明白，我的点滴进步都与身边默默支持我的人息息相关，我的成长得益于我的父母、母校、学院全体老师以及同学们的帮助和鼓励。

我清楚地知道没有最好只有更好，一直不断努力地前进是我们进步的唯一方式。栉风沐雨，砥砺歌行，披荆斩棘，敢于登攀，希望在每次回望过去的时候，都能自豪地告诉自己：我努力过，没有遗憾！

化责任为动力

成都理工大学◆袁希强

袁希强，男，汉族，2000年1月生，中共党员，成都理工大学环境与土木工程学院土木工程专业2018级学生。获国家奖学金、“北斗云·地平线”奖学金等4项奖学金，获第六届四川省大学生结构设计大赛三等奖、第三届全国大学生结构设计信息技术大赛三等奖等各项奖励十余项。参与国家级大创项目一项；参与发表科研论文2篇；担任创新班班长，带领班级连续三年获“先进学生集体”荣誉称号。

一个人能承担多大的责任，就能取得多大的成功。当怀揣一颗服务的心服务他人时，往往会带给自己意想不到的进步。

初入大学，我对一切都充满了期待，但不清楚自己的人生方向，内心十分迷茫，一度自我怀疑：身边优秀的同学数不胜数，我又没什么特长，会不会赶不上他们的脚步呢？基于“初生牛犊不怕虎”的劲头，我积极参加班干部竞选，担任了创新班的班长。作为班长，我深知自己虽是“初来乍到”但也要“大胆做事”，只有比同学们“更全能”才能更好地解答他们的疑惑。我以最快的速度适应了大学生活并找到了奋斗目标。作为班长，我除了带领班级参加了风采展、先进学生集体和十佳活力团支部评选活动等外，更多的是处理好班级的大小事务、充当好老师与同学们沟通交流的桥梁。梁启超曾说：“人生须知负责任的苦处，才能知道尽责任的乐趣。”正是对同学们的服务意识、对班集体的责任意识，让我有了更强的动力提升自己的学习效能和事务处理效率，增强工作责任感和时间管理能力。一个人只有把自己和集体融合在一起才能发挥出最大的力量。担任创新班班长的过程很艰辛，但我坚持用汗水、时间与努力去浇灌，所以也收获了很多。

先完成，再完美

因为清楚地知道只有不断地前进，才能领跑众人，所以我一直谨记圣人孔子“学如不及，犹恐失之”的教诲，孜孜不倦地学习。尽管很多同学曾经比我优秀，但在进入大学校园的那一刻，所有人都站在了同一起跑线上且都在努力尝试新的东西，我只有尝试更多、做更充分的准备、经历更多的挑战、得到更多经验，才能成为更优秀的自己，与其他同学比肩前行。许多尝试在起步前总是容易被畏难情绪中断，这时可能需要学长学姐的帮助来巩固“我可以”的信念。我很幸运能沿着一位优秀学长的脚印走过来。借鉴学长的经验，我对自己的时间有了更好的规划，在面对一些竞赛或者科研课题时不至于手足无措。由于对专业竞赛以及科研项目的了解不够深入，困难接踵而至，但我如同苔花哪怕在阴暗中也从未停止生长，从未想过放弃。抱着“不懂就问，不会就学”的态度，我充分地查阅资料并与学长深入交流，慢慢地，明白了竞赛没有想象的那么“遥不可及”，我们欠缺的往往只是一次尝试。站在学长学姐的肩膀上，并不代表不需要个人的努力了，我们要在他们的帮助下爬得更高，看得更远。

在我的默默坚持下，生活也在不经意间给了我很多惊喜。在最开始尝试参加的2020年“华为杯”结构设计信息技术大赛中，我获得了三等奖，奖项虽不是最高的，但给了我莫大鼓励。此后，我暗下决心，一定要让自己剩下的大学生活过得更加充实、有意义，用青春和奋斗点亮自己的梦想之炬，用汗水和努力浇灌自己的理想之花，不负青春，完善自我。我又陆续参加了全国大学生结构设计信息技术大赛、“志德杯”成都理工大学第六届大学生结构设计竞赛、第六届四川省大学生结构设计大赛等，分别获得了三等奖、一等奖、三等奖的好成绩，其间也获得了校级优秀共青团干部、优秀学生干部、优秀志愿者等荣誉。它们不仅仅是对我工作学习过程中勤奋努力的肯定，更是给了我追求更高目标的不竭动力。

体验生活，把握机会

只待在书本里，不去参加实践，知行不结合，学到的知识往往是“死”的东西。一个由大学生创新创业训练计划项目带来的机会，让我有幸去参观指导老师在重庆开展的一个大型原位试验。试验场地的条件很艰苦，我们和几位硕士研究生学长一起住在一个简易房里，睡在没有梯子的上下铺，紧靠马路的房子甚至会随着大型车辆的路过而震动。8 月的烈日让我们如身处火炉，虽有空调，却依然燥热。学长们已经在那里生活了大半年了，几乎每天都会顶着烈日上山布置试验场地。他们对科研的执着令我备受鼓舞，更让我深刻地体会到读书并不是为了文凭，而是为了可以站在更高的角度去研究问题、解决问题。

以赛促学，柳暗花明

我对四川省大学生结构设计大赛的感触是最深的，早在大一时便对这个比赛产生了浓厚的兴趣，但因课程和疫情等原因，大三才得偿所愿参赛。这是个极具启发性、创造性和挑战性的比赛，要求参赛选手具有丰富的专业知识储备、较高的综合素质和一定的动手能力，能进行高效的团队合作。枯燥且劳累的备赛便是第一阶段的考验。我们每天从早到晚重复做模型与加载，经过一周的埋头苦干，终于带着完善的模型设计来到赛场。每个队伍需要在规定时限内制作出备赛时设计好的模型，这是有关动手能力和临场反应的第二阶段的考验，时间足够但并不宽裕，容不得一丝一毫的浪费，在分工细致、明确的同时也要避免受到其他参赛队伍的影响，紧张但必须要保持有序。谁知道看似简单的竹片模型却需要 3 个人忙碌地制作 8 个小时呢？尽管最后的成绩比预想的差了少许，但我认为结果在此时已显得不那么重要了，过程中的收获才是真的无价。这些竞赛让我不断加强对专业技能的应用，让我明白竞赛不是一个人的战斗，成功是团队力量的结晶。在竞赛过程中要不断地培养整体学习能力、人际沟通能力、团队协作能力，还要注重性格的磨合。当困难来袭时，我们要能够及时调整好自己的状态，用最大努力去克服那些困难，在最累的阶段咬紧牙关，这样才能在竞赛中培养起不畏困难、不怕辛苦的拼搏精神。这种精神将在今后鼓励我不断前进。

一路走来，感恩母校的老师给予我的悉心指导与谆谆关怀，感恩优秀的前辈们毫无保留的支持和帮助，让我能够一步一个脚印踏实坚定地走在我的人生道路上；感恩国家和社会的各类奖助学金，让我体验到成功以及被充分认可的喜悦，激励我更好地前行。这也让我更加明确自己的初心，努力成长，热心助人，不忘理想，奋勇前行，书写青春华章，创造美好未来。

以梦为马，莫负韶华

成都理工大学◆张倩

张倩，女，汉族，1998年6月6日生，中共党员，成都理工大学旅游与城乡规划学院建筑学专业2017级学生。获国家奖学金、国家励志奖学金等3项奖学金；获第七届四川省“互联网+”大学生创新创业大赛金奖、第十六届四川省“挑战杯”大学生课外学术科技作品竞赛金奖、第二届四川省大学生乡村振兴创意设计大赛二等奖等28项奖励。主持国家级大学生创新创业训练计划项目1项、参与四川省大学生创新创业训练计划项目2项；以独立作者身份发表科技核心期刊论文1篇，以第一作者身份发表普刊论文3篇。

五年的大学生活已接近尾声，我的内心突然有种无以名状的感觉，仿佛自己提着大包小包的行李懵懵懂懂地走进成都理工大学校门尚在昨天，而现在却即将离别。绕着学校走上一走，这里的一草一木、一砖一瓦都是别样的亲切暖人。太多太多的事情与情感的积累，值得我们一辈子去珍藏。

开始时的迷茫

大一刚进入学校时，大家或许都会面临一个困扰——迷茫。高中时，大家都有统一且明确的目标——考上大学，但在进入大学之后，因为失去了目标，不少人会觉得无比迷茫。大家的生活会多出很多空闲的时间，多出很多选择，尤其是刚入学的时候，更是会有一段时间感到有些手足无措。在那时，我们需要静下心来思考：我要什么？未来想要做什么？该怎样去做？从最初的困惑到最终的清醒，这一阶段或长或短，我认为可能这就是高考留给我们的最后一道考题，在此之后就是调整心态从零开始，开启大学新的旅程。

奋进时的收获

我与每一位建筑学子一样，大学生活的五年都是充实而忙碌的。大一时，我对一切都充满新鲜感，想要多交朋友、培养自己的表达沟通能力、发展各式各样的特长，参加了很多学生组织、社团以及学院组织的文体方面的小竞赛，学着去高效沟通和组织，虽然繁忙却快乐，并且收获颇丰。大二时，随着专业设计难度的提升，我的生活重心回归了专业学习，我开始跟着老师尝试参加一些专业的设计类竞赛，在老师和学长学姐的指导下做了我的第一个科研项目——“基于环境行为学的成都地区传统街区生长性研究”。只能说在这一过程中，我真的是一步步摸索，一点点学习，从前期场地的调研测绘到大量数据的收集、整理和分析，再到最终设计构思和方案的完善深入。我很感谢来自建筑学系系主任莫老师和几位学长学姐的帮助，让我学会系统地做建筑学的探索性研究。大三大四时，我就开启了自己的学科竞赛与科研之路，参与了 3 个大学生创新创业训练计划项目、2 次“互联网 +”大学生创新创业大赛、1 次“挑战杯”大学生课外学术科技作品竞赛……从院级、校级到省级、国家级，一次次总结经验，一次次跌倒再站起来，一次次推翻再来，我前前后后经历了二十多个比赛。其间，痛哭与快乐并存，但所幸最终我收获颇丰。对我来说，最大的成长应该是专业知识的积累和面对问题时更为强大的心理；最大的感悟是付出不一定会有收获，但不付出肯定不会有收获。

业余时的快乐

在大学的这五年间，我参与了很多社会实践和志愿服务，给他人带去善意的同时，也收获了自我的成长。进行“三下乡”项目，为街区做整体的提升设计和改造，从基础设施到景观设计，设计最终落地并投入使用后，我获得了小小的成就感；在成都火车东站的国庆志愿服务中，帮助那些旅途中疲惫的人们——或扶一扶，或指路，或帮忙提一些东西——会因给他们带去温暖而感到开心；在熊猫基地做一名志愿讲解员，为大家科普大熊猫和小熊猫两种不同科属的动物的区别与习性，很自豪可以为我们可爱的国宝滚滚（大熊猫）和红色小精灵（小熊猫）的保护贡献一分力量。在这些过程中，我既收获了快乐，也在不知不觉中提升了沟通、交流和组织能力。

离别时的感恩

我的五年大学本科生活即将结束了，有收获也有惋惜。我满意于自己大学五年所学的知识和所掌握的技能，也懊悔其间没能学会一门乐器、没能好好地强身健体等，但人无完人，事无完美。五年的成理生活可以用一句话来总结："越努力越幸运。"

在此，我要感谢许多人，感恩他们为我的成长付出的心血和努力。感恩父母，用细致无私的爱，给了我温暖的港湾，却从不索求回报；感恩老师，用无私的奉献，构建起一座座知识的殿堂，谆谆教诲都化为让我们不断前行的力量；感恩同学五年的相伴，有过争吵，有过欢笑，却真正实现了共同成长。

初心如磐，笃行致远

成都中医药大学◆黄开月

黄开月，女，汉族，1999 年 11 月生，共青团员，成都中医药大学临床医学院中西医临床医学专业 2017 级学生。获国家奖学金、国家励志奖学金、第四届感恩中国近现代科学家奖学金；获四川省优秀毕业生，校级优秀学生、优秀团员、优秀学生干部等荣誉称号。主持校级大学生科研课题 1 项，作为第一发明人申请实用新型专利 1 项，以第一作者身份发表核心期刊论文 2 篇。

人只有献身于社会，才能找出那短暂而有风险的生命的意义。

——爱因斯坦

所学：幼年所感，青年践行

儿时记忆里的两个人成就了我青年时的梦想。一个是我身患重疾，需要长期服用药物，定期去医院复查的父亲。他的病情每每恶化，那种悲痛感及无助感便会积压在我和母亲的心里。那时候，我便立志成为那个能分担父亲病痛和苦楚的人，医生——这个神圣而光荣的词汇便刻画在了我的心里。另一个是汶川特大地震时遇到的那个心怀哀痛却义无反顾的青年医生。2008 年，少不更事的我刚好 9 岁，记忆中的人是模糊的，但那一个个奔赴万难的身影却刻进了我年幼的心里。这些身影中有一个属于一位青年医生，其全家 29 人在地震中遇难，但他仍坚持奋斗在抗震救灾第一线，日夜不休，任劳任怨。那时，在我心中，医生便成为神圣及崇高的代名词。

小医可治病，中医可救人，大医可护国。诚然，没有人知道，灾难会在什么地方、什么时候发生。那些不幸的罹难者，是生命中的另一个“我”。他们的离去，为了我们能继续活着，因此每一个生者都必须延续他们的“生命”。由此，我心中并没有畏惧生命的脆弱，想成为一名医生的愿望反而愈加强烈！

本着对生命科学崇高的敬意和悬壶济世的梦想，2017 年，我在高考志愿单上填满了医学院校。最终，我如愿被第一志愿——成都中医药大学临床医学院中西医临床医学专业录取，成为一名医学生。

所悟：柳暗花明，衷中参西

初到大学，万事皆新，满怀对参与临床工作、对成为一名医生的渴望，但稚嫩的我并不知道如何将理论知识和临床技能相联系，更不知中医与西医如何融通。大学之初，我急于求成，苦学理论，广泛自学课外科目，但后来渐渐发现囫囵吞枣般的理论学习收效甚微，反倒不如依照学校教学计划一步一步稳扎稳打来得有效。初学的专业医学知识虽少，却能让我们由浅及深地进入中医世界。在老师的指导下我渐渐意识到：中医学习之难，难在知识体系的庞大，难在成长周期的漫长。

在成都秉正堂中医馆实习时，医馆的中药饮料、中药饼干等让我倍感惊奇。饮料和饼干也能被融入中医的领域，开阔了我的眼界。大二时，我的医学知识体系不断构建和完善，我想为中医学创新和中医药文化传播贡献自己的绵薄之力，便参与申办了一家中医药文化创业公司，致力于中医药创新、中医药文化发展。此后，我积极参加各类创新创业大赛，却屡遭挫败。繁忙的课程、公司的业务、项目计划书和学习讲座等让我在整天的忙碌中逐渐迷失方向。后来，面对资金、人力和管理等方面的困难和压力，加上繁重的学习任务，我不得不退出公司，一度觉得自己碌碌无为，似乎山重水复疑无路。那时的我，像是一个饱受医学之苦的人。尽管如身处迷宫，有诸多茫然，我却从未丧失对发展人类医学的热忱。

人生中的良师益友总会在不经意间启迪我。很幸运，我在大三时遇见了我的伤寒论老师，他是我衷中参西的启蒙导师，无私地为我传道授业解惑。无论是融会贯通的中西医理论，还是中医脉诊仪、人工智能等，他的知识教授不断启迪着我的中医思维，引导着我探索科研和临床的关系。我不断开拓思维，逐渐明晰了医术不仅仅体现于临床，更是人文的求和，明确了未来的方向。创新思维的训练、文字表达的能力提升、专业知识的积累，让我追逐着科研创新之希望，践行着衷中参西之道路。

所获：披星戴月，星光不负

探寻传统医学和现代医学相结合的衷中参西之路，让我增强了专业自信，明朗了未来的方向。初次写论文，问题难辨，思路不清，多次被拒稿，反复大修，我深切感受到论文写作的艰辛与不易，但并不气馁。在专家老师们的指导下，我修改和校对论文数十遍，从中领悟到对现代医学的正确认识和独立思考的能力很宝贵，也把握到现代医学和经典医学里互通而又独特的点。在不断的努力下，我成功撰写了自己的第一篇论文，关注于通过传统微观理论与现代医学结合来指导临床工作。经过一年多的打磨后，这篇屡经修改的论文终于被北大核心期刊发表，后来我也以负责人身份申请了循证医学的校级大学生课题，进而发表了第二篇核心期刊论文。

我的临床实习是从察“言”观“色”开始的，听老师的问诊，观察病人的状态，动手做一切我能做的事。在半年的针灸门诊实习中，我取过数万根针，萌生了制作一种新型取针盘的想法。后来凭借自己的不断学习和完善，我以第一发明人身份成功申请实用新型专利。回顾过去，之前的挫折都是对自己的磨炼，所受的苦都将照亮未来的路，这就是“故天将降大任于斯人也，必先苦其心志，劳其筋骨”。

即使寻找到自己的方向，我也要不断夯实基础，不断提升六经辨证、独立思考的能力，融通现代医学理论与传统医学理论，不断探索中医学的伟大宝库。

所立：不忘初心，鞠躬尽瘁

回顾我的学习与生活，老师的谆谆教诲让我实现了从疑惑到顿悟的转变。经历了突破书本局限的窃喜、试药得到疗效后的狂喜、“过五关斩六将”的煎熬……不知不觉，我的临床思维不再那么刻板，融入更多现代医学的方式。衷中参西并不是用西医解释中医，其价值更多体现在传统医学和现代医学对人体认识的结合上。中医学子应努力学习经典，挖掘宝库，发挥好中医学源源不断的内在能量。

临床和科研紧密联系、相辅相成，实习后，我对现代医学的认识更为透彻，科研思维逐渐形成，进一步明确了自己想要研究什么。无论中医，还是西医，都属于生命科学，医学生肩负的重任是发展生命科学、维护人类健康，是找到最有效的治疗方法减轻病人的痛苦。中医药有着独特优势，中医药的有效应用还有待进一步探索，中医青年未来的路还很漫长。我坚信中医药会帮助到更多人，也会继续钻研药物剂型的创新和给药的方式，为中西医生命科学发展而奋斗终生。

梦想生而有翼，兼程诗与远方

成都中医药大学◆唐一丹

唐一丹，女，汉族，2000年8月生，共青团员，成都中医药大学药学院中药学专业2018级学生。获国家奖学金，第四届感恩中国近现代科学家奖学金，学习优秀奖一等奖2次、二等奖3次，全国大学生英语竞赛三等奖，社会工作优秀奖等荣誉。以第一作者身份发表SCI论文1篇、省级期刊论文1篇。

大学四年，时光荏苒，我们带着未知而来，奔向理想的远方。追寻梦想的过程好似飞鸟的一生，它们生而有翼，在平凡的时光里寻找简单的快乐，在普通的日子里发现生活的意义。我的大学生活虽细碎，但点点滴滴已汇成特别的诗与远方。

梦想萌芽，挫折沉淀浮躁内心

在进入大学之前，我印象中与中药学相关的是一位鬓角花白的老中医、一场有趣的问诊对话、一碗黑乎乎的中药、药后一颗甜甜的冰糖……老中医用不同味道的黑乎乎的药汤，治好了我身上不同的病症。我很好奇：为什么每次药汤的味道都是不同的？为什么一碗碗黑乎乎的汤却是治病良药？好奇心是梦想的萌芽。高考后我顺利成为成都中医药大学药学院中药学基地班的一名大学生，开启了我大学四年的逐梦之旅。

在第一学期的期末考试中，我惊喜地考到了全班第二名的好成绩。意外的“学霸”

身份让我有了一份莫名的骄傲与优越。在接下来的很长一段时间里，我仍沉浸在这一考试佳绩里。然而在大一下学期的期末考试中，更高的考试频率与更大的考试难度让我的成绩一落千丈。大一的暑假里，质疑与迷茫模糊了我的前路，浮躁与焦虑成为我的日常。“路上有坎坷，人才会变得坚强。孩子，你才 18 岁，能接受最好的，也应该要学会承受最坏的。”感恩父母的悉心开导，让我慢慢地学会接受这次失败，学会从失败中成长。

考场上的那份胸有成竹是大学里一种特殊的底气与踏实。将平时老师课堂上的教授铭记于心，于期末周里挑灯夜战，梦中亦皆是百草的性味归经……这股冲劲与坚持来自对考场上足够笃定的渴望。任何事情只有做了才知道结果，大三这年，我以平均绩点 4.16 的成绩排名专业第一。破茧的努力与艰辛让荣誉的到来看似水到渠成，但夜色中的点点繁星和亮至深夜的灯记录了我的坚持与奋斗。

梦想起航，行动明确心之所向

浮躁与焦虑源于停滞不前，行动才是解决问题的关键。“不需要因为对一件事情感兴趣才去做，因为很多事情是要做了之后，做得够久，才会变得有趣。”这是我在大学里最迷茫的一段时期从导师那里收获的至理名言。

大二一次偶然的机会，我抱着尝试的心态，与同伴合作自学了 Meta 分析。我们从一无所知到顺利地在学术期刊 *Pharmaceutical Biology* 上发表了一篇 SCI 论文《Efficiency and safety of desloratadine in combination with compound glycyrrhizin in the treatment of chronic urticaria：a meta-analysis and systematic review of randomised controlled trials》。其间。我们克服并解决了不同的困难与问题。即使突如其来的疫情让我们没有面对面交流讨论的机会，但我们会使用腾讯会议开一晚上的线上讨论会分享学习经验与进度；即使最初对图表数据分析一窍不通，但我们会查阅上百篇相关文献与资料去还原其他研究者的分析结果；即使类似的研究成千上万，还是愿意付出更多的时间与精力去挖掘新的研究主题，因为我们始终相信“世上没有做不到的事情，只有做不到事情的人”。

大三这年我担任了班级的学习委员，在处理和协调各种班级事务中，我开始热爱这个职务。在这短短的一年间，我在帮助同学们解决学习上的问题时，真正认识到每位同学的个性与特别；在课后每一次与不同科任老师沟通时，感受到老师们对学生的付出与期待；在代表班级参与学校工作及活动的过程中，产生了强烈的责任感与集体荣誉感。作为2018级中药学基地班的学习委员，我会因为在课上听到老师对我们班级的小小肯定而自豪一上午，也会因为在运动会上集体太极比赛的落后而暗自伤神好几天。不知不觉间，我早已与我最亲爱的班级融为一体，也变得更加热爱自己的学院，更加为自己作为杏林学子而感到自豪。这些悄然的改变皆因当初自告奋勇竞选班级学习委员的那次选择。

梦想远方，探索未来道阻且长

梦想和远方始终在召唤，总是深陷遗憾和失望的恶性循环，以为只是时机未到，其实是勇气不够。久而久之，那些沉重，遍布生活。唯有拨开迷雾，才能看清方向，鼓足勇气，方可无所畏惧！

在大三的暑假里，我在家乡——简阳进行了一次难忘的红花基地实习。“你知道你的家乡的特色中药是什么吗？”教授的提问令我有些措手不及，因为在简阳生活了20年的我对此竟然一无所知。直到那次实习我才知道原来“红花”是我们四川简阳的道地药材。在实习基地，我看到了简阳郊外上千亩的红花种植基地，了解到了川红花亟待深入发展的现状，学习到了蕴含着简阳当地文化的红花精神。这是我第一次认识到原来中医药的发展与创新已在我身边悄然生根、发芽。我关于中医药的梦想除了是精于学业、投身科研，还可以有更加具体的方向与意义。

一篇论文的审稿意见中关于剂型的提问启发了我对未来发展方向的新思考。这个提问引导我将治疗慢性荨麻疹的新剂型与中药药剂学课堂上的“微针贴片”的拓展知识联系在了一起。经过2个月不懈地文献查阅与背景知识学习后，我有了将天马行空的想法变成现实的机会。“慢性荨麻疹”“地氯雷他定”“甘草酸”“经皮给药”“微针贴片”这五个关键词的有机结合促成了一份关于慢性荨麻疹新型治疗方案的研究计划。它就像一艘梦想轮船的方向盘，带着我驶向希冀的远方，但慢性荨麻疹治疗的实验模型构建现在仍处于初步阶段，模型构建的困难是目前研究此病的最大障碍之一。“道阻且长，行则将至；行而不辍，未来可期。前方的路会有曲折，但也充满希望。”习近平主席这段饱含中国智慧的讲话给予了我挑战未知与困难的勇气！在实现梦想的道路上，总会遇到不同的挫折与阻碍，懦者故步自封，勇者所向披靡。

大学是孕育理想的摇篮。四年前，我抱着一颗追寻梦想的心来到成中医，想探寻自己该如何成为一名优秀的大学生，如何找到自己的理想，如何实现理想。在四年的大学生活里，在平凡的经历中，我找到了未来人生的理想与意义。以诚挚之心，领岁月教诲，敬年少热诚，愿将来胜过往，永远热泪盈眶。前路漫漫亦灿灿，感恩成中医对我的栽培与教育，在未来的求学道路上，我将继续心怀梦想，砥砺前行！

做“不负时代、不负韶华”的青年人

四川师范大学◆朱钱阳

朱钱阳，男，汉族，2000年2月生，中共党员，四川师范大学计算机科学学院计算机科学与技术专业2018级学生。获国家奖学金、四川省优秀毕业生等荣誉；获第十二届“蓝桥杯”全国软件和信息技术专业人才大赛C/C++程序设计大学B组二等奖，2020年第十七届五一数学建模竞赛二等奖，2021年团队程序设计天梯赛全国总决赛个人三等奖、团队三等奖，第十四届中国大学生计算机设计大赛三等奖，2020年全国大学生数学建模竞赛四川赛区一等奖，第十二届四川省大学生程序设计竞赛铜奖等。现已保送电子科技大学攻读博士研究生。

在庆祝中国共产党成立100周年大会上，习近平总书记号召广大新时代的中国青年，“要以实现中华民族伟大复兴为己任，增强做中国人的志气、骨气、底气，不负时代，不负韶华，不负党和人民的殷切期望”。回顾我的过去，我正是这样做的，放眼将来，必将遵照总书记的嘱托砥砺前行。

业精于勤，行成于思

回顾我的大学，从“六十分万岁”到专业第一，从没有奖学金到获得校级特等奖学金，我明白是拼搏和努力创造了无限的可能。

我和许多刚刚步入大学生活的新生一样，到四川师范大学报到后的一段时间里也陷入了迷茫：是参加学生社团组织锻炼自己，还是潇洒一把痛痛快快地做自己想做的事，又或者是依旧像高中那样好好学习？在这一个学期里，我尝试了很多事情，成功竞选成为班长，加入学院的分团委，但也只是按部就班地学习和工作，许多时候都只是做到“点到为止”。可能是想要的太多，纠结的心态一直持续了一个学期，以至于后来，我似乎成了“六十分万岁”的宣扬人，更别谈获得奖学金了。经过了一段时间的思考，我渐渐明白了一个道理：与其囫囵吞枣，不如精益求精，全力以赴做好一件事。非常幸运的是，我的学生干部经历让我有机会接触到优秀的学长学姐，看到他们在学业、竞赛和社会实践上取得的各种成绩，我也暗暗下定了决心：别人能做到的，我也要做到，并且还要做得更好，争当第一！

因为大一上学期学习并不认真，我的专业基础基本为零，但我始终相信只要是我真正想做的就一定可以做到！于是，我开始阅读海量的专业书籍，积极学习顶尖高校的在线课程，课后主动和老师交流。在良师的循循善诱下，我渐渐掌握了正确的学习方法，对专业也有了更深刻的理解，专业学习的兴趣有了进一步加强。学院开展的专业讲座，我总能提前到场；课堂上，第一排中间左手边第一位总是我；周末，我总是第一个早早地来到实验室。最终，大学前三年我的学习成绩都位列专业第一，在 2021 年四川师范大学特等奖学金的答辩现场我还以总分第一名的成绩取得了这项奖项。从我立下目标的那一刻起，我就不断告诉自己：坚信只要拼搏、努力就会收获意想不到的惊喜，要让学习成为自己热爱的事情，让认真成为一种习惯，让优秀成为一种常态。

仰望星空，探索未知

在学习和成长的道路上，总会面临各种各样的困难和挑战，会走弯路，会失败，然而水滴石穿的故事告诉我，只要有目标、拼搏和毅力，总会收获成功。

大二期间，随着基础课程的学习、理论知识的深化，我对科研产生了极大的兴趣。通过阅读数据挖掘领域的论文，我对关于社交网络中用户影响力的分析及社交信息预警这个课题产生了兴趣。在老师的指导下，我开始做这方面的研究。刚接触科研的我面临着课程压力、理论和实践知识缺乏的现实困难。于是，我在课后阅读了大量的相关领域的中外文献，并穿插学习了各种编程工具和框架。虽最终未发表论文，但这是我本科阶段的一次科研初体验，我的知识储备和学习能力都得到了提升。

随后，我加入了本学院苏菡教授的课题组，作为核心成员参与多个纵向、横向项目，经过一次次讨论交流，一次次碰壁后解决问题，在老师的悉心指导以及与团队成员的共同努力下，最终我们在“基于图像分析的大熊猫个体识别技术研究”项目的结题中取得了优异成绩。我也因为这个充满挑战和惊喜的过程，对计算机行业产生了深深的热爱，对科研产生了浓厚的兴趣。

怀着对未知世界的强烈好奇心和解决挑战性问题的极度渴望，我迫切期望能够继续深造，读研或直接攻读博士学位。大三结束后，我参加了浙江大学、电子科技大学、北京师范大学、西南交通大学、华中师范大学的夏令营，并且取得了西南交通大学、华中师范大学的拟录取资格。在预推免阶段，亦取得电子科技大学、厦门大学、南京航空航天大学的录取资格。最终，因为电子科技大学的专业优势和我自身的规划高度契合，我选择前往电子科技大学直接攻读博士研究生。回顾整个保研阶段，我收获了很多，成长了许多，为能够得到这样的机会感到幸运和满足。

知行合一，脚踏实地

科技竞赛是一个与朋辈互相切磋交流的过程，无论是竞争对手还是团队内的合作队友，都给我带来了许多惊喜和新思路，来自他们的激励推动着我不断突破自己曾以为的“天花板”。

对一名计算机专业的学生来说，实践的能力是非常重要的。大学期间，我参与了大量的学科竞赛，通过比赛检验自己的知识水平，也通过比赛查漏补缺。参与比赛的结果也不仅仅是获奖，在准备比赛的过程中我还发现了自己感兴趣的方向，我的理论和实践水平都得到了极大的提高，我的表达能力、团队协作能力得到了锻炼。比赛刺激着我不断进步，这是一个正向的激励过程。当然，我也希望自己的知识和技能能够运用到实践中，真正做到“科技改变生活”。

努力终会有回报，我朝着目标努力，最终收获的是满满的惊喜。大学期间，我获得了 6 项 A 类竞赛国家级奖项、10 项 A 类竞赛省部级奖项、4 项校级竞赛奖项、2 次四川师范大学学术科研竞赛奖学金等。

思想引领，担当有为

大学四年，我从追随者变为引领者，从高考结束后单纯的“一”走向广袤而未知的“无穷大”。我在大学探索每一种可能——班长、部长、党员……它们最终都成为我身上的标签。作为学生，我做到了兢兢业业、勤奋努力；身为党员，我以身作则、服务他人，发挥党员的先锋模范作用。从默默参与，到组织协调，再到策划统筹，我的角色在变，但初心不改。我始终保持着为他人服务的真挚与热情，帮助更多的人，温暖更多的心。我感受到自己的蜕变，感受到自我的提升。凭借自己的不懈努力，我的工作也得到了老师和同学们的认可，我获得了社会工作奖学金以及五四红旗团员、优秀学生干部、优秀团干部等 20 多项校级荣誉。

还记得入学时自己懵懵懂懂的模样，还记得自己曾经立下的目标，如今好像都已完成。回望来时路，其实并没有那么困难，一切仿佛是水到渠成。

毛主席曾经说过：“恰同学少年，风华正茂；书生意气，挥斥方遒。”

而今，青春正在我们手中，我们不能在叹息声中虚耗。那么，让我们以“城头铁鼓声犹震”的斗志，在考验中践行初心使命；让我们以“绝知此事要躬行”的自觉，在实干中磨砺本领才干；让我们以“一身转战三千里”的豪情，在奉献中绽放青春之花。

最后，我要感谢母校四川师范大学和老师们的细心培育，给予我的帮助和关心，让我拥有了永不言弃的力量。

宁拙毋巧　宁朴勿华

四川师范大学◆赵思民

赵思民，男，汉族，2000 年 4 月生，中共预备党员，四川师范大学服装与设计艺术学院产品设计专业 2018 级学生。获得国家奖学金，校级一等奖学金、道德风尚奖等奖学金；获得 NCDA 全国高校数字艺术设计大赛一等奖、中国“互联网+”大学生创新创业大赛铜奖、米兰设计周中国高校设计学科师生优秀作品展一等奖、全国三维数字化创新设计大赛一等奖；获得四川省大学生综合素质 A 级证书，校级大学生年度人物、魅力团干部、党校优秀学员等荣誉。现已保送至西南交通大学攻读硕士研究生。

积极进取奠思想政治之基

饱含着对未来的期待和崇敬，我来到四川师范大学服装与设计艺术学院开启了我的大学生活。在大一刚入学的时候，因为基础比较薄弱，我开始思考如何才能利用好大学的时光将自己磨炼成一个优秀的人。我不断地提醒自己努力前行，相信在不懈的努力下终有一天可以成长为更优秀的自己。

思想是行动的基石，积极向党组织靠拢是我的第一步。我常把“请党放心，强国有我”记于心间，坚定信仰，除了不断地学习政治理论知识并进行实践，还担任了学校第 67 期党校的班长，策划主题班会，获得了“党校优秀学员”的荣誉称号，并被成功发展为中共预备党员。

在这个过程中，我感受到了信仰的力量，不断提升自己的思想素养。2021年6月作为一名光荣的团代表，我参加了共青团四川师范大学第七次代表大会，2021年11月参加四川师范大学第十次学生代表大会……一点点提升，一点点向前，不断实现自我思想的转变。

学以提能铺学习工作之路

“欲望以提升热忱，毅力以磨平高山”，大学期间我认真学习，与设计为友，无数个披星戴月的日子里，不断钻研，确立了自己的专业研究方向，积极参加各类学术科研竞赛，向着自己的梦想不断前进。

在因为疫情原因没有返校上课的日子，每当看到新闻播报患病人数不断增加的消息，我都十分悲伤。作为一名新时代的青年大学生，我在想如何利用自己的专业知识为国家、为抗疫出一份力，于是便拿起手中的笔，上演了一个人的“头脑风暴”，连续几天难以入眠却丝毫不觉得疲惫。或许这就是热爱的力量，心中的光在不断指引我前进。在这期间，我创作的作品获得了国家级的奖项。参加这些比赛不仅让我收获了许多友谊，让我实现了专业与实践的结合，有效提升了自身的综合能力。斩获的奖项也是对我努力的认可，激励着我孜孜不倦地奋力向前。

对专业的热爱催促着我不断学习提升，哪怕遭遇困难挫折也绝不懈怠，最终我以优异的成绩保送至西南交通大学攻读硕士研究生。在这个过程中，我从未想过放弃，而越发坚定信念，同时也明白了未来的路还很长，自己仍要继续在远方闪耀的灯塔的引领下，于学术的海洋中不断遨游。

在专业学习和参加比赛之余，我也积极通过参加各类大型活动和学生组织来提升自己的综合能力。作为社志委员，我曾参与国家级志愿者颁奖典礼志愿活动，在中国扶贫基金会活动中为山区儿童献温暖，参与抗击新冠肺炎疫情志愿活动，获得了多项全国性志愿者荣誉。作为团支书，我时刻提醒自己不断发挥先锋模范带头作用，热心为集体和同学服务，以拼搏向前和坚忍不拔的精神，三年如一日地投身学生工作，有始有终，从未懈怠。我带领班级获得了优良学风班集体、五四红旗团支部、团组织生活等级奖等10项集体荣誉，班级专业平均成绩也始终为年级第一。

学习需要逻辑思维能力和刻苦钻研的态度，而学生工作需要良好的语言表达能力、人际交往能力、文案写作能力、团队协作能力。参与班级和学院的学生工作让我体会到了奉献的力量，让我的综合能力不断提升，帮助我成长为一个更优秀的人，使我距离自己的目标越来越近。

乘风破浪扬学科竞赛之帆

“万石谷，粒粒积累；千丈布，根根织成。”在学科竞赛上，我用拼搏向前的精神不断冲刺，把每一次获奖当作对自己的认可和鼓励，也看作为下一次获奖做的铺垫。第一次参加比赛的场景虽已经过去三年之久，对我而言却仍历历在目。我和团队一同长途跋涉前往海南，辛苦的努力换来了满意的成果，也让我更加坚定了自己的目标。

这之后的三年时间里，我获得学科竞赛奖77项（包括39项国家级奖项、28项省部级奖项），其中A类比奖项赛32项，如NCDA全国高校数字艺术设计大赛一等奖、中国“互联网+”大学生创新创业大赛铜奖、米兰设计周中国高校设计学科师生优秀作品展一等奖、全国三维数字化创新设计大赛一等奖等。我还受师大之声广播站的邀请为同学们分享竞赛经验。

我一直认为学习和工作都是让人快乐和幸福的助力剂，能在无形中推动着我向前奔跑。回想起来，大学期间确实有许多辛苦和劳累，但是收获带来的成就感和满足感足以化解遭遇的所有困难，让我在跌倒后能勇敢地站起来，迎接下一个更大的挑战。正是因为抱着这样的心态，我共获得了19项奖学金及荣誉称号，其中包括国家奖学金，校级一等奖学金、学术科技竞赛奖、道德风尚奖，大学生年度人物，校级五四红旗团干部、优秀团干部、优秀学生干部、三好学生等。

我深知所有的成果都是需要用一点一滴的汗水精心培育才能夺目绽放，每一个成功的人背后总有看不到的艰辛和困难，而我要做的就是面对它、克服它、战胜它。

先行探索闯学术科研之关

在已成过往的三年大学时光里，我无比充实与幸福。在学术科研上，对于自身专业我始终秉持着热爱、向上的心态，勇敢拼搏，先行探索。我主持参与了4项大学生创新创意训练计划项目，不断将学到的专业知识运用于其中，以赛促学，增强了自己的设计能力，探寻到了适合自己的设计方法，还获得了中国大学生计算机设计大赛一等奖、第七届中国“互联网+”大学生创新创业大赛铜奖。

我参与的科创项目“3D打印鞋包”入驻学校创新创业基地，成果获得了第六届中国“互联网+”大学生创新创业大赛国赛铜奖、省赛金奖，四川省“挑战杯”大学生创业计划竞赛银奖等。我注重自己的全面发展，因而获得了四川省大学生综合素质A级证书。

我将在前行的道路上披荆斩棘、乘风破浪，将所学所得与具体实践相结合，做到知行合一、以知促行。过去的荣誉只是鼓励现在的自己，每次的总结都是新的起点。以后我仍要努力做全面发展的大学生，争为社会的发展添砖加瓦，以行求知，在实践中书写无愧于时代的青春华章。

不负时代，不负韶华

西南科技大学◆张秋婧

张秋婧，女，汉族，2000 年 8 月生，中共党员，西南科技大学计算机科学与技术学院计算机科学与技术专业2018级学生。获国家奖学金2次，国家励志奖学金 1 次，校级涪璋特等奖学金 1 次、碧朗科技奖学金 1 次；获第十一届“蓝桥杯”全国软件和信息技术专业人才大赛四川省一等奖、第三届全国高校计算机能力挑战赛西南赛区一等奖、第十四届中国大学生计算机设计大赛四川省二等奖、第三届全国大学生算法设计与编程挑战赛银奖；获四川省大学生综合素质 A 级证书，绵阳市三好学生，校级优秀学生干部、十佳班长等荣誉；获批校级创新基金项目 2 项。现已推免至重庆大学攻读硕士研究生。

光阴荏苒，岁月如梭。大学时光的珍贵之处，在于它教会我自律和勤奋才是青春最靓丽的底色。作为新时代的大学生，我们应不竭余力向德才兼备、全面发展这个目标前进。

新时代大学生应当在学习生活中不断增长知识，在社会实践中不断磨炼意志，在人生旅途中不断陶冶情操，要以实现中华民族伟大复兴为己任，增强做新时代青年的志气、骨气、底气，持续奋斗，砥砺前行，不负时代，不负韶华，以实际行动交付合格答卷！

增志气——坚定理想信念

志气是青年之“根”，青年的志气是有坚定信仰，是有远大理想，是心中有人民。大一刚进入西南科技大学时，学院安排了一场新老生交流会，在这场交流会上，我认识了立足科研竞赛、成功保研至国防科技大学的学长，认识了强化编程能力、拿到“互联网大厂”offer 的学姐。在感叹学长学姐的厉害之余，一粒追逐梦想的种子从此在我的心里生根萌芽。

我一直坚信：努力能使我保持一种进取向上的心态，坚守一种谦虚谨慎的作风，秉持一种永不服输的精神。因此，我的学习成绩始终名列专业第一。我不仅系统地学习并掌握了丰富了专业理论知识，还努力把其运用到实践中去，深深体会到了“一分耕耘，一分收获”这句话的价值。我早早地通过了大学生英语四六级考试，其中四级成绩达 566 分，并获得了大二学年英语满分免修资格。我通过自身努力，通过考试和面试进入了 2018 级计算机科学与技术专业卓越班。大二学年，我依然保持良好的学习习惯，即使因疫情只能居家学习，也不懒散放松，获得了国家奖学金、校级涪璋特等奖学金、绵阳市三好学生、四川省大学生综合素质 A 级证书等多项荣誉。大三学年，我锐意进取，再次获得国家奖学金，并在暑假获得电子科技大学、西南交通大学等高校的夏令营入营资格和优秀营员的称号，现已推免至重庆大学攻读硕士研究生。

增骨气——践行服务精神

骨气是青年之“魂”，青年的骨气是善明辨是非，是有民族气节，是做国家脊梁。作为一名中共党员，我热爱祖国，拥护中国共产党的领导，政治信念坚定，积极践行社会主义核心价值观。自大一开始，我便加入计算机科学与技术学院分团委，并在班级担任班长一职，成为同学与老师、班级与学院之间的桥梁。经过三年多学生工作的学习与锻炼，我增强了综合能力，也养成了坦诚、守时守约、做事讲原则以及敢于承担职责的良好品质。其间，我在各方面都严格要求自己，不断加强相关业务的学习，不断总结工作中的经验，能用发展的眼光看待并解决实际问题，开阔思维，勇于创新，不断争取在平凡的工作中做出不平凡的成绩，真正做到了为同学服务，为学院发展尽心尽力，为学校建设添砖加瓦。在担任2018级计算机科学与技术专业卓越班班长期间，我以身作则，勤勤恳恳，兢兢业业，充分发挥自己作为学生干部的带头作用，使班级形成优良的班风和学风，带领班集体获得了2次绵阳市先进班集体、2次校级优秀班集体以及3次文明班级的称号，个人则获得了校级十佳班长荣誉。担任学院分团委学生副书记期间，我所在的学院分团委获得了红旗团委的称号，策划组织的诸多特色学生活动获得了广泛好评。

增底气——勇于开拓创新

底气是青年之“源”，青年的底气是勇于攻坚克难，勇于迎难而上，勇于开拓创新。一名新时代大学生，积极参加科研竞赛有利于提高自身的创新实践能力。自大一开始，我便加入实验室，跟随老师、学长学姐进行系统学习，在实践中进一步夯实理论基础。最初，作为团队的新成员，我做着相对简单的工作，在学长学姐的带领下参加计算机类的比赛，从中汲取经验，学习如何管理团队、如何对作品进行创新。后来，我作为主要负责人，带领团队成员参加各种科研竞赛，合理分配时间、任务，成功完成一次又一次的答辩并获奖。我自己也参加了单人比赛，拿到了国家级奖项，在新老生交流会上向学弟学妹们讲解参与科研竞赛、社会实践的经验。通过这些经历，我真正感受到科研竞赛的魅力，它不仅活跃了我的思维，锻炼了我的能力，也让我加深了对理论知识的理解，探寻到问题的本质。从作为新生参加新老生交流会，学习学长学姐身上的优秀品格，到现在作为优秀学生代表参加新老生交流会，向低年级同学分享学习经验，我心中那粒梦想的种子经过汗水与努力的浇灌，已然茁壮生长，绽放出绚烂耀眼的花！

作为新时代的大学生，我们应当珍惜韶华，努力锤炼自己、提高自己，做到志存高远、德才并重、情理兼修、勇于开拓，在炙热的青春中放飞人生理想，在奋发的青春中书写时代答卷，在拼搏的青春中成就璀璨华章！

永不言弃，让梦想发光

西南科技大学◆张玲玲

张玲玲，女，汉族，2000年9月生，中共党员，西南科技大学环境与资源学院测绘工程专业2018级学生。获国家奖学金、校级涪璋特等奖学金、四川省大学生综合素质A级证书；获全国大学生测绘技能大赛测量程序设计二等奖、“南方测绘杯”第六届四川省大学生测绘技能竞赛“1∶500数字化测图”一等奖；获绵阳市三好学生，校级三好学生、优秀学生干部、五四优秀团学干部、“党史达人”等荣誉称号。现已保研至中南大学。

志坚者，功名之柱也。坚定的梦想是做大事的基础，只要坚定自己的梦想，并为此不懈地努力，就一定可以攀上理想的高峰。回首过去的三年，我时刻坚守“永不言弃，让梦想发光”的理想信念，体会着成长与蜕变，收获着温暖与感动。时间从来不语，却回答了所有问题：只有越努力，才能越幸运。

慎思明辨——厚德

地势坤，君子以厚德载物。成为一名优秀的共产党员是我一直以来的梦想。自打记事以来，家门口就一直悬挂着“党员之家”的牌子。爷爷和爸爸都是老党员，他们的言行举止以及勤俭节约、待人真诚的优良品质深深地感染了我，我从小就暗下决心要成为像他们一样的人。在全党“立足党的百年历史新起点”之际，我组织参与了“忆历史，学党史”北川行、“探秘两弹真迹，追寻强国历史”等党支部活动，带领同学们缅怀逝世同胞，学习前辈精神。让我记忆深刻的是一次全校性的党史知识答题活动，我意识到自己已经是一名光荣的中共预备党员，应该具备一定的理论知识、足够的党性修养，便开始紧张地学习党史知识并向优秀的党员同志请教疑惑，最后获得了“党史知识达人”的称号。疫情期间，众多优秀党员冲在前线的精神更是深深打动了我，我决心向他们学习，终于在2021年暑假成为所在社区的抗疫志愿者，以自己的实际行动践行着一名优秀共产党员的初心和使命。

手不释卷——博学

君子博学于文，约之以礼。我深刻牢记，学习是学生的第一要义。于是，一入学我就坚定了好好学习的信念。大一结束时，我的各项素质排名还比较靠前，于是逐渐萌生了提升绩点、冲击国奖、在大四保研的想法。大二学年，突如其来的疫情打乱了我的学习计划，但居家线上学习给了我充足的时间理解消化专业课知识，大二学年平均绩点提升至4.35，达到了自己都没有想到的高度，专业排名保持第一。努力和幸运的加持也让我拿到了赢得国奖的“入场券”。现在，我都还记得辅导员老师逐字逐句帮我修改答辩稿、PPT的样子，也还记得自己一遍又一遍模拟答辩的场景。国奖答辩之后，我来不及欣喜便又与队员一起投入专业竞赛的紧张训练中，每天迎着朝霞出门伴着落日回寝，最后却因为小失误，其中一项考核没有成绩。这次失败让我久久不能释怀，却也为我积累了很多经验，使我从中得到激励。做不完的实验，背不完的专业知识，让人濒临崩溃的期末复习……都在推着我忘记失利、继续努力。让我在大三下学期获得绵阳市三好学生和涪璋特等奖学金的，是入学以来日复一日的积累与坚持。青春的底色是奋斗，虽然现在已经成功保研，但想到这份offer的来之不易，我便会沉下心来继续努力，争取更上一层楼。

知行合一——笃行

慎思之，明辨之，笃行之。回顾流逝的大学时光，我很感恩党支部、团委学生会、班级等为我提供广阔的平台，让我有机会在学生干部的岗位上茁壮成长，使我明白了责任与坚持的含义。大三这一年，给我留下深刻印象的除了学习的艰难、获得荣誉的喜悦，还有与团委学生会的这份缘分。临近竞选答辩，我还在与两个好朋友纠结是否留任，因为对团委学生会的深深热爱，想为其尽自己的一份力，在深入思量后觉得自己还是可以平衡好工作、学习与生活，便选择了留任，成为秘书处的分管主席。处理日常事务、参与五四答辩、统筹毕业晚会……在这一年里，我参与了许多有意义的活动，在忙碌中不仅让自身得到了提高与充实，也收获了一群志同道合的朋友。通过学习，我们能增长专业知识；通过工作，可以提高自己的组织能力、协调能力以及人际交往能力。“优秀学生干部”“先进基层党组织”等荣誉是对我的莫大鼓励。我想，正是因为这忙碌且充实的学生干部生活，才让我更好地实现了自我价值。

学而出新——创新

苟日新，日日新，又日新。“欲穷千里目，更上一层楼。”2021 年暑假对我来说也算一段难忘的岁月。因为疫情的原因，两年一次的全国大学生测绘技能大赛推迟，让我有了更多机会挑战自己。前三年的程序学习让我对编程产生了畏难心理，而测量程序设计又是专业知识与语言程序设计的结合，每一个几百行的程序都需要先去理解样例再反复试错。那段时间，我们每天从早上 8 点开始便坐在电脑前修改程序，直到晚上 10 点才结束。付出总有收获，我们最后获得了二等奖。有了这个基础，我将所写程序继续优化，申请了 2 项软件著作权。人生就是一个寻找梦想、追逐梦想、实现梦想的过程。我托梦于大学，似乎看到了磨砺后的宝剑锋芒四射，苦寒后的梅花馥郁芳香。

如今，面临毕业的我回首来时路，依旧感谢那个全力以赴、不轻言放弃的自己。在西南科技大学环境与资源学院学习，是我人生中一个极为重要的阶段，我会珍惜在西南科技大学最后的宝贵时光，继续保持积极的心态，怀揣着一颗感恩的心，砥砺前行，迎接未来的无限可能，让梦想发光！

以梦为舰，扬帆远航

西华大学◆谢紫欣

谢紫欣，女，汉族，1999年07月生，中共党员，西华大学建筑与土木工程学院建筑学专业2018级学生。获国家奖学金、国家励志奖学金、校级一等奖学金；获第十届全国绿色建筑设计竞赛二等奖、第十一届全国绿色建筑设计竞赛三等奖、“仙海杯”第三届四川省大学生乡村振兴创意设计大赛二等奖、第六届四川省“互联网+”大学生创新创业大赛铜奖、第十六届“挑战杯”四川省大学生课外学术科技作品竞赛一等奖；获四川省大学生综合素质A级证书，校级优秀共青团干部、优秀学生干部、暑期“三下乡”社会实践活动先进个人等荣誉。申报国家级大学生创新创业训练计划项目、“西华杯”大学生创新创业项目各1项；在学术期刊发表论文4篇，拥有软件著作权2项。

“光阴荏苒，物换星移。时间之河川流不息，每一代青年都有自己的际遇和机缘，都要在自己所处的时代条件下谋划人生、创造历史。青年是标志时代的最灵敏的晴雨表，时代的责任赋予青年，时代的光荣属于青年。”习近平总书记的这段话勉励着新时代的青年，我也在其影响之下，乘时代之巨舰，扬青年之远帆，铸伟大之梦想，乘风破浪。

乘时代之巨舰，立钻研之大志

2018年9月，我很荣幸地成为西华大学的一份子。在收到录取通知书的那一刻，我开始思考作为新时代的青年，我将怎样去度过大学生活，最终想要达到的目标是什么，以及怎样去完成我的目标。我对建筑学有着无尽的热爱，期盼着可以在知识的海洋里遨游，期待着可以设计出美轮美奂的建筑，梦想着可以成为如梁思成那样的建筑大家。“树无根不长，人无志不立”，我以成为优秀建筑师为志，从小事做起，顽强拼搏，期许在大学留下浓墨重彩的一笔。

入学后，经过一段时间的自主学习，我对于自己的目标有了更加清晰的认知，意识到要想成为一名优秀的建筑师不仅需要具备足够的专业素养以及知识储备，还需要学习丰富的专业技能。此后，我也有了更加勇毅笃行的坚定，尽管到达成为优秀建筑师的彼岸对我来说还很遥远，但我会在航行的征途上预置一个个锚点，逐个到达，最终实现梦想。

扬青年之远帆，明学习之大任

学生的第一要务自然是学习。学习是一个积累的过程，需要花时间去吸收、沉淀。我从大一上学期开始，每天早出晚归沉浸在图书馆中查阅大量资料，体会到了自主研究的乐趣。大一下学期繁重的课程压得我喘不过气，我开始学会总结，总结自己的薄弱点，总结适合自己的一套学习方法。大二时，学习压力倍增，我开始做时间规划，把每一件事情的完成计划细分到每一天。努力总有收获，我每学期的学习成绩均达到年级前百分之五，多次获得校级优秀三好学生称号及国家励志奖学金。

实践是检验真理的唯一标准。从书本上得到的知识终归是浅显的，如果想深入，就必须亲身实践，去探索发现。我开始尝试论文写作，从最初的无从下手到能好好地编写计划书，进而设计论文框架。论文写作本身就是一种学习手段，从收集材料、筛选材料，再到组织语言、形成文稿，是把自己的学习成果进行深度转化的过程。我以第一作者身份在学术期刊上发表论文4篇。为了获取设计灵感，我常常临摹大师作品，查阅国内外有名的案例；为了提高作图效率，课余自学 Photoshop、ID、AutoCAD、Premiere、Lumion、Vary、Enscape、3DMAX 等相关专业软件。这些技能也让我在今后的专业学习中更加得心应手，参加专业学科竞赛更加游刃有余。学科竞赛为我提供了检验所学知识的平台，我把大量精力投入其中，不浪费每一次机会。我将专业知识合理运用在设计里，并通过扎实的专业技能展示设计成果。功夫不负有心人，我获得了包括第十届全国绿色建筑设计竞赛二等奖在内的3项学科竞赛的奖项。

信息化时代使得知识更新加快，想要成为时代需要的人才，创新能力是必不可少的。2020年3月，在老师的帮助下，我鼓足勇气报名参加了第六届四川省“互联网+”大学生创新创业大赛。起初，我对创新创业大赛没有任何经验，比赛过程中的每一环节都需要老师的指导。值得庆幸的是，最终我们在第六届四川省“互联网+”大学生创新创业大赛中荣获铜奖。基于此次比赛所获得的经验，我继续和几个志同道合的同学一起参加了第十六届“挑战杯”四川省大学生课外学术科技作品竞赛。为了能够让自己得到充分的锻炼，我和队友们常常通宵达旦地进行思路设计、框架构思、文献查阅，一起头脑风暴。每次阶段性成果展示前的“战斗”准备、凌晨的西华大学校园至今都令我难忘。比赛中，我们常常熬到半夜两三点还在修改方案，力争使作品更加完善，增加在众多优秀作品中脱颖而出的概率。努力总有收获，在大家的齐心协力下，我们的作品获得了第十六届“挑战杯”四川省大学生课外学术科技作品竞赛一等奖，此后又三度优化，获得了第十七届“挑战杯”全国大学生课外学术科技作品竞赛三等奖。时至今日，我仍清晰地记得在比赛官网看到结果的那一刻的喜悦，感觉之前的付出都值得了。一路走来，参赛间有开心、有争吵，也有疲惫，但是这会是我们大学时光最珍贵、最难忘的一段回忆。今后的学习中，我也会踏踏实实，以学促思，明确学习之大任！

铸伟大之梦想，担社会之大任

在《习近平寄语青年》中，习近平总书记曾多次表达对青年人的殷切期盼，他与青年说信仰、论志向、谈梦想、讲奉献。我也因此知道要想成为一名优秀的人，单单靠努力学习专业知识并不够，还需要努力为社会做奉献，并且敢于担当大任。

岁月如梭，犹如白驹过隙，如今我已在学院学生会工作三年，先后担任了学院易班工作站站长、学院学生会团委副书记、班级班长等职务。我在不同的角色中切换，忙碌的工作让我感觉非常充实。依稀记得，新生入学时毅然决然地加入学生会的那一幕，当时的信心与激情在此时此刻都还能让我心潮澎湃。这一路的任职经历让我收获颇丰。我深知高效就意味着拥有更多时间，便要求自己每天合理安排时间、提高工作效率，让学习与工作尽可能达到平衡。我也因此变得更加成熟和自信。每一次工作，无论服务对象是班级、学院，还是学校，我都会竭尽所能、勇担大任，积极配合同伴处理好各项事务。我很荣幸多次获得校级优秀班干部和优秀共青团干部的称号，并带领班级获得校级先进班集体等 10 多项集体荣誉。这是对我学生干部工作经历的一份肯定，也是对我的鞭策，激励着我不断进步、再攀高峰。

赠人玫瑰，手有余香。我热衷于参加志愿服务活动。它既是锻炼自己的机会，也是奉献社会、服务人民的机会，加强了我对国情、民情、社情的了解，锤炼了我的意志，提升了志愿情怀，让我更加坚定自己的理想信念。到目前为止，我参加过 2021 年的中国城市规划年会、学校暑期“三下乡”社会实践活动等 10 项志愿服务活动，累计志愿服务时长 500 小时。让我印象深刻的是，在凉山彝族自治州开展的为期一个月的志愿支教活动。我亲身感受到孩子们的童真，也为脱贫攻坚贡献了一份“小我”的力量。在未来，我会继续将学习与实践相结合，勇担社会之大任。

大学是人生中的一段重要历程，也为我带来了一笔笔宝贵的财富。一路走来，经历和荣誉是对我不断成长的肯定，也是我成长过程中良好的助推力。作为当代青年大学生，我将继续顺应时代发展潮流，敢为人先，勇于突破，努力学习，贡献国家，以青春之我，创建青春之家庭、青春之国家、青春之民族。我将一直以实际行动开拓进取、服务社会，做走在时代前列的奋进者，让青春在创新创造创业中飞扬！

步履铿锵，乘势奋进

西华大学◆王艳阳

王艳阳，女，汉族，1999 年 10 月出生，中共党员，西华大学外国语学院英语专业 2018 级学生。获国家奖学金、唐立新奖学金、唐立新优秀学生干部奖学金、校级一等奖学金；获校级优秀学生干部、优秀共青团干部称号；获全国听说能力测评大赛英语专业组一等奖、“外研社杯”全国英语演讲大赛二等奖、全国口译（英语）大赛西部大区赛二等奖、“外研社·国才杯”四川省大学生英语挑战赛演讲比赛一等奖等奖项；曾赴下格戈理查大学游学，曾担任 2020 策马全球口译高峰论坛等活动双语主持、成都国际友城青年音乐周等活动志愿者。现已保送至西南交通大学攻读英语翻译专业硕士研究生。

入学之景，恍如昨日，转眼我已在西华大学度过了近四年的时光。志不求易者成，事不避难者进。回首入学之初擘画的蓝图，如今我已达成目标，交出了一份令自己满意的答卷。我在学习上学思交融，从不懈怠；在竞赛中进无止境，不断突破；在实践中尽职尽责，发光发热，谱写了属于我的青春之歌。

心之所想，行之所动

“知之者不如好之者，好之者不如乐之者”，我乐在英语，因而在高考志愿上选择了英语专业。兴趣为源，勤奋为翼，我的步履更加从容坚定。

在新生入学专业规划讲座中，老师提到“以赛促学”这一学习方法，鼓励我们积极参与学科竞赛，在备赛过程中审视自身学习的不足之处，从而改进自己的学习方法，我很受启发。自那时起，我便以此作为学习方法，以趣为引，以赛促学，不断探索，不断前进。

不积跬步，无以至千里；不积小流，无以成江海。语言能力的提高不能一蹴而就，需要日积月累、厚积薄发。从大学的第一堂课开始，我便每节课抢占前排，认真聆听老师的讲授，抓住每一次课堂上的机会提高口语流利度，课余时间及时复盘，还通过慕课等学习平台的资源扩宽自己的知识面。正是有了这份坚持，我在大一学年的综合测评中名列专业第一，也为我将来参加英语学科竞赛打下了坚实的基础。

在科任老师的鼓励下，我参加了西华大学英语风采大赛。怀着激动而又忐忑的心情，我走上了英语演讲的舞台，在一场场选拔赛的历练下，我从面对定题演讲稿写作时的自乱阵脚到能游刃有余地从不同切入点分析题目深意，从拿到即兴演讲题目毫无头绪到能够镇定自若地在台上侃侃而谈。实力为基，幸运加成，最终，我获得了西华大学英语风采大赛的第一名。在体会到喜悦的同时，我也深深地被竞赛的魅力所吸引。2019 年，凭借着流利的口语，我通过了西华大学国际教育学院的选拔，赴黑山下格戈理查大学游学，领略异国文化、提升语言能力，于游学中开阔视野。

志学卓越，厚积薄发

有了西华大学英语风采大赛的磨炼，之后我开始在各类英语学科竞赛中奔走，如全国听说能力测评大赛、“通译杯”四川省翻译大赛、全国口译（英语）大赛、全国大学生英语竞赛、“百万同题”英语写作大赛等。每一场比赛我都怀着“享受比赛、看淡结果”的心态，这给我带来了很多意外之喜，也在各项竞赛中斩获优异成绩。

在众多英语学科竞赛中，“外研社·国才杯”四川省大学生英语挑战赛演讲比赛的舞台承载了我最珍贵的回忆。作为全国含金量最高的外语赛事之一，这个比赛对选手的英语水平、认知深度、知识储备、反应速度有着极高的要求，是许多英语学习者心中的顶级赛事。尽管备赛过程极其艰辛，但我仍乐在其中。赛前，我对着镜子不断练习，在复盘中沉淀精进；在指导老师的陪伴下，每天面对陌生的面孔随即进行现场课堂演讲，在语言交锋中凝练思想；利用碎片时间浏览英语新闻，从时事中收获新知。比赛当日，我在定题演讲环节以深刻别致的切入点、自信的微笑赢得了评委和观众的肯定。在即兴演讲和评委问答环节，我充分调动自身的知识储备，结合日常所见所闻，抒发所感所想，最终获得一等奖，并以全省第二名的好成绩晋级国赛。全国总决赛备赛期间，我得到了非常多老师同学的帮助——老师们帮我打磨演讲稿、调试设备，学长学姐在线做后备军。这些支持助力我获得全国二等奖，刷新了西华大学在这一赛事中的最佳成绩。

听说读写译，一场场比赛带给我的收获不仅是那一纸获奖证书，还有良师益友的陪伴，以及时间管理、临场应变、语言表达等多方面能力的提升。

知行合一，不负韶华

积微成著，笃行不怠。前期的积累沉淀，特别是综合能力的显著提升，使我在学生工作、社会实践等方面崭露头角。

我先后担任了团支书、西新荟会长、学院新媒体运营中心主任等学生干部职位。责任的重担不曾拖慢我的脚步，反而让我在奋斗的路上走得越发坚定和自信。在不同的学生组织中，我感受到了同样的温暖，在集体奉献中收获了成长。

在诸多老师的信任与帮助下，我获得了做双语主持的一系列机会。在中华口译大赛、策马全球口译高峰论坛、策马海外翻译硕士教育展、四川省普通本科高校外语课程思政建设研讨暨课程思政教学比赛等赛事活动中，我有幸向外语界专家们取经，也被许多同龄人不断突破自我的风采所激励。这些经历拓宽了我的视野，让我有了前进的动力。在向优秀者学习的驱动下，我试着进行跨学科调研，涉足经济、体育领域，培养学科交叉意识。我尝试接触更多的双语志愿服务，力求学以致用；积极参与多类型的爱心活动，如“艳阳”一样给需要帮助的群体带去光与热。西华四载，我始终满怀热情投身学习与工作，以实际行动诠释青年一代的坚毅与担当。

2021 年恰逢中国共产党成立 100 周年，我有幸作为青年学生代表在四川省青年师生学习贯彻习近平总书记在庆祝中国共产党成立 100 周年大会上重要讲话精神座谈会上发言。身处“两个一百年”奋斗目标的历史交汇点，我胸前的党徽再一次被点亮，心中的热爱再一次被点燃。

春种一粒粟，秋收万颗子。在团队伙伴们的共同努力下，我们取得一项又一项成绩——西华大学十佳优秀班集体、“五四”红旗团支部、十佳新媒体平台等。在身边人的帮助下，我逐步走出舒适圈，不断自我突破，将不可能变为可能。我参加了中南大学、大连理工大学、西南交通大学三所院校的暑期夏令营并获得了优秀营员称号。用兴趣书写开篇，用坚持续写故事，以专业第一的成绩保送至西南交通大学攻读英语翻译专业硕士研究生的经历又为我的人生旅途开启了新的征程。

不问东西，只问初心；心有所信，方能行远。回顾大学四年，我坚持积极进取，于知识海洋探求真知；于实践工作提升自我，力求细致负责。翻译界泰斗许渊冲先生曾言：“翻译是把一个国家创造的美转化为全世界的美。”作为一名外语学子，我会不懈努力，成长为有家国情怀、有专业本领的新时代青年，持长剑纵马，执妙笔生花。春风不言，吹得大地一片暖意；奋斗无声，用拼搏书写青春定义。未来，我也将步履不停，砥砺前行。

似兰斯馨，如松之盛

——在爱和希望中野蛮生长

西华大学◆徐万芳

徐万芳，女，汉族，2000年3月生，共青团员，西华大学西华学院计算机科学与技术专业2019级学生，西华大学学生会主席。获校级一等奖学金4次，获第七届中国国际“互联网+”创新创业大赛铜奖、第七届全国大学生工程训练综合能力竞赛铜奖、泛珠三角大学生计算机作品赛三等奖、第二届“北斗丝路杯”创新创业挑战赛银奖、“华模杯”航空创意大赛二等奖、“彩虹杯”全国无人飞行器设计大赛三等奖、第十二届“北斗杯”全国青少年科技创新大赛三等奖、2021年“高教社杯”全国大学生数学建模竞赛省一等奖、2021华为中国大学生ICT大赛省级二等奖、西南地区大学生物理学术竞赛（SWUPT）三等奖、四川省大学生智慧文旅作品创新创作大赛省三等奖，获2021年四川省大学生综合素质A级证书、校级优秀学生干部、校级优秀共青团干部、2021年暑期“三下乡”社会实践活动先进个人等荣誉。申报“西华杯”大学生创新创业训练计划项目4项、“英才计划”学生科研项目3项；以第一作者身份申请实用新型专利1项，以第二作者身份在学术期刊发表论文2篇。

“勇敢就是接受发生在你身上的事，把它尽力做到最好。”小说家约翰·欧文的这句话可以概括我的大学生活。我永远相信水到渠成的力量，永远保持热爱奔赴山海。

缘起车队，见贤思齐

目标是行动的指南和力量的源泉。我深知自己不是一个聪明的孩子，因此必须在每个阶段都有明确的目标、充沛的精力。入校之初，学院举办的新老生分享会就让我确定了未来要继续专耕学术、向知识的更深处漫溯的目标。在多姿多彩的校园生活与我撞了个满怀时，我坚定地带着目标寻觅，很幸运地在西华大学 FSAC 无人驾驶方程式车队（西南地区第一支无人驾驶方程式车队）找到了达成目标的第一个契机。

车队是由一群因为热爱相聚在一起的人组成的。作为懵懂无知的“菜鸟”，我感受到了与传统学习方式完全不同的学习体验。给定目标、协作实现、组会报告、以赛代练……学习于我不再是被动地课堂听讲，而是变成了主动地探索求知，我实现了学习思维的转变。

后来，在比赛的迫切要求和学长学姐的引导下，我对于机器人操作系统和人工智能深度学习有了初步了解，但苦于专业基础知识以及较为健全的知识体系的缺乏，不能像同组的研究生师兄师姐那般高效高质量地完成组长交予的任务，帮助队伍在更大的舞台上实现突破与创新。此时，我意识到盲目地跟着前辈们进行学术创新活动有些过于冒进了，于是决定先把专业知识基础筑牢再进行探索。

2020 年因疫情在家进行线上学习期间，我给自己制订好学习计划便一头扎了进去，期待能够成为和学长学姐们一样富有活力和创造力的人。沉浸在朝气蓬勃的车队氛围中，加上前辈们赋予我的勇气，渐渐地，我有了足够的信心敢于去直面任何挑战。

厚积薄发，水到渠成

为了更接近自己设立的目标，丰富大学生活的维度，我逐渐成为学弟学妹们口中每天只睡四小时的“铁人”。我坚信“业精于勤而荒于嬉，行成于思而毁于随”，长此以往，再难的险阻也可以轻松突破。

最让我难以忘怀的是2021年的“高教社杯”全国大学生数学建模竞赛。比赛期间，我和队友在机房里反复研究探讨，尝试解决“如何从定量的角度建立数学模型”的关键性问题。为了在短暂的三天内完成一份优秀的论文成果，我们争分夺秒地分析数据、编写程序、优化模型，困了就在机房趴着休息，饿了就以泡面充饥。在夜以继日地不懈努力下，我们获得了“高教社杯”全国大学生数学建模竞赛一等奖。从工程实践与创新能力大赛收获资源分配算法，从华为中国大学生ICT大赛收获云计算相关知识，从西南地区大学生物理学术竞赛收获实验设计方法，从华语辩论联赛收获哲学批判性思维……奋进路上的一点一滴汇聚成突破自我的基石，让我一次次感受到个人能力的提升和更多的可能性。

我不仅期望知识能够解决个人发展的问题，更迫切地希望将自己学到的专业知识真正运用于对社会有益的地方，实现知识的价值。因此在参加知识技术型比赛之余，我还牵头申报了“西华杯”大学生创新创业训练计划项目并获得立项，加入了英才计划项目飞云系列救援辅助无人机组。从基础的模型设计到功能模块实现再到无人机真正起飞落地，全部是团队自主开展。我们这个本科生团队竭尽全力地探寻这艘保障应急通信“空中航母”的未来，一步步站上了和硕士、博士研究生们同台竞技的舞台。每每从实验楼出来，大家都感头昏眼花、身心俱疲，但伴着夜色踏着月光回家的时候，又都会因为自我价值得以实现而觉得身心舒畅、未来光明。

乐于奉献，薪火相传

实现个人价值之余，我也希望能将自身的能量传递给更多的人，便站上了新生开学典礼的舞台，走上了“青传党声”宣讲会的讲台，搭建起服务同学的各种学术竞赛平台……我相信爱的传递和传承永远是世界上最浪漫的。

在学校的支持下，我创建了西华学院学科竞赛工作室并担任负责人。工作室成立一年内取得了“互联网+”创新创业大赛、“外研社杯”大学生英语竞赛、全国三维数字化创新设计大赛等比赛的国家级奖项9项、省级奖项33项，每一位成员都在第二课堂得到了成长。当在各项比赛的获奖名单上看见团队成员的名字时，我由衷地感到骄傲和自豪。比起自己站在领奖台上，看着一群人因为自己成长得更好让我更觉幸福。我一直认为，学习和学生工作是同向的。在学生会学术部的工作促进了我与同学们在学业方面的交流，也逐步锻炼了我待人接物、换位思考等方面的能力。通过奉献获得价值归属的同时，在学生代表会上被推选为学校学生会主席，也让我看见了同学们给予我的认可，让我感受到了“双向奔赴”的快乐。

为了更好地传递我感受到的爱和温暖，我加入了西华疫情防控青年突击队，参加全员核酸检测以及 60 周年校庆发展大会等的志愿活动，累计志愿服务时数达到 68 小时。每年，我都会主动参与新生迎新、暖冬行等活动，积极报名暑期“三下乡”社会实践活动，进行街头采访、线上支教等，始终坚守“实践出真知”的原则，在社会实践中不断提升自己的能力。

我在爱和希望中健康成长，勇毅前行，从老师的帮扶指点中感受人文关怀，从前辈的分享帮助中汲取前行力量，在一次次比赛中夯实知识基础。不论何时何地，我都会将这些爱与希望传递给更多的人！

生如逆旅 一苇以航

成都信息工程大学◆刘微

刘微，女，汉族，1998年1月生，中共党员，成都信息工程大学大气科学学院大气科学专业2018级学生。获国家奖学金1次，校级特等奖学金2次、一等奖学金1次；获第十六届五一数学建模竞赛一等奖，首届中国气象现代化科技创新创业大赛三等奖，第十一届全国大学生数学竞赛（非数学类）二等奖；获校级“青春榜样双创之星”、青春榜样自强之星、三好学生等荣誉称号。

我是刘微，很微小，却不弱小。家庭条件不是由我们选择的，我们能选择的只有我们自己要走的路。

自强者自助，自强才是最强

我来自江西一个偏远的农村，父母常年在外，由爷爷奶奶抚养长大。从小缺少父爱母爱的我如顽强的小草，自立自强，茁壮成长。在小学和初中时，我因成绩名列前茅，得到老师的喜爱，凭借着社会资助和贫困补助出色地完成了学业。到了高中，我继续将自立自强的精神发扬光大，常常一个人学习到深夜，只为了心中那一个念头——走出大山。所幸命运总是眷顾努力的人，我终于如愿考上了大学，但噩耗也接踵而来，疾病带走了一直都在住院治疗的爷爷。祸不单行，不久奶奶被检查出患上了癌症，父母坚定地选择让奶奶积极接受治疗，便开始为了手术费、医药费、住院费四处筹钱。父亲常年在工地劳动，工作强度非常大，2015 年不幸从二楼坠落，虽休养许久仍落下手脚不便的后遗症，后来患上的胆结石更是让他的身体每况愈下；母亲由于操劳过度，身体严重贫血且患脊椎病，只能选择留守家庭看护孩子；家中弟弟正上高中，妹妹正上小学，高额的学杂费是我们家庭沉重的负担。在这样的家庭情况下，我又怎么忍心让父母为我的学费发愁？所以一入校，我便开始做起了各种兼职。白天我可以是路边发传单的人、奶茶店的收银员，晚上可以是辅导机构的一名托管老师、一个在图书馆默默整理图书的兼职学生。就这样，依靠着各种奖学金、国家助学金以及兼职工资，我独立负担起自己的学费，大学四年来没有向父母要过一分钱。也正是这些经历，让我得到了心灵上的历练和成长，获得了 2020 年度成都信息工程大学“青春榜样自强之星”的称号。自强者自助，自强的人永远是生活的强者！

种树者必培其根，种德者必养其心

在大学这个人生成长的重要阶段，培养正确的人生观、价值观和世界观，提高自己的思想道德修养可以增强自己的个人魅力与实力。因此，入校不久我就向党组织递交了入党申请书，从那时起便时时事事严格要求自己。在思想上，我积极要求进步，大一加入了“学生爱心 6++ 协会”并参加了一系列志愿活动，如孤儿院献爱心活动、关爱流浪猫狗活动、义务植树活动等。通过这些志愿活动，我的思想认识水平得到了进一步提高，我也体会到了党组织的先进性，更加坚定了入党的决心。经过一年多的努力，我在大二时顺利成为一名入党积极分子。我坚持学习马克思主义理论，践行为人民服务的理念，不断充实自己，终于在大三时成为中共预备党员，在大四时顺利转正，成为一名光荣的中共党员。

天道酬勤，笨鸟先飞

刚迈入大学时，我对一切事物都感到新奇。不同的老师、同学、上课方式以及教学模式，让初来乍到的我感到很局促，以至于开始怀疑自己。但是我并没有因此止步，不断地努力调整自己，使自己逐渐适应大学生活。同时，为了能够取得较好的学习效果，跟上老师的步伐，我养成了课前预习、课后复习的好习惯。从那以后，我对课本的知识点掌握得更加深入，学习成绩也更加优异，人也变得更加自信。

此时，我并没有满足，开始参加各种专业比赛，学习各种专业软件。图书馆是我在大学时期最好的伙伴，只要有空闲，无论是周末还是节假日，我都会选择去图书馆安安静静地学习。在潜心学习的时候，我感觉整个世界都是属于自己的。也正是这些日夜沉淀的日子让我的大学收获满满：大学四年来平均绩点 3.96，位学院第四，综合成绩两次学院第一；获国家奖学金 1 次、特等奖学金 2 次；一次性通过大学英语四六级考试、计算机三四级考试；获第十六届五一数学建模竞赛一等奖、第十七届五一数学建模竞赛二等奖、首届中国气象现代化科技创新创业大赛三等奖、第十一届全国大学生数学竞赛（非数学类）二等奖、校“青春榜样双创之星”称号、四川省综合素质 A 级证书。这些成就都是我用汗水和无数个日夜的拼搏换来的。笨鸟先飞，我做到了，并且飞得又高又远。

读万卷书，行万里路

在自己学好各类知识的同时，我也力求让同学们搞懂。为了能够帮助到同学，我在大二时就开始每周末花 2 个小时为大一的同学补习高数，同时在疫情期间为同学线上补习课程以降低挂科率。在大三任学生数学爱好者协会会长时，我也尽职尽责，安排好每一次竞赛前的数学培训，当好老师和同学之间的桥梁，让每一次培训都发挥出应有的效果。在第十二届全国大学生数学竞赛中，我校同学果然不负众望，取得历年来最好的成绩，协会也因此获得了学校官方网站的表彰。

在担任“学生爱心 6++ 协会”活动部部长时，我曾以队长的身份参与暑期“三下乡”社会实践活动，组建了“微光”支教队，前往山区支教。在和山区孩子相处了半个月时间后，我们打成一片。课堂上我是给他们上各种开阔视野的兴趣课的严肃老师，课后是他们最亲切的朋友。我们不仅为当地学生带去物质的帮助，也为他们带去了精神的食粮。活动圆满结束后，我们的支教队在学校的评奖评优中获 2019 年暑期“三下乡”社会实践一等奖团队。

大二时，在导师的指导下，我开始了科研之路，最初三个月，我都在不断地阅读文献，数量达 300 篇之多。文献阅读能为自己的课题提供思路和方向，是撰写一篇论文最基础的工作，也是最艰难的工作。每次导师布置任务后，我的时间就会非常紧张，因为我不仅要完成同期的学习任务，还要完成导师交予的科研任务，甚至有时还会和兼职时间冲突。因此我经常在图书馆待到闭馆，甚至在闭馆后还会去自习室继续学习，临近宿舍关门时间才会回去。久而久之，我形成了自己的一套文献阅读方法：先将文献分成几部分，规定自己每天必须完成的任务，并对每部分内容做好标记，同时主动去查询有关该部分内容的相关文献，一步步循序渐进，直至完成整篇文献的阅读和理解。这样，我不仅熟读了这篇文献，还接触了很多其他有关的文献，我的专业知识面有了极大的拓宽。经历了文献阅读这个阶段后，我对文献的敏感度很快便提升了。在有了新颖的想法后，我会迅速和老师一起进行探讨。在两年多的不懈努力下，我终于在 2021 年 4 月以第一作者身份发表了我的第一篇北大 EI 核心期刊论文，以第三作者身份发表了一篇省级期刊论文。虽然每天都在不断地处理数据、绘图、查阅文献，但看到文章被刊登出来的那一刻，我觉得一切都是值得的。之后，我便以此论文为研究起点，开始了我的 2 项大学生创新创业训练计划项目，不断将研究课题进行深化，其中一项会在 2022 年顺利结题。

任何形式与领域的学习都是为了提升思维，灵活运用所学，而非泛泛的纸上谈兵。我始终认为这才是学习的最终意义。读万卷书，行万里路，希望我能在这条布满荆棘的路上坚持走下去，不仅仅是万里，更要十万里、百万里、千万里。

生如逆旅，一苇以航。我经常问自己，如果那些熠熠发光的人与我相遇，我是否有与之匹配的分量。我只能不断努力，半山腰太挤了，得去山顶看看了。

奋进新征程

四川音乐学院◆裘思扬

裘思扬，女，汉族，1999年12月生，中共党员，四川音乐学院流行音乐学院音乐表演（流行演唱）专业2018级学生，现担任校学生会文体部干事及班级副班长。获国家奖学金、国家励志奖学金、校级优秀学生一等奖学金、校团委优秀学生干部奖学金。

在大学四年的学习生活中，我热爱音乐，努力拼搏，积极进取，成绩优异，在流行音乐学院连续三年总分第一，连续三年获得校级优秀学生一等奖学金、校团委优秀学生干部奖学金，并荣获2019至2020学年度国家励志奖学金、2020至2021学年度国家奖学金，被推荐为校级优秀毕业生、省级优秀毕业生，被选为学生代表参加学校第二十二次学生代表大会和学院第一次党员代表大会。

我多才多艺，兴趣广泛，曾获得全国大中小学生廉洁文化书法创作大赛一等奖，也取得了普通话水平二级甲等证书。我把熟练掌握专业技能放在首位，擅长阿卡贝拉和声，擅长音乐活动策划，创作了音乐作品《迷雾》《幻想》等，改编翻唱《多想现在拥抱你》《下雨天》《遇见》等，获得院系专业老师的好评。

紧跟时代　不忘初心

大学是人生成长发展的重要阶段，怀着对中国共产党的崇敬与向往，我在大一入学时就提交了入党申请书。在党组织的培养下，我系统学习了党的历史、章程，极大提高了自己的思想政治觉悟。而后，我自觉加强对马克思列宁主义、毛泽东思想、邓小平理论、“三个代表”重要思想、科学发展观、习近平新时代中国特色社会主义思想理论的深入学习。2021 年 5 月 28 日，我顺利通过组织考核，成为一名光荣的共产党员。

“行远，必先修其近；登高，必先修其低。近不修，无以行远路；低不修，无以登高山。”作为一名共产党员，我时刻以一名党员的标准严格要求自己，从心底拥护伟大的共产党，与时俱进，认真学习党的工作路线。正如习近平总书记所说的“不忘初心，砥砺前行”，我时刻以身边的优秀党员为榜样，学习他们的先进事迹，不断鞭策自己，平时通过收看新闻、阅读报刊、浏览网页等了解国家与国际社会的动态，深切感受党的伟大、国家的强大。

作为一名学生党员，我以正确的价值观、世界观、人生观对待这个新时代，将在实现中华民族伟大复兴的道路上奉献自己的青春。在 2021 年 12 月，我有幸参加学院第一次党员代表大会，和广大党员干部一起践行党员的职责。

勤奋踏实　不负韶华

大学学习生活紧张而充实，作为一名在音乐学院学习流行音乐的大学生，我始终把掌握专业知识放在首位，开拓创新，追求卓越，将音乐理论与生活实践相结合，坚持流行音乐作品的原创。大学期间，我也有过很多的迷茫和彷徨，曾有一天做了个梦，梦中的我像是一只深陷迷幻森林迷雾里的小鹿，看不清周遭的一切，忽然，林中向我传来了特有信号，顿时让我看到了光亮……于是，我创作了《迷雾》这个作品，表现月光冲破迷雾森林洒下柔和光束的氛围感，表达出年轻人终会突破迷雾、走向光明未来的情感。全曲以“前奏—主歌—预副歌—副歌—间奏—预副歌—副歌—主歌”的结构编排。主歌和预副歌部分运用大三和弦、小三和弦及减小七和弦，营造神秘的迷雾感，表达青春的迷茫；预副歌连接后在副歌处转调，副歌采用明亮的大三和弦，营造沐浴月光的明亮感……此后，我又创作了《幻想》等几部作品，获得了院系专业老师的赞许。我将继续在原创音乐道路上施展自己的才华。

我知道努力是成功的必要条件，机会是留给有准备的人，所以一直保持积极向上的心态，以高标准要求自己。我知道“宝剑锋从磨砺出，梅花香自苦寒来”，便始终以一种不怕困难的精神，刻苦钻研，努力学习。我知道学习是永无止境的，必须持之以恒，所以认真对待每门课程，在各方面都取得了长足的发展，得到了学院的肯定，获得了很多荣誉。

经过三年多的学习，我可以坦然地对自己说我努力过、拼搏过，不负自己的青春。大学所取得的荣誉，对我来说既是终点又是起点，它的重要意义还在于取得它们的过程及为之付出的努力让我心中始终充满砥砺前行的闯劲。

“路漫漫其修远兮，吾将上下而求索。”近段时间，我正积极备战考研，一步一步地向着自己的目标前进，努力做更好的自己，奋斗出彩人生。

积极乐观　自强不息

生活中，我保持良好的生活习惯，朴素节俭，不盲目追求奢华，不攀比不浪费，追求精神的快乐。从进大学的那一刻起，我就规划好了自己的人生道路，告诫自己不能懈怠，要保持乐观积极的心态，勇敢地面对挫折和困难。作为班长，我以身作则，诚恳地对待他人，能感染身边的人积极为班级做贡献；我尊敬师长团结同学，能协助辅导员处理好班级的各项事务，提高集体凝聚力；我乐于助人，当同学们遇到困难时，都尽自己的最大努力为他们排忧解难，而自己也在帮助他人的过程中收获了快乐以及老师们的肯定、同学们的支持。

作为四川音乐学院学生会文体部中的一员，我与学生会干部们团结协作，相互学习交流，经常利用课余时间排练节目。在这个温暖的大家庭里，我锻炼了管理能力和沟通能力，增强了团队合作意识，积累了丰富的学生干部经验。大三时，在专业老师的栽培和指导下，我有幸参加了四川音乐学院拔尖人才计划选拔，收获颇多。

在未来生活中，我将继续踏实地迈出每一步，为实现一位优秀音乐人的理想而努力。

务实坚韧　勇于奉献

2020年，一场突如其来的疫情席卷中华大地，在疫情面前，没有一个人能置身事外。在疫情暴发之初，我便时刻关注疫情动态，响应国家号召，注重个人防护，还申请成为一名抗疫志愿者，协助社区进行防疫工作，将口罩、酒精等防疫物资送给有需要的居民，为进入社区人员测量体温，耐心向社区居民科普防疫知识、宣讲防疫政策，维护社区生活秩序。我以“最美逆行者”为榜样，践行党员职责，实现党员担当，尽自己所能为抗疫出力。

“纸上得来终觉浅，绝知此事要躬行。”新时代大学生人生价值的实现更是在于以自己所学服务人民、奉献社会。因此，大学期间我积极参加各类社会实践活动，既丰富了课余生活，又提高了自己的综合能力。

在未来，我将不断丰富知识储备，以务实、坚韧的态度对待生活，以百倍的信心和万分的努力去迎接更大的挑战，不负韶华，做一名优秀的时代接班人，做一个优秀的音乐人。

汗水浇灌青春，勤奋铸造成功

西华师范大学◆王启帆

王启帆，男，汉族，2001年1月生，中共预备党员，西华师范大学化学化工学院化学（师范）专业2019级学生。获国家奖学金，校级特等奖学金、一等奖学金；获“微瑞杯”第二届全国大学生化学实验创新设计大赛西南赛区竞赛三等奖，所加入的“情系乡兴”暑期社会实践队在全国大学生“千校千项”网络展示活动中受中国青年报社表彰；获四川省大学生综合素质A级证书，校级三好学生、优秀团员、2020—2021学年度十佳“三好学生标兵”称号。以第一作者身份发表SCI论文4篇。

试管里承载着我对化学世界的热爱，烧杯里诉说着我对真理彼岸的憧憬；一条条化学方程式是我求知路上的伙伴，“穷理致知，反躬践实”是我对待知识的态度。我始终坚持着，一刻不停地向前。挥洒的汗水、饱满的热情只为实事求是探索真知。

踏梦远航，逐浪前行

2019年的秋天，我坐上了开往大学的列车。在绿茵场上一声声青春洋溢的口号声中，我翻开了大学生活的扉页。我热爱化学，梦想着自己能在科研的世界里“挥毫泼墨”。大一，我就进入了学院团委组织部担任干事一职，也在忙碌的学生工作中认识了一群优秀的师兄师姐。我的部长告诉我，大学的生活宝贵且短暂，应该抓住各种宝贵的机会做自己想做的事。

刚进入大学时，我们的专业课并不多。“四大化学”我们也只接触了无机化学。我不敢怠慢每一节课，因为始终坚守着一种信念——现在认真学的知识，都将是我的一笔宝贵财富。每一节课，我都争先坐前排，这样会有更多的机会与授课老师交流。“徜徉书海幸遇良师益友，泛舟人生感逢知己园丁”，也许是上天的安排，我们班的无机化学由一位年轻的博士王鹏老师教授。每次无机化学课上，我都认真记住老师所讲。渐渐地我发现这位老师幽默风趣、博学广识，他的科研魅力紧紧吸引着我那对科学世界充满好奇的心灵。从那时起，我就下定决心要进他的课题组，好好地在实验室学习在课堂上学不到的东西。我向老师诉说了我的申请，老师让我大一一定要好好学习专业课知识，为后续的实验工作打下坚实的基础。

我一直朝着进实验室的目标奋进着。遭遇疫情，我们都只能居家上网课。我知道这是一个绝好的弯道超车的机会。自学了更多专业课后，我发现自己所学不过只是浩瀚星空中的一粒尘埃。灿烂星汉，便是我梦开始的地方。

求真务实，机会是留给勤学奋进的人

返校后，我参加了学校青马班面试。在面试的过程中我认识了来自各个学院的优秀的师兄师姐。他们要么专业成绩名列前茅，要么在学科竞赛中获取了丰硕成果。相比起来，我是多么渺小，于是下定决心朝着这些师兄师姐们的方向奋进。

我正式加入了多肽传感与生物应用实验室。刚开始的工作很简单，就是帮着实验室的师兄师姐们洗烧杯、洗比色皿。我用充满好奇的目光打量着眼前的一切新事物。面对着如此多的“高级仪器设备”，我感受到了环绕于我弱小身躯四周的科技力量。

新鲜感总是会随着时间的推移慢慢消逝。曾有一段时间，看着那些瓶瓶罐罐我就感觉头疼，望着电脑显示屏上那些密密麻麻的曲线，就会不由自主地怀疑自己是不是不应该选择进实验室。那段时间，我的课程任务堆积，我很难兼顾实验室工作与专业学习，只有不断牺牲自己的休息时间来解决落下的功课。熬夜成了平常事，早起也渐渐成了习惯。即使再苦再累我也未放弃，咬着牙坚持了下来。数据一遍测不准就测两遍，现象不明显就不断调整药品适宜浓度。我不敢怠慢每一个数据，尽管这些数据就是一串串冰冷的阿拉伯数字。科研无小事，“实事求是”四个字一直是我实验路上的底线。

课题组团队所有成员默契配合，功夫不负有心人，大量实验之后，实验现象与理论预设开始“重合”。这些冰冷的数字被赋予了“灵魂”，围绕在真理的周围朝着新事物的衍生方向螺旋前进。当课题组的新成果被发布出来时，我觉得一切的付出都是值得的。这是我进课题组以来我们团队收获的第一项科研成果。我始终忘不了那天收到邮件时无比激动的心情。在多肽荧光探针DM的设计、合成、分析等工作上，我们团队下了好大的功夫。在之后的日子里，我也不断尝试、不断创新，在老师的指导下致力于可视化荧光探针的设计和开发工作，研究成果也被学院筛选到重点实验室活动开放周展示。到目前为止，我们团队发表的论文被许多国外著名光谱学期刊收录，我也以第一作者的身份发表了SCI论文4篇。

阳光总在风雨后，无论前路多么未知和神秘，我们都不应该放弃探索的脚步。无论困难和挫折哪个先到来，我们都要勇敢面对。实事求是，求真务实，成功一定会留给脚踏实地的人。

理论联系实际，在实践中不断成长

我的导师一直鼓励我们参加各种各样的竞赛以及社会实践。他说，科研的目的就是要将研究成果拿来为人类服务，而不是束之高阁。

“微瑞杯”第二届全国大学生化学实验创新设计大赛开赛在即，导师鼓励我们尝试参加。通过层层选拔，我们的成果被学院推荐参加西南赛区的竞赛。虽然我们认真为这次竞赛做了准备，但还是由于经验不足只获得了三等奖。不过，我们认识到了优秀的人到处都是，人外有人，天外有天，失败过后奋起直追才是我们所需要的。

在暑期社会实践活动中，我将课题组研发的高效检测汞离子的多肽荧光探针用于环境检测中。我们的团队通过线上和线下相结合的方式在重庆市沙坪坝区中梁镇永宁寺村开展了以“传播科技助农收，携手化学惠民生”为主题的“乡村振兴”社会实践活动。我们通过走访调研、实地监测、取样分析、知识宣讲、线上回访完成了实践。

我将科研成果带给人们，也在社会实践中收获服务社会的技能。我所在的团队受到了当地政府的表彰，也在全国大学生“千校千项”网络展示活动中受中国青年报社表彰。纸上得来终觉浅，绝知此事要躬行，实验室的成果不能仅仅停留在知识理论层面，我们要不断实践，用其造福社会。

即使爬到了最高的山，都是从零开始的。梦想在远方，不脚踏实地地迈一步，怎么知道是否能到达？相信自己，去拼一把，穷理致知，艰苦奋斗，一切皆有可能。

追光吧，赤子

西华师范大学◆袁子婷

袁子婷，女，汉族，2000 年 10 月生，中共党员，西华师范大学学前与初等教育学院学前教育专业 2018 级学生。获国家奖学金、中国大学生自强之星奖学金，获第七届四川省“互联网 +”大学生创新创业大赛银奖（第一负责人），获四川省优秀共青团员、四川省优秀大学毕业生、南充市优秀共青团员等荣誉称号。于 2021 年 9 月至 2022 年 1 月中旬在凉山彝族自治州喜德县光明镇中心小学校顶岗支教，主持省级大学生创新创业训练计划项目。现已推免至西南大学攻读硕士研究生。

学习永无止境，把优秀变成一种常态

学问是苦根上结出的甜果，学识也是世界上最真实的东西，它们时时刻刻体现在人所传递的气质底蕴里。在进入大学之前，我对学前教育仅有模糊的认识，但仍觉得它是艺术与理论的结合体，魅力十足。在真正接触到这个专业之后，我才发现要学习的东西真的很多，钢琴、舞蹈、画画等技能都和学前教育相关。虽然每天要练习的内容非常多，我却越来越喜欢这个专业。大学期间我始终将学习作为第一要务，加入第四届国际班的同时辅修了英语双学位，并获得学风建设“学习标兵”的称号。

回顾这四年，“学生工作”四个字于我而言，分量太重。2018 年 10 月，我加入学院学生会和校学生会，大三上学期当选校学生会执行主席。我清楚地记得大二下学期因疫情居家学习时对着三台设备办公的场景；记得大三上学期开学时，因为要带 2020 级新生军训和排练各种节目，每天晚上 12 点睡觉却在凌晨 3 点醒来后难以入眠，反复思考一件又一件事情，脑子高速运转，白天上课时却还出奇的精神；也还记得同时担任院学生会、校学生会主席兼两个部门部长，分管 5 个部门的“巅峰时期”所背负的压力、辛酸和委屈……

现在回想起来，这些曾经的付出与努力都让我成长，也让我明白选择即责任、批评即帮助、坚持与担当究竟意味着什么。学生工作、学生会、并肩作战的伙伴……这些都已日渐成为我生命中难以割舍的部分。

“蹲下来和孩子说话”

因为奉献，所以快乐。早在中学时，我就已经跟随家人参与了志愿活动，大多数是关爱留守老人、留守儿童的活动。慢慢地，我也爱上了这样的公益行动。到大学之后，我也将这份爱心延续了下去，助力乡村振兴、参与疫情防控服务、进行公益徒步……累计志愿服务时长达 336 个小时，并在学院老师的指导下，结合自身专业优势，于大一下学期的暑假和伙伴们一同成立了自己的团队——西华师范大学“童心绯扬”心理健康教育团队。

“蹲下来和孩子说话”，学教育的人经常听到这句话。我带领我的项目团队在遂宁、巴中、南充、成都等多个城市进行乡村留守儿童心理健康现状的调研，在实践中深刻地感受到这句话的价值。面对教育对象，我们应该把自己的身位放低，从朋友的角度出发，而不是站在一个教育者的制高点上。只有这样，教育对象才会发自内心地信任眼前作为师者的我们，才会真正地愿意亲近我们。我也是在此基础上开展公益行动的。2021 年 9 月至 2022 年 1 月，我在四川省凉山彝族自治州喜德县光明镇中心小学校顶岗支教。支教的日子里，大家就像是生活在一个温暖的大家庭里，每天都过得很充实。那四个多月对于我来说是特别珍贵的一段记忆。

“幸运的人，一生都在被童年治愈；不幸的人，却要用一生去治愈童年。”原生家庭的影响以及对留守儿童持续深入的了解，让我在做公益活动时能够很好地“共情”。我一直都认为原生家庭对一个人成长与发展的影响不可谓不大，但绝不是永久的。因此，我想要为成长环境欠佳的留守儿童们做更多力所能及的事，渴望通过自己的努力，让他们真正获得心理与物质上的帮助，让他们觉得自己和那些父母常年陪伴在侧、深受宠爱的孩子没有什么不同，让他们充满自信、闪闪发光。

一路披荆斩棘，只愿向阳而生

生活本身就难有一帆风顺，我的家庭也曾遭遇重大变故。我的母亲在2019年5月被查出患胆管细胞癌晚期，全力救治8个多月无果，于2020年1月去世。我在19岁的时候失去了母亲，这是我人生面临的真正意义上的“大考”。打击从天而降的时候，我才真真切切地体味到了“成人”的意义。那一年，我频繁往返于遂宁、南充之间，挣扎在陪伴病重的母亲和繁重的学业、学生工作的压力之下。这一经历让我疾速成长。

有时候老天爷看似不公平，但当我们拥有了真正坦诚的气度和足够宽广的格局时，便会意识到这一切安排的意义。现在，我会很感恩大学这几年我所走的每一步和做的每一个选择。忙碌的专业学习、科研探索和学生工作，收获温暖与治愈的公益事业都使我的心海越来越壮阔，让我真正成长为一个真诚、善良、有温度、有力量的人，让我有足够的勇敢去感知痛苦，也有更多的勇气去走向光明。我特别感谢我的老师、同学、朋友的陪伴、鼓励和信任，大家给予的真诚与温暖，帮助我坚持了下来。困难一重又一重，好在所有的煎熬和苦痛过后，我也终于给关心着我的所有人交上了满意的答卷以及一路披荆斩棘获得的勋章。

从挫折和打击中落落大方地走出来并且坚定走下去的才是艺术家。大学这几年很充实，我真诚地感谢这期间经历的一切，学习、工作、科研、公益事业……接下来的日子里，我将铭记传承青马精神，秉承自立自强的理想信念，做真正的艺术家。

星光不问赶路人，岁月不负有心人

四川轻化工大学◆狄莉香

狄莉香，女，汉族，1999年12月生，中共党员，四川轻化工大学管理学院会计学专业2018级学生。获2020年度“中国大学生自强之星”奖学金、国家奖学金、国家励志奖学金、宜宾市优秀大学生奖学金、五粮液奖学金、五粮液励志奖学金，连续三年获得校级一等优秀学生奖学金；获第十届全国校园财会大赛省一等奖金、第七届四川省“互联网+”大学生创新创业大赛铜奖、第十届全国校园财会大赛二等奖、“衡信杯”全国个税计算职业技能大赛三等奖；获四川省大学生综合素质A级证书，校级优秀学生干部、三好学生、社会活动积极分子、五四自强之星、五四团学干部之星等荣誉；在《科学与财富》发表文章《私人订制，科学养娃》。

“星光不问赶路人，岁月不负有心人。”只要勇于前行，哪怕在暗夜，星光也会照亮前路；只要持之以恒，时光也会结出经奋斗浇灌过的果实；只要不断努力，一步一个脚印也会踏出锦绣万里。

刻苦努力，自强不息

刚进入大学时，我对未来四年的大学生活满怀憧憬。那时的我，看到展板上优秀毕业生的履历，心里便埋下了一颗奋斗的种子。三载悄然而过，我完成了当初的奋斗目标，连续三年获得校级一等优秀学生奖学金，每年绩点和综合素质测评均名列前茅，并以学院第一的综合测评成绩获得了国家奖学金。

在大学里，我曾担任学习委员，与其他班委团结协作，组织全班同学的学习，积极为同学们服务。我还在党支部担任党支委职务，负责整理党支部相关资料，同时感悟到了党的生命力和号召力。这些经历不仅为我的学习生活添上了浓墨重彩的一笔，更帮助我树立起了思想的旗帜。

课余，我积极参与学校组织的各种活动，培养自己的兴趣爱好，目前我的第二课堂学时已经达到 173.74。我也加入了手工兴趣协会，并且担任了协会的教学部部长，负责组织每个月的教学活动。这不仅培养了我的爱好，还锻炼了我的能力。

独立思考，敢于创新

看到每年从创新创业竞赛脱颖而出的那些选手和作品，除了钦佩，我也深感自己科创知识的欠缺。为了能够更好地学习科创知识，我参加了团校大学生科技创新创业班，并申请成为服务第四届“中国创翼”创业创新大赛四川赛区决赛的志愿者。我还参加了 SYB 创业培训课程的学习，其间认真学习并积极同老师交流，荣获优秀学员的称号。在 PPT 路演大赛中，我代表小组演示讲解 PPT，荣获优胜奖。在这些培训课程中，我不仅见识到了许多优秀的作品，还对创新创业竞赛有了更深入的了解。

在第七届四川省“互联网 +”大学生创新创业大赛中，作为项目“康小疫——多功能无接触防疫服务站”的负责人，我汲取上一届获奖同学的经验，充分发挥所能，把学到的知识运用于实践中。我与小组成员们一次又一次地讨论、修改、完善项目，最终获得了校赛的二等奖，被推荐进入省赛。我们在备战省赛时继续改进项目，最终获得了第七届四川省“互联网 +”大学生创新创业大赛铜奖。

甘于奉献，不求回报

马克思曾言：“人只有为同时代人的完美、为他们的幸福而工作，自己才能达到完美。”校内校外，我积极参加各种志愿活动，并且多次获得市级、校级、院级优秀志愿者称号。活动中，我不仅帮助了别人，还增长了见识，拔高了思想维度。在第七次全国人口普查中，作为一名志愿者，尽管被分配的任务繁重，每天工作结束后都会觉得身体酸痛，但我并不觉得辛苦反而深感荣幸，顺利地完成了任务，获得了社会实践证书。

2020 年新冠肺炎疫情暴发，我自愿报名成为社区志愿者，与防控工作者轮流值班。防控排查的车辆大多来自外省，尽管面临较高的感染风险，但本着为人民服务的宗旨，我仍主动上前测量司机体温，询问司机详细身份信息，严防没有相关证明的外来车辆进出。

防控排查的日子，遇到过不少突发事件，这也让我更加明白这份志愿工作的责任，更深切地体会到了守在一线的医护人员和志愿人员的伟大。个人的力量是渺小的，但毛主席曾说过“团结一致，同心同德，任何强大的敌人，任何困难的环境，都会向我们投降的”，我也相信会有疫情向我们投降的一天。

在参与志愿服务时，我只想奉献自己的一分力量，并未想过得到任何物质上的回报，回校后，却获得了新冠肺炎疫情防控优秀志愿者的称号，这是对我最大的嘉奖！

时光不负努力，青春不负自己

青春须早为，岂能长少年。岁月骛过，回望四载，何似初来乍到，今又披了一身气豪。成长之路漫漫，感恩老师作为灯塔为我指明方向，感恩亲友对我的殷切关心与鼓舞，感恩四川轻化工大学为莘莘学子搭建翩翩起舞的舞台。四载青春非以一纸毕业证能定义，奋斗永远为青春铺陈底色。作为新时代中国青年，我们要勇于砥砺奋斗，绽放属于自己的色彩！

只争朝夕，不负韶华

四川轻化工大学◆张敏

张敏，女，汉族，1999年11月生，中共党员，四川轻化工大学化学与环境工程学院环境工程专业2018级学生。获国家奖学金1次、国家励志奖学金2次、五粮液奖学金3次、校级一等奖学金3次；获第十六届四川省“挑战杯”大学生课外职业技能活动大赛一等奖、四川省大学生综合素质A级证书等荣誉；获评四川省优秀毕业生，校级五四自强之星、三好学生、优秀团干部等称号；参与发表核心期刊论文1篇、参与申请专利1项。

泰戈尔说过：“离你越近的地方，路途越远；最简单的音调，需要最艰苦的练习。”未曾想，大学四年，就像一场打怪升级的游戏，不管提前做了多少攻略，不管充了多少钱买了多么好的装备，都得自己一步一个脚印地去经历，不忘初心，只争朝夕，不负韶华。

成功的秘诀在于恒心

我至今还记得高中班主任曾说：“你努力了，不一定会成功，但你坚持努力，就一定会成功。”本以为我的大学会是碌碌无为的四年，但很幸运，大一进校我受到辅导员的鼓励，成为辅导员的一名助理，后来又与志同道合的战友一起建立了学院的大学生艺术团。艺术团成立之初，满是荆棘、冷眼和嘲笑，我也曾想过放弃，但又被心底深藏的不甘心和对成功的渴望所激励。现在的艺术团已经逐渐成形，成为学院学生工作的重要载体和平台，越来越受到老师和同学们的喜爱和认同。

合抱之木，生于毫末；九层之台，起于垒土

星星发亮是为了让每一个人有一天都能找到属于自己的星星。以前接触到自己未曾涉及的领域时，第一想法是“我不会”，在经历了机遇流失后的悔恨之后，我会说：“我不会，但我愿意学。”后来我发现原来不是我不会，此前“我不会”的说辞只是因懒惰想要逃避的借口而已。千里之行，始于足下，做与不做、学与不学往往只在一念之间。因此，我不喜欢身边的人总是用“佛系”这个词来掩饰自己的不作为，不争不抢不等于不上进。我深知，参加和组织的活动再多，学习永远最重要。因此从大一开始，室友还在寝室睡觉时，我便起床学习。我把上课、实验和睡觉之外的时间几乎都花在了帮辅导员整理资料或者管理艺术团和班级上面。有人问过我：“这样累吗？”我累，但无怨无悔。当你见过山顶的风景，心里只会向往更高的山峰，怎会甘愿让自己坠落？这时的坚持与努力不为别的，只为自己的那份雄心。只有当走出舒适圈以后，才会发现自己原来是那么渺小，但这都只是暂时的，因为只要努力，总会拥有自己的那一片天空任我发光发亮。

一种理想，就是一种力

印象最深的一次比赛是我们专业的“北控水务杯”全国大学生市政环境类创新实践能力大赛。比赛前，我们没日没夜地训练；比赛时，要自己一边做实验一边录视频，最后还要自己剪辑视频。因为水样是主办方寄过来的，所以一个人只有一次机会，这让我无比恐慌。也许是因为有点紧张，参加这种比赛的经验也不是很丰富，加之实验操作必须戴手套，导致用移液管时很不方便，为了保证操作的规范和实验结果的标准，我必须得保证每一次移取都很成功。结果，从下午 3 点多开始做实验，重来的次数“不计其数”，稀释水样的容量瓶都被我摔了三次。等到配好水样，我端着一排试管架去测量时，发现门锁了！把门打开以后刚测量了 3 组，机器又坏了！当时已经是晚上 12 点了，这就像压死骆驼的最后一根稻草！就在那一瞬间，我感到了深深的绝望，心理防线仿佛都崩塌了。本想就这样放弃，但又不甘心。最终，

在朋友的帮助下，我又继续进行实验，直到完成。虽然最后我没能进入决赛，但这次经历对于我的人生来说却尤为重要。经过这次比赛我学会了坚持，真正懂得了人生不怕失败，大不了重新再来。

大鹏一日同风起，扶摇直上九万里

人生路漫漫，大学生活可以有很多种方式去度过。我谈不上拥有鸿鹄之志，却也有自己真正想要去走的那条路。在那条路上，虽然也曾迷茫，不知所措，也曾怀疑，不知去向，但心里那道光一直在闪耀。回首过往，我为自己犯过的错误懊恼过，为当初的“幼稚”忏悔过，为不经世事哭泣过，如果大学生活可以重新来过，也许自己还是会那样选择，因为这就是我的青春。开心也好，难过也罢，这就是我收获的宝贵财富。大学生活快要结束了，但人生才刚刚起步，希望我能永葆初心，坚持努力，做那只扶摇直上的大鹏，向着自己的理想勇敢地去飞。

生如苔花，绽似牡丹

西南医科大学◆崔钰婷

崔钰婷，女，汉族，2001年5月生，中共预备党员，西南医科大学人文与管理学院公共事业管理专业2018级学生。获国家奖学金1次、校级甲等奖学金6次、泸州老窖奖学金1次、江之阳·优秀学生奖学金2次；作为成员参与国家级大学生创新创业训练计划项目，获得第十届全国大学生电子商务“创新、创意及创业”挑战赛省赛二等奖、第十六届四川省“挑战杯”大学生课外学术科技作品竞赛校赛三等奖；获评四川省优秀毕业生，校级三好学生标兵、优秀学生干部、优秀共青团员、优秀共青团干部、优秀毕业生、优秀毕业生干部。现已保研至重庆医科大学。

我愿生如苔花，绽似牡丹。我想追寻“兰生空谷，不为无人而不芳”的自我实现，以及“苔花如米小，也学牡丹开”的“平凡”却不甘平凡。入学时的我就似苔花那样平凡，经过大学四年的磨炼，终似牡丹绽放。

不忘初心，学史力行

我深知，作为一名大学生不仅要在思想上积极地向党组织靠拢，还要做到不忘初心、学史力行。在进入大学后，我第一时间向党组织递交了入党申请书，并坚持学习党的基本理论、方针政策，关心时政，以习近平新时代中国特色社会主义思想为指导，不断提高自身理论素养。我所学的专业是公共事业管理，因为它具有为公众服务、以公众为中心、努力建设和发展公共事业的特质，所以我在学习专业知识的过程中，也不断深化大众意识、服务意识。

我是医学院校的一名学生，疫情时期，医务人员的义无反顾、冲锋陷阵的“请战书”让我震撼的同时，也更加坚定了我入党的决心。如今我已成为一名光荣的中共预备党员，也将继续努力贡献自己的一分光、一分热。

吾生有涯，而知无涯

“星光不问赶路人，时光不负有心人。”学习从来不是一件容易的事情，但若想实现自己的梦想，就要不断地学习，也要有所付出。对于我们来说，与梦想相伴的可以是凌晨仍奋笔疾书的坚持，可以是清晨掀开被子的毫不犹豫，也可以是晨读时看到旭日东升的惊艳！

大学四年的学习时光，我始终以“比你优秀的人，比你还更努力”的信念激励着自己，努力学习，不断突破自己的舒适圈，不断追逐自己喜欢且热爱的事情。我热爱公共事业管理专业，同时对法律也有着浓厚的兴趣，在学好本专业的同时修读了法学第二学位。毕业前夕，专业成绩名列全年级前茅，我获得了推免资格，被保送至重庆医科大学攻读硕士研究生。

现在，通过勤奋努力的学习，我实现了人生的阶段性目标，此后仍会不骄不躁、继续努力、保持热情，让自己变得更优秀！吾生有涯，而知无涯。

实践创新，与时俱进

当今世界身处的百年未有之大变局正加速演进，科技创新成为大国博弈的主要战场。作为新时代青年大学生的我们也应实践创新，与时俱进，不断提高自己的竞赛和科研能力。

大学期间，我积极参加各种比赛。在第十届全国大学生电子商务“创新、创意及创业”挑战赛中，我与团队成员就当今大众过度依赖手机的现象设计了一款防沉迷软件。项目的设计过程让我学会以新视角、新思路看待问题、思考问题。这些比赛在不断增强我的创新能力、团队意识的同时，也让我结识到很多志同道合的朋友。

在参与国家级大学生创新创业训练计划项目——“自动体外除颤器公共场所配

资现状调查及发展对策研究——以川南几市为例”科研课题时，我有了人生当中的第一次访谈。这次访谈是围绕泸州市、自贡市卫生健康委员会和红十字会等机构负责人进行的，旨在了解川南地区自动体外除颤器供需情况，为川南地区自动体外除颤器的配置提供科学参考，满足人民日益增长的健康需求。对于我来说，这不仅是一次挑战，同样也是一次历练。从制定访谈提纲、联系访谈人员到最后顺利开展访谈，当中有许多的事情我都是第一次做，因此也不可避免地遇到了很多的困难和阻碍。例如，在联系访谈人员时，因为没有途径取得相关卫生机构负责人的联系方式，我只能在未与对方取得联系的情况下前往调查地，艰难地开展调查。虽然整个过程坎坷曲折，但是提升了我统筹安排、沟通协调和应对突发情况的能力。与此同时，也让我进一步了解到卫生机构的工作内容及其对卫生事业的建设和发展所做出的贡献。仿佛一瞬间，我能够在那些忙碌的工作人员身上看到自己未来的样子，这也更加激励我与时俱进，不断地实践创新，最终做到学以致用。

聚青年之力，赴青春之行

“纸上得来终觉浅，绝知此事要躬行。”青年大学生，只有投身实践，才能发现自身的不足，为今后走出校门踏进社会创造良好的条件。

2018 年，我撰写的帖子《“官宣”与官宣》上了四川省教育厅官方公众号的头条，我也因此获得了人生中的第一笔稿费。这是我用笔杆子赚来的第一桶金。我用这笔稿费给父母买了一些小礼物，得到了父母的肯定和鼓励，内心的满足感和自豪感油然而生。

2019 年 3 月 30 日，凉山彝族自治州木里县境内突发森林火灾，大火来势汹汹，救援过程中有 18 名消防员牺牲。消息传来，悲鸣不已，我觉得自己应该要为家乡做点什么。在得到父母的支持后，我参加了救援志愿者招募，成为大火救援行动的后勤志愿者。虽然我的主要工作是在场外给救援人员送餐、送水，但是当救援人员接过自己手中的食物和水时，我内心也是无比激动的，看着他们脸颊上的黑色灰尘和汗水，为之动容的同时更多的还是感动和对他们的心疼。一周的后勤志愿者工作虽然辛苦，但是我的心却被填得满满的。

2020 年回高中母校宣讲时，有位学弟问我为什么会选择就读医学院校。我的回答是，自小在家人的熏陶下了解到医生这个职业的神圣与庄严，即使自己不能为病人亲自“操刀”，但是能在保障医药卫生行业健康运转的管理与服务岗位上尽一己之力也是值得的。

美好的大学时光转瞬即逝，回忆我的大学生活，收获颇丰，思想、学习、工作、阅历等各方面都取得了进步。对自我的要求、对知识的渴望、对理想的追求、对人际关系的扩展、对思维方式的变更等造就了我不断完善的专业技能和日趋成熟的思想，让我更有勇气面对未来。诚如费狄拉所言“只有平凡的人生才是真正的人生”，愿我们都能以谦逊而平凡之姿，燃炙热之魂，在新时代新征程中书写奋进之笔。

踏浪前行风正劲，不负韶华争朝夕

西南医科大学◆胡雨蛟

胡雨蛟，女，汉族，2000 年 4 月生，共青团员，西南医科大学麻醉学系麻醉学专业 2017 级学生。获国家奖学金 1 次、校级甲等奖学金 5 次；雅思首考 7.5 分，获全国大学生英语竞赛四川赛区一等奖；获评校三好学生、优秀共青团员、优秀学生干部等荣誉称号 4 次；主持国家级大学生创新创业训练计划项目 1 项、省级大学生创新创业训练计划项目 1 项；以并列第一作者的身份发表中科院 1 区 SCI 文章 1 篇，以第一作者身份发表中文综述 1 篇。现已保研至浙江大学麻醉学专业。

“健康所系，性命相托……我决心竭尽全力除人类之病痛，助健康之完美。”希波克拉底医学生誓言声声回荡于耳畔。这些铿锵有力的话语时刻提醒我，勿忘初心，坚定选择，用脚踏实地的步伐丈量生命的价值，用奋斗不懈的努力谱写青春的华章。

立足专业，求真求实

作为一名医学生，我始终把医学专业课的学习放在首要位置。好的学习方法大大提高了我的学习效率，清晰的学习思维总是让我事半功倍。我坚持立足专业，认真学习每一门基础与临床课程，课后梳理课堂内容，明确重点，及时消化当日课程，并辅以课后练习和资料阅读进行延伸、拓展。晚自习后，我会在回宿舍的路上，认真总结当天的学习成果，规划第二天的学习安排。实验课上，无论简单还是复杂我都会全身心投入，珍惜每一次操练技能的机会。临床实践中，我积极与老师、患者沟通交流，同时也注重医学素养和临床思维的培养。除此之外，我还大量阅读课外书籍，查阅大量文献，通过知网等平台，了解学术前沿和其他高校的科研成果。在求真求实的过程中，我的成绩不断提升，综合素质和科研能力也不断增强。正是这些努力与付出带来的成绩，为此后获得推免资格和丰硕的科研成果奠定了基础。回首走过的岁月，那些坐在教室默默学习和追求进步的日子将令我终生难忘。在那些艰苦求知的历程里，西南医科大学的校训和麻醉学系的系训始终如指路明灯，照耀我前行。在最累的时刻，我始终坚信："低头是书本，抬头便是未来。"

挑战科研，勇于突破

对科研的初步了解，源于科研方法导论老师让我们构思的期末作业。结合当时的见习经历，我写了一篇有关麻醉药物神经保护方面的简短文章。原本只是为了完成作业任务，但是随着学习和了解的深入后，我对该方面的前沿成果逐渐产生了兴趣。在大三下学期，我决定写一篇该方面的综述。万事开头难，这是我首次写一篇完整而规范的文章，也是首次较为系统地接触文献检索。经过几个月的努力、无数次的修改，最终的结果却是两次被核心期刊拒稿。这次经历让我深深意识到科研道路的不易，却没有磨灭我继续研究的决心。

在写论文的同时，我也开始了大学生创新创业训练计划项目申请书的撰写。我与小组成员们每隔一段时间就采用视频通话的方式分享近期阅读文献的收获和撰写标书的想法，并积极与指导老师沟通交流、修改标书。功夫不负有心人，我作为负责人，成功申报了国家级大学生创新创业训练计划项目和省级大学生创新创业训练计划项目。立项成功后，为了进一步提升自身综合素质，我开始学习英语，备考雅思。备考期间，我在课业繁重的期末仍然抽出时间坚持每天在天台练习口语一小时，在假期也保持每日高强度的英语学习。2020年10月，我在首次雅思考试中取得了7.5分的成绩，努力付出终于收获了理想成绩。因为我学习努力、做事务实，老师主动邀请我参与一篇约稿文章的写作。为了挑战自己，同时完成任务，在大四寒假，一过完除夕，我便坚持每天早晨8点到达实验室，中午没有地方休息就在实验室的桌子上趴半小时，经常晚上十点过才打车回家。开学后，我一边学习大五的临床麻醉学专业课、复习西医综合，一边继续修改未完成的文章。有时老师提出反馈意见后需要加急修改文章，我便奋斗到凌晨。功夫不负有心人，四个月后，我参与写作的文章以并列第一作者的身份成功发表于 SCI 期刊上。

热爱生活，全面发展

大学期间，我积极参与各种活动。在学校文娱部和麻醉学系创新创业部任职期间，我参与组织了五四晚会、校园十大歌手大赛、麻醉学系大学生创新创业训练计划项目与“互联网 +”大学生创新创业大赛项目申报工作等。我的兴趣较为广泛，爱好打篮球、弹吉他、看美剧。我曾任班级体育委员，并加入了院系篮球队，曾获得学校篮球比赛第五名的成绩。我经常参与周末志愿者活动，并在“Hello 小白”——关爱白血病患儿志愿服务活动中，与其他同学一同去往康健中心探望白血病患儿，和他们一起绘画、剪纸、弹唱歌曲。

厚积薄发，心怀感恩

2021 年 9 月，我经过严格的考核和激烈的竞争，拿到了复旦大学、浙江大学等医学院校的推免录取通知，最终选择攻读浙江大学医学院麻醉学专业硕士学位。大五临床实习的这半年，我对自己的职业生涯有了更加清晰的认知和规划。回首走过的路，我非常感恩母校西南医科大学。在这里，我遇见了许多为我提供帮助的良师和益友：教授专业课的老师们，帮助我构建出了专业知识的轮廓；不厌其烦修改文章的老师们，帮助我逐渐迈入了科研的门槛；热情而优秀的朋友们，与我相互支持、鼓励，共同交流、分享，畅谈职业与人生。同时，我也感恩父母的培养，他们一直教导我医者仁心，要树立正确的职业观，学会换位思考，注重专业素养和道德修养并行。

路漫漫其修远兮，吾将上下而求索。作为一位医学生，我满怀着对医学的敬畏与热爱，肩负着新时代青年的责任和使命，在未来的征途中，将不忘初心，努力奋进，争取为祖国医学发展和人民健康事业贡献自己的力量！

少年负壮气，奋力自有时

川北医学院◆刘霜飞

刘霜飞，女，汉族，2001年1月生，中共预备党员，川北医学院临床医学院临床医学专业2019级学生。获国家奖学金，校级特等奖学金、一等奖学金；获第十六届四川省“挑战杯”大学生课外学术科技作品竞赛二等奖、第七届四川省“互联网+”大学生创新创业大赛铜奖、四川省大学生“四史”讲述大赛三等奖；获四川省大学生综合素质A级证书，校级三好学生、优秀学生干部等称号。带队参与三下乡获评国家级优秀队伍、个人优秀事迹被中国大学生网报道；以第一作者身份发表国家级学术期刊论文2篇，授权国家发明专利2项，参与国家级大学生创新创业训练计划项目结题1项，主研省级大学生创新创业训练计划项目1项。

作为学生党员，我坚决拥护党的领导，政治立场坚定，坚守“乱云飞渡仍从容，风雨无阻更向前”的理想信念，秉承初心使命，具备看齐意识。从获得校十佳共青团员称号，到历经磨炼成为一名中共预备党员，再到参加巴中党性熔铸营顺利结业，我的身体在一天天长高，思想素质也在向着更先进的方向提升。

作为学生干部，我积极发挥先锋模范作用，不断加强自己的综合能力。我以思政成绩表党性，思政课平均成绩达92.5分；以专业成绩看落实，连续两年综合排名位于年级前1%；以证书考取增见识，连续通过英语四六级考试与计算机二级考试，获普通话水平二级甲等证书；以组织协调展能力，通过担任系学生会执行主席，锻炼自己的领导、组织与协调能力，力求德智体美劳全面发展。

我始终坚持依照习近平总书记对年轻干部七大能力提升的要求，致力于在学习、生活和交际中，打磨自己的独特能力。我深知，自己的一切收获与成长，离不开正确的思想理念的影响与指导。

从“懵懂”到“硬脊梁”

从大学前的懵懂和缺乏规划，到担任系学生会执行主席和系志愿服务队总负责人，我不断成长，已具有“天然一曲非凡响，万颗明珠落玉盘”的素质能力。我把公益作为自己的“天然一曲”，希望自己的投入，可以有“万珠落盘”的带动力，吸引更多同学积极参与校内外志愿服务，投身于社会实践，为关爱留守儿童、助力乡村振兴，贡献自己的青春力量！我累计参与志愿活动百余次，获评校年度优秀志愿者、优秀抗疫志愿者。我带队参与暑期“三下乡”社会实践活动，个人和队伍事迹被中国大学生网、中青校园、四川三农网、新浪四川等各大媒体报道十余次，其中 A 类国家级宣传报道 4 篇。

作为系志愿队总负责人，我会认真筹备每一次活动，并率先行动，埋头苦干、多干。为更好地打造“健康童年”一系一精品志愿活动，我会提前与结对小学建立联系，进行实地考察，充分了解需求，不断完善活动策划，秉持着为留守儿童送温暖的初心，不断丰富活动形式。我会通过包括人体器官小知识、口腔日常护理、常见疾病预防等在内的医学知识科普，以医学主题你比我猜、中药主题萝卜蹲等互动方式，增强儿童的健康意识。这些活动深入浅出，让孩子们了解医学小知识的同时，也开阔了他们的视野。除此之外，我还以新入心，通过讲故事、唱党歌、做游戏等别开生面的活动将党史小知识植入孩子们的脑海，引领他们听党话、跟党走。这些小小的举动，能切实为他们提供学习指导以及思想引导！活动结束后，我们不仅仅收获了孩子们灿烂的笑容，还收到了来自结对小学的感谢信。这次活动也被川北医学院官网、“惟医”等微信公众号多次报道。志愿活动是一个小小的行动缩影，我渴望自己的公益影子拉得更长。2021 年暑假，我作为副队长带队参加“三下乡”社会实践活动，以“童伴计划”留守儿童关爱项目为主线活动，深入社区开设医学知识普及讲座，进行祭拜烈士等系列拓展活动。我们的队伍以“党史启心扉　相伴共成长”为主题，以“关怀留守儿童的精神世界，助力儿童健康成长”为引领，开展了72场次活动，5天的足迹遍布射洪的36个村落，总路程超过1000公里，为“童伴之家”600余名留守儿童带来了基础医学知识和红色革命文化。

我的公益志愿服务之行将永不停息，我会走得更加坚定，努力诠释一名新时代青年的初心和使命，不断积累经验，尽我所能做出更多贡献，持续为志愿服务事业注入新的活力！

从单调的模仿到全力的创新

创新是一个民族进步的灵魂，是一个国家兴旺发达的不竭动力。在科研创新方面，我也具备“黄沙百战穿金甲，不破楼兰终不还”的斗志，以第一作者身份在国家级学术期刊发表论文2篇，授权国家发明专利2项，参与国家级大学生创新创业训练计划项目结题1项，主研省级大学生创新创业训练计划项目1项，获第十六届四川省“挑战杯”大学生课外学术科技作品竞赛二等奖、第七届四川省“互联网+”大学生创新创业大赛铜奖、校级课题标书大赛一等奖、校级问卷设计大赛一等奖等。

作为医学生，我们更要重视培养自己的创新创业能力，主动寻求机会，积极参加各类竞赛，在一次次比赛中积累经验。我曾为完成一份标书而焦头烂额，为发掘论文的创新点而坐立不安，为一次次比赛的失利而耿耿于怀，但也正是在日复一日的尝试与磨炼下，在与指导老师的反复交流中，在与团队伙伴的通力合作下，最终收获成功的喜悦。此外，不错过任何一个灵感，大胆付诸行动总会有令人意想不到的收获。针对当下穿搭类自媒体发展得如火如荼的情况，我们团队发现不少穿搭类应用程序缺少针对性顾问服务和实时搭配指导的功能，我们的首个“互联网+”大学生创新创业大赛参赛项目“Help Design——你身边的穿搭管家”便应运而生。由此可见，一些源于生活的细微感悟也蕴含着创新的火苗。

在科学的汪洋大海中，我努力使自己成为敢于探索、勇于创新的高质量复合型人才。以勤奋好学、锲而不舍的精神，为祖国理论创新、科技发展、经济增长贡献出属于自己的一分力量！

心有灯塔，以梦为筏

川北医学院◆段诗雨

段诗雨，女，汉族，2001 年 9 月生，共青团员，川北医学院临床医学院临床医学专业 2020 级学生。获国家奖学金、校级特等奖学金、四川省大学生综合素质 A 级证书；获“外研社·国才杯”全国英语阅读大赛特等奖、川北医学院“云解剖”竞赛二等奖等 60 余项奖项；获评校级三好学生、优秀共青团员、“三下乡”社会实践先进个人；发表国家级学术期刊论文 1 篇，主研省级大学生创新创业训练计划项目 1 项。

“和所有以梦为马的诗人一样，我借此火得度一生的茫茫黑夜。”学医的梦想于我而言，是小学在日记本里歪歪扭扭写下“以后想当医生，希望爸爸妈妈身体健康”的懵懂，是自己的作品《读一本厚重的医书》展示于国家级媒体平台的喜悦，是演出抗疫情景剧讲出“我是一名医生，也是一名党员，这是使命，必须要完成”时的坚定。逐梦的路上离不开灯塔的指引，于我而言，这座灯塔正是督促我在思想实践、学习科研中砥砺前行的目标。人生有梦不觉寒，我将以梦想为筏，担复兴重任，乘风破浪，光芒万丈！

探路之本——思想实践的灯塔

扎实学习，是我在思想上给自己搭建的灯塔。作为当代大学生，必须要有积极向上的思想作为前进的指南，因而我特别注重思想政治理论课程的学习，努力树立正确的世界观、人生观和价值观。高中选择理科的我并没有扎实的思政知识基础，为了学好思想政治理论课程，我经常关注时政新闻，积极完成课程实践，利用“学习强国”进行知识更新，力求提高思想素养。从优秀共青团员到入党积极分子，从思想政治理论课程平均分95+，到获取4项党史竞赛荣誉，再到大学生讲思政课获奖，我坚信，扎实学习，不负使命，才是青春最美好的底色。

勇于奉献，是我在实践上给自己搭建的灯塔。疫情期间，冲锋在前的白衣战士不仅坚定了我学医的决心，也让我明白了要承担起时代赋予青年的责任，成为对社会有用的人。大一上学期，我就积极参加川北医学院附属医院举行的导医活动。大一下学期，我毫不犹豫地报名了学院的暑期“三下乡”社会实践活动。炎热的暑假，我们奔赴距离学校300千米以外的雅安进行义诊，在夹金山重走长征路进行精神学习，无论是炎热的气候还是高耸的山峰都打不倒我们服务基层、勇于奉献的心。一年半来，在我们设计表演的抗疫节目被市级媒体报道获市一等奖时，在获评“三下乡”社会实践优秀个人时，在家乡参与抗击疫情志愿服务工作获得抗疫志愿者证书时，在寒暑假做兼职体悟父母工作辛苦时，我坚定了奉献社会、不负青春的信念。

求索之道——学习科研的灯塔

争做前列，是我在学习上给自己搭建的灯塔。从小立志学医的我深知扎实的专业基础对于一个好医生来讲必不可少。大学伊始，有趣的专业课程、繁忙的课余活动让我过得无比充实，但骤然离开高三紧张刺激的学习生活氛围难免令我感到迷茫。大一上学期期末考试之后，我的成绩很幸运地位于本专业前列，自此以后，我的心里就有了一座灯塔。我严格要求自己，注重学习效率，也常与同学交流学习问题和经验，彼此鼓励，共同进步。大一学年我的综合绩点为4.98，位列本专业第1，获国家奖学金、校级特等奖学金、三好学生、优秀共青团员等荣誉。同时我也积极参加学科竞赛，大学英语四级成绩超过500分，获“外研社·国才杯”全国英语阅读大赛特等奖、川北医学院“云解剖”竞赛二等奖。再回首，一个个收获是我砥砺成长的印迹，更是我接续奋进的激励。

敢于尝试，是我在科研上给自己搭建的灯塔。纸上得来终觉浅，绝知此事要躬行，课堂里所学的一切只是理论基础，想要有所成必定需要在实践操作和创新设计中提升自己。2021 年 4 月，在老师的指导下，我与同学的大学生创新创业训练计划项目“马桑叶提取物对小鼠特应性皮炎的作用研究”成功获得省级项目立项。为了完成实验，我们有时间就阅读文献、查阅资料、学习实验操作，不断修改优化后期实验方案。由于有机物提取时间长，我们需要分数次寻找大量的马桑叶并且坚持每天去进行提取实验。同时我们不放过任何学习的机会，经常与科任老师探讨各项检测指标的意义。不断的努力让我们这群科研“小白”认识到科学研究的趣味和严谨，发现了专业知识可以运用到生活的方方面面。暑假我加入“三下乡”校重点队伍科研组，在酷夏中分发调查问卷，宣传健康知识，学习运用 SPSS、EpiData 进行数据整理与分析，成功发表论文《雅安宝兴县新冠疫苗认知度的调查研究》。充实的“三下乡”之行不仅让我感受到区别于故乡的风土人情，也让我在社会实践中锻炼自我、提升能力。在过去的一年，我发表论文 2 篇，参与创新创业类赛事 6 项。我坚信，现在的点滴积累都是为实现梦想打下的地基，也将继续志存高远、脚踏实地。

问道之果——全面发展的灯塔

恪尽职守，是我在工作上给自己搭建的灯塔。上大学之前，我从未担过班长这类需要优秀组织协调能力的“大担子”。意识到这方面的不足后，大学伊始我便果断报名了合班长的竞选。从开始使用办公软件的生涩、传递信息的失误到后期组织合班大型活动、主动为科任老师分忧，我清晰地看到自己的蜕变。敢于挑战，迎难而上，我想这就是新时代青年用行动彰显的坚定信念。在担任合班长一职时，我始终履行“出好主意，做好对接，建好班风，树好形象”的“四好”职能。大一学年，由我担任合班长的 4 个小班均获得过优秀班集体称号，有 2 个小班还获得了学年优秀班集体。

保持热爱，是我在生活上给自己搭建的灯塔。我喜欢文字，它代表的不只是一排排铅印的字迹，还代表了一段段厚重的历史，是时光长河中徘徊的思想与灵魂。当拥抱那些文字的时候，我仿佛透过那些窗窥视着巨幅时光里的人人事事，轻轻呼吸，感受世间中的深山幽谷，其感受无法言语。进入大学以来，在学习中国文化选修课、参加征文活动、发表文章的过程中，我更加体悟到文字的魅力。其中，文章《读一本厚重的医书》讲述了我学医的梦想，展示于国家级媒体平台。此外，我成功获得了四川省大学生综合素质 A 级证书，获各级文体荣誉近 70 项。素质拓展，全面发展，我，从未止步！

党的一百年，是矢志践行初心使命的一百年，生逢盛世，我们青年一代自当以梦想作伐，担复兴重任。我将用仰望星空的勇气、脚踏实地的魄力，追逐梦想，光芒万丈！

朝白衣天使的梦想执着飞奔

成都医学院◆李疏颖

李疏颖，女，汉族，2000 年 2 月生，中共党员，成都医学院临床医学院儿科学专业 2018 级学生。获校级学业奖学金、四川省大学生综合素质 A 级证书，获中国大学生计算机设计大赛等国家级比赛奖项 3 项、省级奖项 3 项，获校级优秀大学生、优秀学生干部、优秀学生骨干、优秀团干部等荣誉称号。

我很幸运，因为小时候的理想种子——成为一名医生——已逐渐生根发芽，并长成我心中一棵无法撼动的参天大树。

如今，作为成都医学院儿科学专业的一名学生，我正朝着梦想飞奔。可这条路，远比我想象的要艰难！大二时，逐渐繁重的学业、工作，自我要求的不断提高，让我产生了前所未有的压力！我迫使自己去追求完美、事事都要做到第一。最终，我的身体发出了抗议。2019 年的平安夜，我生了一场大病，生活和学习都被按下了暂停键。一度想要放弃的我，在半年时间里反复问自己：学医意味着什么？是扎根在自习室的日日夜夜，是背不完的书，是刷不完的题？还是怎么也无法提高的成绩？

躺在病床上的我见证了新冠肺炎疫情的严重，也看到了无数抗疫一线的医护前辈为了人们的健康而战斗的身影。他们给迷茫的我上了一堂最重要的职业课——医生是人们“健康所系，性命相托”的人，是“不辞艰辛，执着追求”的人！犹记得，初进校门，我也曾举起右手，跟着老师大声宣誓：“我志愿献身医学，热爱祖国，忠于人民，恪守医德，尊师守纪，刻苦钻研，孜孜不倦，精益求精，全面发展。我决心竭尽全力除人类之病痛，助健康之完美，维护医术的圣洁和荣誉。救死扶伤，不辞艰辛，执着追求，为祖国医药卫生事业的发展和人类身心健康奋斗终生。”

那一刻，我明白了，学习并不是为了一次次考试的成绩，也不是为了实现小时候幻想中白衣如雪的潇洒，而是为了有一天，能成为一名儿科医生，竭尽全力守护并治愈被病痛折磨的孩子。那一刻，我也明白了，手中正翻开的课本上的“全心全意为人民服务”意味着什么。

回到学校，我不再有迷茫和烦忧，学习的动力推动着我追求“精益求精”。我渴望获取丰富的医学知识、扎实的临床技能，不断夯实“救死扶伤”的理论与实践根基。我努力调整学习方式，在一个又一个的真实病例中巩固所学，查询文献、阅读临床指南、收集病例、学习医学英语、与不同科室的老师交流……一遍一遍在脑中整理要点，构建基于临床理论与实践的知识体系。我第一次感受到了肩上的责任，但也体会到了医学的乐趣。

当我被问道：“你愿意全心全意为人民服务吗？”我能坚决地给予肯定的回答，在心中播种下新的“向往”。

行动，执着地去做快乐的事情

我是一名医学生，和身边的同学们一样，每天都埋头在医学的海洋之中。但在很多时候，我又是一个看起来有点“不一样”的医学生。大学校园里的每一天，我都忙于探索新的事物。

从加入成都医学院军乐团的那刻起，我的大学生活便与它紧密地联系在了一起。那时候的我在完成队列及体能训练后，还要拖着酸痛的两条腿，对着镜子调整自己敬礼的姿势，不断地纠正自己的体态；在深秋的天使湖畔，忍受着蚊虫的叮咬，抱着沉重的圆号一遍一遍地吹着音阶。后来，我成为乐团的指挥，每天睡前捧着比专业书还厚的乐谱，反复对比着乐团的录音，拿着笔勾勾画画。我捡起了不知道忘了多久的乐理知识，尝试着触摸不同的乐曲中更深刻的情感。我挥起沉重的指挥杆，踏着鼓点，穿着磨脚的高跟鞋，和我的队员们在烈日下练习着行进表演。无数个挥洒汗水的训练日后，在学校大大小小的活动里，军乐团成了一道靓丽的风景线。而我，一点点重拾了儿时对音乐的热爱。

我又是一个满脑子都有灵感的人。我将创作的热情全部释放到了计算机的世界中，尝试过设计宣传册、宣传海报，尝试过各种各样风格的视频拍摄和剪辑，也尝试过制作音乐……我一步一步实现自己的目标——制作属于自己的动画。当我带着人生第一部独立制作的动画课程短片来到中国大学生计算机设计大赛的决赛现场时，评委专家问我：“作为一个医学生，你为什么会想到做动画？”那时的我几乎脱口而出：“我心中有一个世界，想展示给你们看。”从静态剪贴画，到制作的人物能够缓缓行走，再到他们能在屏幕中跳跃起来、唱着歌、做着不同的表情，上百个分镜，我坚持了三年。

进入大学后，我接触了许多我以前从未涉猎的领域，文学、美学、法学、摄影、动画……我乐于去学习很多非本专业的知识技能，不断拓宽自己的视野，不断增强自己的创造力。

我很喜欢和别人说“要行动起来，要做让自己真正快乐的事情”。快乐的事情是什么？就是“去做”，执着地去做。我常常对自己说，一句“不会”或“放弃吧”，会让我错过很多东西！如果错过，我或许不会知道自己还有那么多的灵感能被释放在我的动画、我的文字、我的音乐中；如果放弃，我或许不会有机会重拾童年来自音乐的快乐，或许也不会在文献、新闻中看到医学这个广阔天地。

“执着追求并从中得到最大快乐的人，才是成功者。”我喜欢这句话！

因为热爱医生这份职业而坚持，又在执着追求中寻找生活、学习中的点滴快乐，并在有一天因为自己不断地学习、提高，帮助到他人，而发自内心地感到欣喜。成为一名优秀的医生的道路是充满荆棘、坎坷、艰难的，即使这样，我似乎也能高歌而行。

胸中有丘壑，眼里存山河

乐山师范学院◆徐乙丹

徐乙丹，女，汉族，2000 年 2 月生，中共党员，乐山师范学院外国语学院英语专业 2018 级学生。获国家奖学金、校长奖学金、校级综合一等奖学金、奥尔博睿奖学金；获全国论文评比大赛一等奖、UCA 希望之星国际英语电视展演四川省一等奖、全国高校商务英语知识竞赛二等奖、BETT 全国商务英语翻译大赛三等奖、“田家炳杯”第七届全国师范院校师范生教学技能竞赛三等奖；获四川省优秀大学毕业生，校园之星，校级三好学生、优秀学生干部、优秀共青团干部、优秀志愿者等荣誉称号。以独立作者身份发表学术论文 4 篇。

“莫见乎隐，莫显乎微，故君子慎其独也。”真正的慎独，是在别人看不到的地方也能自我约束，时刻保持头脑的清醒。大学四年，我努力让自己的学习与生活有目标、有方向，积极主动地做事，坚定不移地执行计划，最终得到自己想要的结果。

道阻且长，行则将至

2018 年对我来说是一个转折点。刚进入大学，看着偌大的校园、丰富的社团活动，一开始我也很迷茫，不知道自己到底想过怎样的大学生活。那时的我做了个决定：既然还不清楚，那就将学业作为重点，这样总不会出错。

语言学习更多的是一步一个脚印地把单词、语法放在语境中加深理解，付诸应用，不断重复。我一直所坚持的“听、说、读、写”也让我在这种循环中有所收获。大学期间，我先后考取了英语专业四级证书、法语四级证书、高中英语教师资格证书。备考的过程里，我要求自己每天制订学习计划，并依照计划保持不低于 7 小时的深度学习，睡前进行复盘。日复一日地学习有时虽显枯燥，但学懂后的轻松、融会贯通的喜悦是无法用语言来形容的。

作为学生，我刻苦认真，持之以恒；作为学生干部，我一丝不苟，尽职尽责。在老师的信任与指导下，我成为班长，并承担起新生代班的工作，主动收集同学们对课程的建议，及时与任课老师沟通，以“过来人”的身份帮助学弟学妹们解决他们现阶段所面临的问题，耐心帮助同学们解答学科问题，把自己的感悟和经验倾囊相授。刚开始面对这些工作时，有点不知所措，也曾为学生工作可能会占用过多学习时间而焦虑，但我逐渐明确事情的主次，并顺应规律行事，工作开展起来，也就得心应手、事半功倍。

厉兵秣马，蓄势待发

“所谓活着的人，就是不断挑战的人，不断攀登命运险峰的人。”大学期间，我踊跃参加各类学科竞赛，直面挑战，勇攀高峰。

让我印象最深的一次竞赛便是“田家炳杯”第七届全国师范院校师范生教学技能竞赛。从 2021 年 9 月被确认为参赛代表，我便开始了为期一个多月的训练。由于比赛改为线上进行，赛程被压缩，从课题选择、微课打磨到录制比赛视频，整个流程都很紧凑，我们必须一周集训四天，每天两小时。在老师的指导下，我仿佛一块海绵一般，不断地吸收积累各门类的知识。当将比赛微课视频上传之后，我突然感觉这一个多月的训练好像做梦一般，一下子就结束了。通过这次比赛，我又一次感受到了厚积薄发的重要性。无论是学语言还是授课，或许我们不能每天都意识到自己在进步，然而当量变积累成质变，蓦然回首，便会发现自己的改变是多么令人惊艳。

源于内心的热爱，践行知行合一的箴言，投身于各类科研项目也成为我大学生活里的重要组成部分。大一那年，我对四川部分地区少儿英语教学所面临的问题进行了调研。经过论证与资料查阅，我提出了自己的研究思路并在《中学生导报》上发表了论文《浅谈 TPR 少儿英语教学法》。大三时，我结合英语教学理论与数据整理分析，在教育类国际期刊《当代教育研究》上发表学术论文 1 篇。此外，在《新玉文艺》和《民间故事》期刊上各发表论文 1 篇。

学术之路容不得浮躁和急功近利。在进行学术钻研的过程中，我对此也渐渐有了更深的体会，从文献阅读、资料整理到论文撰写，每一步都需要专注投入。不像学习考证那样付出与收获接近正比，学术研究中失败永远如影随形，但也无需灰心，只要对研究内容保持好奇，拥有坚持不懈的勇气，终会拨云见日、柳暗花明。

躬行于世，笃定前行

课堂和书本输入的是知识技能，而社会实践则提供了学以致用的机会。我成为北京策马翻译有限公司、上海译国译民翻译服务有限公司的线上实习生，并顺利完成累计一万余字的翻译项目。我还主动联系当地的小学，成为一名小学英语助教，将所学的英语教学设计、班级管理等知识应用于课堂之上……在这些实习经历里，我也深刻认识到责任心以及较强的执行力、抗压力的重要性。

为彰显我辈青春力量，书写青春担当，我积极参与各类志愿活动。当新冠肺炎疫情暴发，巴厘岛所有学校全面停课，许多小学的中英文语言教学也陷入了停摆状态。我在了解到孩子们的学习困境后，主动报名参与巴厘岛教学帮扶活动。上最后一节课时，孩子们通过视频向我表达感谢。付出甘之如饴，所得归于欢喜。除了一项项荣誉，一张张证书外，孩子们一声声稚嫩的“徐老师”，一句句淳朴的“徐老师，我们一定会再见面的！”便是对我最好的肯定，也是坚定我为教育事业发展奋斗的不竭动力。虽然这只是通过网络架起的师生跨国互动的桥梁，但留给我的温暖与真情却弥足珍贵。

仰望星空，未来可期

备战雅思的那段时间里，我每天都是踏着晨光进入图书馆，再听着闭馆音乐离开，常常在人少的角落里，一次又一次地模拟着考试状态。无论是出国还是就业，这都不是我的最终目的，我更希望在备考的过程中感受到学习的乐趣，找到生活的动力。无论最终结果如何，我都会坦然面对。

依靠这段日子里难以诉说的努力，雅思成绩不负我所望，我拿到了 7 分。这个分数与老师的推荐信助我在申请季中拿下了四所大学的 offer。最终我选择去伯明翰大学 TESOL 专业继续深造。希望我读研归来，能够为中国的语言教育事业尤其是西部欠发达地区的语言教育事业做出贡献。

仰望星空亦要脚踏实地，这是我对待当下与未来的态度。鸿鹄之志固然重要，但没有扎扎实实的实践作为积累，再远大的志向也只是空中楼阁，做好当下才能更好地走向未来。不论结局是否如我们所愿，都请在尘埃落定前奋力一搏！

深自缄默，如云漂泊

绵阳师范学院◆余苹苹

余苹苹，女，汉族，1998 年 7 月生，中共党员，绵阳师范学院化学与化学工程学院化学专业 2018 级学生。获国家奖学金 1 次，国家励志奖学金 2 次，校级一等奖学金 4 次、二等奖学金 2 次；获四川省大学生综合素质 A 级证书，获评校级三好学生标兵、三好学生、优秀共青团干部、优秀共青团员、优秀志愿者、党校优秀学员等荣誉称号；获第十六届四川省“挑战杯”大学生课外学术科技作品竞赛三等奖，绵阳师范学院“华为杯”会说话的实验室比赛三等奖。作为负责人申报校级创新创业项目 1 项并结题，参与其他校级创新创业项目 4 项。

“谁终将声震人间，必长久深自缄默；谁终将点燃闪电，必长久如云漂泊。”是的，厚积才能薄发，在等待的日子里也要刻苦努力，而后一鸣惊人。

兢兢业业，持之以恒

从大一的学院学生分会干事，到大二的学生分会办公室部门委员，再到大三的班长，我一直体会着兼顾工作学习的不易，但也享受着认真工作学习的成就。

在学院学生分会办公室部门任职期间，除了完成正常学业，我还参加了学校和学院组织开展的各种会议和赛事活动，完成了会议记录和新闻稿的撰写。有付出就会有收获，在学院举办的学年年终总结大会上，我很荣幸地被评为优秀干事。

在班级里，身为班长，我协助老师完成了2020—2021学年各类奖学金评定、先进个人评选等各类工作。我竭力站在同学们的角度思考，尽力为同学们解决问题。平时班里有同学生病我都亲自陪同前往医院。我告诉自己要活得像个小太阳，传递温暖，绝不辜负大家的信任与支持。在全班同学的共同努力下，我班团支部在2020—2021学年被评为学校“五四红旗团支部”。

这一段段的学生工作经历，让我明白了大学生活不只是单纯的读书学习，还充满了各种锻炼自己的机会。我们需要学会从工作中学习，在学习中兼顾工作，为学校、学院的高质量发展贡献自己的绵薄之力。也正是因为这些工作经历，我学会了直面困难、勇往直前，因而荣幸地被学校评为优秀共青团干部、三好学生、三好学生标兵等。

天道酬勤，厚积薄发

我出生于农村普通家庭，小时候唯一的梦想就是希望从农村走出去，到外面的世界闯一闯。从小我就告诉自己：学习知识是改变命运的唯一捷径！因此在学习中我从不懈怠，每次上课都提前半小时到教室，充分利用早到的时间复习上节课的内容并做好课前预习。刚入学时，由于没有适应大学的模式，我跟不上老师的教学节奏，尤其是在有些专业课程的学习上，久久不能“上道”。

作为师范生，我深知各种师范技能是必不可少的。因为家乡口音的影响，我的普通话有时候说得不规范，偶尔也会引起身边好友的“嘲笑”，所以每次早讲，我都力争把每个汉字念得标准。虽然最终只获得了普通话水平二级乙等证书，但相比之前，我的普通话发音仍有了质的飞跃。相对于普通话，我的三笔就要好很多了，我认真参加每次晚练，经过半年的练习就通过了学校三笔字的测试。在大三时，我还一次性通过了教师资格证考试，拿到了成为一名教师的入场券。

作为化学专业的学生，我认为只学理论知识是远远不够的，还应加强实验操作技能，将理论运用到实践中去。因此，我报名参加了学院王志国老师的科研项目，刚进实验室那会儿，由于不会使用许多仪器，会经常感到很无助。好在王老师耐心地指导我进行实验，给我讲解那些仪器的运行原理、使用步骤、注意事项，一段时间下来，我进步了许多。看着自己做出晶体的那一刻，我是骄傲与兴奋的。

大学四年，我始终保持着良好的学习习惯和科研状态，截止大四上学期，学分绩点达到3.52，平均分为86.46。通过一年的努力，我还成功考入湖南大学攻读硕士学位。

感恩于心，回报于行

还记得上小学那会儿，我们每天都是从家里带米和菜去学校，只需要花1块钱把米蒸熟，就可以享受一顿午餐。但尽管这样，许多家庭还是会因为经济困难很难实现这样的“简餐”，就比如我家。

直到后来国家资助政策慢慢应用于乡村小学，每位学生都能获得免费的午餐，这才减轻了许多农村家庭每日午餐钱的负担。在我上初中时，国家又给农村户口学生提供生活补助；到了大学，各种助学金、奖学金更丰富。于我而言，党和国家的照顾贯穿了我的整个成长历程，于是，我暗下决心要成为对他人、对社会有意义的人，来回报这份厚重的爱。

后来，我成为一名光荣的中国共产党党员。每逢周末，我就积极报名参与各种志愿服务活动，累积志愿服务时长近80小时。从社区辅导儿童、敬老院陪伴老人，到图书馆整理书籍、十字路口交通劝导，再到无偿献血……我一直在用自己的行动为社会做一些力所能及的事情。

青春的脚步轻松且放肆，但容不得半点浪费。国家奖学金于我而言，重若千金，是一份极高的荣誉，是支持，是激励，更是鞭策！在获得这一荣誉的同时，也意味着我要不断地努力进取。一分耕耘，一分收获，在未来的生活中，我将以百倍的信心和万分的努力迎接人生的每一个挫折和挑战，用辛勤的汗水和默默的耕耘，谱写美好的明天。

踔厉奋发，笃行不息

成都大学◆曹龙

曹龙，男，汉族，2000 年 11 月生，中共预备党员，成都大学商学院审计学专业 2019 级学生。获国家奖学金、中国电信奖学金，获全国大学生财会职业能力大赛本科组一等奖、全国大学生节能减排社会实践与科技竞赛三等奖、四川省“挑战杯”大学生课外学术科技作品竞赛一等奖、四川省“互联网 +”大学生创新创业大赛银奖等 30 余项省级及以上奖项。参与 2 项省部级教师科研项目，发表论文 1 篇，授权专利 2 项。

纪伯伦说：“你无法同时拥有青春和关于青春的知识；因为青春忙于生计，没有余暇去求知；而知识忙于寻求自我，无法享受生活。”二者之间我毫不犹豫地选择了后者。在大学时光里我努力践行“自爱、自修、自尊、自强”的成大校训，把“求真务实、自强不息”的成大精神贯穿在学习生活的各个方面，以勤奋担当的实际行动争做一名合格的成大青年。

天道酬勤，做勤于思考的自律者

凡是过往，皆为序章，所有将来，皆为可盼。生命的长河奔涌过高考的峡谷，即将汇入一望无际的海洋，而我们将拥有更为广阔的天地。大学便是一段新的征程。决定一个人命运的绝不是高考本身，始终都是你自己。天行健，君子以自强不息，刚步入大学，我便坚定地将学习列为大学生活的重中之重。当大多数人还流连于丰富多彩、自由自在的校园新生活时，我已习惯于食堂、宿舍、图书馆“三点一线”的枯燥生活；当室友还沉浸于游戏晋级带来的快感与欢喜之时，我已于报告厅规划如何考取一个更好的学校深造。最令我印象深刻的还是高等数学、概率论等专业课程的学习，各级学长学姐谈之色变，而我虽为文科生，但未望而却步。事不避难，知难不难，我选择突破自我。凌空蹈虚，难成千秋伟业；求真务实，方能善作善成。我坚持上课认真听讲，课后及时完成作业，对于不了解的知识点积极向老师请教，或者在通过慕课等平台学习相关的课程，力求不遗漏任何一个知识点。山再高，往上攀，总能登顶；路再长，走下去，定能到达。在汗水的浇灌下，努力终会开花结果，在期末考试中，我的数学相关课程平均分突破 90 分。同时，在学习数学时练就的学习方法也让我在面对其他专业课程时也游刃有余，两学年平均绩点 3.83，连续两年获得国家奖学金。

自强不息，做敢于创新的开拓者

大学教育相较于中学教育更应该体现出素质教育的特点，学习成绩不能作为衡量大学生优劣的唯一标尺。作为商科学子，我始终秉持“厚德博学、格商济世”的院训，在创新创业的大路上阔步前行。在第一学年，我便主动寻找计算机学院的团队参加双创竞赛，在团队中发挥商科学生特长，在商业模式撰写、财务分析、融资预测等板块帮助创业类项目实现更好的商业价值。在高年级学姐的带领下，我在大一学年便荣获了 2020 年“挑战杯”四川省大学生创业计划竞赛铜奖以及第六届四川省“互联网 +”大学生创新创业大赛铜奖。两次双创类竞赛的获奖让我对创业类项目的构成有了更深的理解，对创新创业比赛的机制、技巧有了更充分的把握。2020 年 1 月，在中央财经委员会第六次会议上，“成渝双城经济圈”被上升为国家战略。作为应用型城市大学的学子，我深感时代赋予自己的责任；作为商科学子，我理应有潜力去发现和研究成渝双城经济圈的建设问题。于是，在大二时，我运用自己的参赛经验，同时把握新时代下成渝双城经济圈建设的热点，和学姐一起牵头组建团队，运用商科专业的优势，主动研究成渝双城经济圈的建设问题。在指导老师的课程上，我们学习了区域经济学中的增长极观点：新区的建设往往代表着一个政府对区域宏观经济的认识，代表着一个城市新发展的经济走向。而我们在翻阅了各类文献之后发现，在成渝双城经济圈中，新区产业往往会出现同质化的现象。基于此，我们利用区位熵和产业同构指数对同质化现象进行分析和剖解，借鉴长三角地区经济发展模式，为成渝双城经济圈建设提出了自己的建议。我们团队前往了天府新区、两江新区等 5 个国家级和省级新区，走访了达州、宜宾、南充等 10 余座关键城市，耗时两个月终于打磨出完整成熟的调研报告。该作品成果得到了成都市经济和信息化局以及成渝地区双城经济圈建设研究中心的采纳，并且在第十六届四川省“挑战杯”大学生课外学术科技作品竞赛中荣获了一等奖，超越了学院于该竞赛中曾取得的最优成绩。

全心全意，做乐于服务的奉献者

一个人可以走得很快，但一群人才能走得更远。作为校学生会主席团成员之一，我积极加深理论学习；作为全校唯一代表，参加了第四届四川省“青马工程”高校班培训，与全省 20 余所高校 41 名校级学生干部在省团校开展马克思主义理论学习。在学习中，我充分认识到自己作为学生干部应该始终把同学们的根本利益放在工作的首位，践行全心全意为同学们服务的宗旨。即使已经在“互联网 +”大学生创新创业大赛和“挑战杯”大学生课外学术科技作品竞赛中斩获了多项荣誉，但志行万里者，不中道而辍足，在这似水年华我更当以韦编三绝、悬梁刺股的毅力，以凿壁借光、囊萤映雪的劲头勇往直前。在任职校学生会主席团成员期间，我选择继续把自己的竞赛经验带到更宽广的舞台，通过学生会这个窗口，为成大学子增强创新创业能力服务。由我牵头主办的“成大青年说——科创先行强国有我”系列分享会，每场都座无虚席。该系列分享会让取得丰硕双创成果的青年学生走到舞台中央与全校学子分享设计项目、参加比赛的经验，而我作为常驻宣讲嘉宾，也以自己的参赛经验为例，为全校学子讲解了创业类赛事的情况。目前已经开展 4 场分享会，累计参与同学 2000 余人次，测评满意度 95%。为了进一步提高成大学子参与双创类赛事的积极性，我继续牵头举办了成都大学“挑战杯”系列竞赛优秀作品展，制作了《成都大学“开拓杯”创业计划竞赛参赛指南》，为成大学子高质量参赛打下基础。我希望能在成大营造一种良好的创新创业学术氛围，引导和激励同学们崇尚科学、追求真理、勤奋学习、锐意创新、迎接挑战。

游目八荒，河清海晏，弄潮儿向涛头立，青年人于天地强。当代青年人，正因不忘初心所以矢志不渝，正因不忘本来，所以志向高远。长路漫漫，我自当踔厉奋发，笃行不怠。

知难求进　青年担当

成都大学◆钱丰奎

钱丰奎，男，汉族，2001 年 8 月生，共青团员，成都大学电子信息与电气工程学院通信工程专业 2019 级学生。获国家奖学金、国家励志奖学金、四川省综合素质 A 级证书；获第五届全国大学生 FPGA 创新设计竞赛二等奖、第八届全国大学生光电设计竞赛三等奖、2021 年全国大学生电子设计竞赛四川赛区本科组三等奖、第七届全国大学生物联网技术与应用“三创”大赛三等奖、2020 年中国大学生计算机设计大赛三等奖、第十一届全国大学生电子商务“创新、创意及创业”挑战赛省级一等奖。先后主持并参加 3 项省级大学生创新创业训练计划项目，参与 2 项省部级教师科研项目；授权实用新型专利 3 项，申请软件著作权 3 项。

苏轼云：“古之立大事者，不惟有超世之才，亦必有坚忍不拔之志。”初入大学，我就将成为一名共产党员作为自己的奋斗目标。在大一上学期，我怀着成为党员的志向向党组织递交了入党申请书，并在大一下学期入选了成都大学电子信息与电气工程学院第一支部 56 期入党积极分子，顺利结业后，于大三上学期成为党员发展对象。

大一下学期时，我有幸加入了成都大学党员义务维修队，每个月会在学校的固定位置进行义务维修。同学们的电器出现损坏、故障时，我们便利用专业知识帮助他们解决燃眉之急，让同学们不用离开校园、不用花钱就可以解决问题。

在维修的过程中，我也收获了许多课堂外的知识，锻炼了自己的动手能力。大二的暑假，我作为“三下乡”校级社会实践项目组的成员之一，前往“天空之眼”无人机基地所在的彭州市桂花镇鹿坪社区去服务当地的老人，给他们维修家用电器。恰逢遇上社区组织居民注射新型冠状病毒疫苗，我毫不犹豫地和社区工作人员一起积极组织现场的居民进行有序排队，配合了疫情防控工作。义务劳动之余，我也跟随无人机基地的技术人员一起上山去组装调试无人机，向他们学习无人机相关知识。收获巨大，成果颇丰，我还获得了“社会实践优秀个人”的荣誉称号。

知难求进，学以致用

学习是学生的本分。因此，我一直都把学习放在首位，目标明确，勤奋努力，态度端正。我明白学习要戒骄戒躁，在注重优化学习方法，不断提升学习效率的基础上，也积极利用课余及假期时间自学专业相关知识。付出总有收获，我在大一学年就顺利通过了计算机二级考试，大一大二学年综合测评成绩均位于全专业第一。过去的两年里，我用自己的努力获得了国家奖学金、国家励志奖学金。

在专业学习之外，我积极参加课外科技实践活动。刚入大学之时，我被寝室楼下摆点的学院科创工作室展示的电子作品深深吸引，于是暗下决心一定要加入工作室。学长告诉我，如果想加入科创工作室，大一结束时要学会使用单片机及相关仿真软件。可是我从来没有接触过单片机，甚至没有听过。于是，我利用课余时间，通过网络平台学习相关知识，随后又与学长交流探讨，在学长的帮助下开始了我的探索之旅。不懂就问，不会就学，在这个过程中我发现了与过去截然不同的学习方法。工科生的学习总是与实践挂钩的，专业知识也有很强的连贯性，于是我以单片机为切入点，在大一寒假结束时完成了C语言及单片机的学习，并顺利通过选拔进入了自己大学的第一个工作室。大一第二学期我开始学习仿真软件并动手搭建简单电路、调试模块，模拟代码去实现自己想要的功能。就在这学期，我参加了学院组织的电子创意大赛并且成功获奖。我想这应该是对我自己努力的鼓励。按捺住内心的兴奋，我又继续潜心学习专业知识，成功在大一下学期结束时加入了“第二课”科创工作室。

当加入了科创工作室之后，我才了解到工作室的学长学姐是多么优秀，他们大部分都手捧大奖和名校录取通知书。于是，我便虚心请教，找到了自己努力的方向，没有荒废一日的时光。

回顾自己的竞赛之旅，大一下学期我便加入了学院老师的竞赛团队。当时的我只是一个“小白”，庆幸的是有一个大三的学长带我一起比赛，我便依托比赛学习了 python 和机器学习的知识。在大一学年我便获得了第八届全国大学生光电设计竞赛三等奖、2020 年中国大学生计算机设计大赛三等奖。

大二上学期，2020 年度的比赛已经接近尾声。此时的我已经储备了一定的软硬件知识，便找到了学院做科研的老师，向老师说明了我想学习知识的目的。而老师这时也正在开展四川省科技厅的一个科研项目，我便幸运地加入了老师的实验室，研究中心为神经网络在 FPGA 平台上的实现方向，虽然对神经网络及 FPGA 我都略有所闻，但是当二者结合起来，我又变得很迷茫了！于是我熟门熟路地打开知网，浏览了相关论文，有了一点感觉。而后老师每周召开的例会、项目组成员每周做的学习汇报、自己每天的项目总结都在推动我努力研究，硬着头皮“啃”别人的开源代码，并尝试自己修改，终于实现了自己想要的功能。

时间来到了大二下学期，我又以队长的身份加入了负责竞赛的老师的队伍，所带领的队员覆盖电信、通信、计科、数媒、软工等专业。作为领头羊，我每周同队员开总结小会，一步一步地实现了从硬件到软件的开发，完成了演示课件及策划书的编写。功夫不负有心人，我们获得了第七届全国大学生物联网技术与应用“三创”大赛三等奖、2021 年中国大学生计算机设计大赛三等奖、第十一届全国大学生电子商务“创新、创意及创业”挑战赛省级一等奖等十余项奖项，同时申请了省级大学生创新创业训练计划项目 3 项、校级大学生创新创业训练计划项目 4 项，授权实用新型专利 3 项，我还以第一著作人身份申请软件著作权 3 项。

时光转瞬即逝，大三上学期，我以队长的身份成功参加了梦寐以求也是含金量很高的两个比赛——2021 年第五届全国大学生 FPGA 创新设计竞赛与 2021 年全国大学生电子设计竞赛。在团队的默契配合下，我们成功取得了 2021 年第五届全国大学生 FPGA 创新设计竞赛二等奖、2021 年全国大学生电子设计竞赛四川赛区本科组三等奖。

都说成功是时间堆积出来的，我对此深有同感。我的寒暑假可以用“寒假 7 天、暑假7天”来概括，每当放寒暑假，看到别人提着箱子回家，我也会有激烈的心理斗争，但一想到自己的梦想，便会继续回到实验室学习。在大一的寒假，我一直在实验室待到了年前最后一天才回家。

连续参加了两年电子设计竞赛——比赛时间限定为4天3夜的一种比赛——让我知道，时间是抢来的。我在实验室熬了无数个夜，星月成为我归寝的密友，比赛期间更是舍不得花时间睡觉、洗澡，连饭也是队友互相帮忙带到实验室。FPGA创新设计竞赛决赛的前一天晚上，甚至连指导老师都陪着我们一起排练。这些记忆对于我来说，都是弥足珍贵的宝藏！我并不觉得辛苦，只觉得一切都是值得的。

凝心聚气　助人助己

我认为一个学生不仅要成绩优秀，综合素质还必须要强。有的人可能觉得很难，而我做到了！在大三上学期，我就成功获得了四川省大学生综合素质A级证书。此外，我利用课余时间积极服务社会，目前已经累计长达50小时的志愿服务时长。在科创工作室这个专业组织当中，我以过硬的专业实力脱颖而出担任了技术班助，并且在大二下学期通过竞选成为“第二课”科创工作室主任，成功组织了校级比赛PCB设计大赛、光立方大赛，同时负责制定整个学院400多名硬件专业新生的基础引导课程。

大三期间，作为“学长课堂”的技术班助，为了引导大一新生尽快了解专业知识，新学期伊始，我就利用网络提前向他们进行专业概述，分享心得见解，鼓励他们多看、多问、多学；每周日晚，还会进行线下教学，主要教授PCB的设计制作、C语言程序设计、单片机开发等相关知识。我还时常给2021级通信工程专业的学弟学妹介绍专业就业信息，告诉他们多学一点、广泛涉猎，目的是让未来的自己多一些选择。我觉得这些都是一个学长应该做的，也真正做到了为同学服务，为学院服务。

凭借良好的专业实力、组织能力和创新能力，我还当选了成都大学电子创意协会活动部部长。在协会中，我负责组织校级比赛等。在老师及同学的帮助下，我的能力得到显著提升，获得了成都大学五四自强之星、三好学生、优秀共青团员等荣誉称号。

长路漫漫　砥砺前行

刚满 21 岁的我，觉得自己还有很多需要学习与总结的，但也知道不久的将来，必将独自面对这个一望无际的大千世界。“自爱、自修、自尊、自强”的校训教导我，长路漫漫，仍需朝着自己的目标勇往直前，哪怕路上布满荆棘。

正青春，当奋斗

宜宾学院◆龙祥彬

龙祥彬，男，汉族，2001 年 3 月生，中共预备党员，宜宾学院智能制造学部电子信息工程专业 2019 级学生。获国家奖学金 1 次，国家励志奖学金 1 次，校级一等奖学金 3 次、二等奖学金 1 次；获第十六届全国大学生智能汽车竞赛智能视觉组二等奖，第十六届全国大学生智能汽车竞赛西部赛区智能视觉组一等奖，第五届全国大学生集成电路创新创业大赛西南赛区三等奖；获评校级三好学生、社团积极分子、优秀共青团员等荣誉称号。

青春是人生最美好的时光，梦想是生命长河中最耀眼的星辰，为了梦想而奋斗的青春才算完美，青春的价值只有在为实现梦想而不断努力奋斗的过程中才能完全体现。我们身处于这个伟大的时代，要以奋斗为梦想插上最有力的翅膀，将青春变成走向梦想的出发点。

怀揣青春梦想，启航奋斗人生

历经高考的洗礼，我怀揣着对未来的无限憧憬，满载着希望与期待，迈着坚定的步伐步入了宜宾学院的大门，正式开启了我的大学生活。

习近平总书记在《致全国青联十二届全委会和全国学联二十六大的贺信》中指出："当代中国青年要有所作为，就必须投身人民的伟大奋斗。同人民一起奋斗，青春才能亮丽；同人民一起前进，青春才能昂扬；同人民一起梦想，青春才能无悔。”进入大学以后，我一直严格要求自己，学习上，要求自己做到课前预习、课上认真听讲、课下复习，认真完成老师布置的任务，积极培养自己对所学专业的兴趣，刻苦钻研，勤奋好学，态度端正，目标明确。只要努力就一定会有收获，第一学期结束后，我获得了大学的第一个奖学金。我常常对自己说：“高考那么难都经历过来了，没有什么可以难倒我的。”凭借这种信念和不断的坚持，我还获得了国家奖学金、国家励志奖学金、校级三好学生等荣誉。这种精神力量也将一直鼓舞我不放弃、不懈怠，不为虚耗青春而懊悔。

奥斯特洛夫斯基说过：“生活赋予我们一种巨大的和无限高贵的礼品，这就是青春；充满着力量，充满着期待、志愿，充满着求知和斗争的志向，充满着希望，信心的青春。”我也将以青春为资本，吹响激昂的号角，用自己的双手去创造美好的未来，拼搏奋斗出属于自己的精彩。

实践铸就成功，坚持必有成就

我在大二申请加入了实验室，跟着实验室的师兄们学习设计电路图，把所学的专业知识充分运用到专业实践当中去。我还充分利用网络和实验室的资源不断地练习，提高自己于程序设计、电路设计上的思维能力，经历了设计、制板、穿孔、焊接、调试，最后实现功能的完整流程。2021 年 5 月我和师兄们组队参加全国大学生智能汽车竞赛。其间，我们的团队团结协作，分工明确，团队的每一个人都全力以赴。在比赛的前一个周，大家甚至吃住都在实验室，在老师的指导下不断地调试、检测，改进车的性能。最后，在团队成员的共同努力下，我们取得了西部赛区一等奖、全国二等奖的成绩。同年我们还参加了全国大学生集成电路创新创业大赛，获得了西南赛区三等奖。

“看日出必须守到拂晓”，在备赛的日子里，不知有多少个日夜都是在实验室度过的，有多少次已近凌晨仍然盯着电脑修改着冗长的程序，但是我依然认为所有的辛苦和付出都是值得的。这段艰辛的历程让我获益匪浅。

为梦奔赴千里，只为追求学业

大三上学期我通过学校与同济大学的访学计划，来到同济大学开始了我为期一年的学习之旅，远赴千里，只为接受更好的教育、更丰富的知识。我来到同济大学以后才明白为什么每年有那么多的学子拼尽全力也要考上好大学，因为知识的力量。我坚信每一分付出都会结出硕果，制订了科学的学习计划，合理地分配学习时间，不敢放松一刻，更加端正自己的学习态度，对自己的要求更加严格，只为让自己学到更多的专业知识，实现考研的目标。

大三下学期开始，我全身心备战考研，每天早上7点到图书馆背单词，复习数学，准备专业课。我知道奔赴千里之遥来同济大学的目的，并不是安逸享受，而是更刻苦地去努力、去学习。晚上伴随着图书馆闭馆的铃声，走在昏黄路灯照耀的道路上，我更明确了一个人的成功不是偶然，而是由一滴滴汗水和一次次坚持所铸造的。面对困难时，我总告诉自己不能放弃，要坚持不懈地努力奋斗。

坚定理想信念，争做青年先锋

党的十九大以来，习近平总书记高度重视青年工作，多次提及未来属于青年，希望寄予青年。我在入学之初，便向党组织递交了入党申请书，立志成为一名光荣的中国共产党党员。学院党委党校通过培训提升了我的思想素质，以优秀党员的先进事迹指引着我树立正确的人生观、价值观，让我明晰“一个人只有在奉献中才能实现个人价值”的道理。现在，我已经成为一名中共预备党员。我意识到这不仅是一项荣誉，更代表一种责任，我要更严格地要求自己，在学习、生活中起到表率作用。

面对突如其来的新冠肺炎疫情，党员们喊着“我是党员我先上”“哪里需要，哪里就有党员”“我是党员，我在”的口号，冲锋在抗疫的最前线。他们逆行的背影是那么伟岸，在我心上烙下了深刻的印记，让我深深爱上伟大的党组织。我们要勇于学习，敢于担当，加强自我能力与素养建设，争做新时代浪潮中乘风破浪的新青年。

在最具斑斓色彩的青春时期，在大学里以梦为马，以知识丰满羽翼，为理想努力奋斗、奋勇拼搏！相信每一分付出都会结出硕果，每一个理想插上翅膀都会翱翔，每一个青春因为奋斗都会变得异常出彩！

西院生活，无愧自我

西昌学院◆罗吉祥

罗吉祥，男，汉族，2000年8月生，中共预备党员，西昌学院土木与水利工程学院土木工程专业2019级学生。获国家奖学金，国家励志奖学金，校级优秀学生特等奖学金、优秀学生二等金奖学；获“苏博特杯”第六届全国大学生混凝土材料设计大赛团体三等奖、2021年全国周培源大学生力学竞赛四川省三等奖、第八届四川省孙训方大学生力学竞赛团队操作赛三等奖；获2020年度凉山州优秀共青团员，2021年、2022年射洪市优秀志愿者，校级三好学生、优秀共青团干部、优秀共青团员等荣誉称号。

子在川上曰：逝者如斯夫，不舍昼夜。岁月匆匆，三年的西昌学院生活，我从一个懵懂的青少年不断成长，渐渐树立起正确的人生观、世界观和价值观，最终成为一个有理想、有抱负、有责任、有时代使命感的热血青年。一直以来，我严格要求自己，保持全面发展，不断接受考验、挑战和历练，并取得了优异的成绩。

鱼知水恩，行不忘本

“落其实者思其树，饮其流者怀其源。”这是2022年射洪团市委副书记在“青春志愿返家乡”寒假社会实践活动总结表彰会上对青年志愿者的寄语。这是我在大学期间第三次参加“青春志愿返家乡”志愿服务活动。2020年伊始，我国遭遇了一场突如其来的新冠肺炎疫情，在党中央的坚强领导下，中国人民风雨同舟、众志成城，一方有难、八方支援，构筑起疫情防控的坚固防线。面对形势严峻的疫情，一个个戴着“党员先锋队”标志的党员干部，不舍昼夜地坚守岗位。正是这种责任与担当让我坚定地加入射洪市青年志愿者这个温暖而有爱的大家庭。

在志愿服务活动中，我协助家乡政府工作人员宣传防疫知识、推广“四川天府健康通”、动员居民接种新冠疫苗……每一次参与疫苗接种服务工作时，首先，我都会根据系统后台信息，提前电话通知满足要求的居民及时前来接种疫苗。此后，配合工作人员维护接种场所秩序，为接种人员测量体温，引导居民按流程顺利完成接种，其间如遇到需要帮助的居民，我也会积极伸出援手。在进行接种服务的过程中，最让我难忘的是各村的基层干部。他们为了让本村居民都能接种疫苗，想尽一切办法解决居民接种过程中的困难，开车接送，全程陪同，不曾遗漏任何一个居民。在接种疫苗时，总是有许许多多的村民不停地念叨中国共产党好，不停地表达他们对党和国家的感激之情。点点滴滴，让我心中感到无比温暖与激动。每一次的返家乡志愿服务活动，我都能看到基层干部的责任与担当，看到党员先锋队的义无反顾。

如果我们做每一件事都带着认真负责的态度，带着一份发自内心的关爱，即使在平凡、琐碎的工作中，也能找到快乐。鱼知水恩，行不忘本；点滴奉献，亦是真情。我参加的每一次返家乡志愿服务活动都代表着对家乡的热爱与感激之情。

天道酬勤，书山为径

我不是天生的能者，唯有以勤补拙，因此一直以勤奋刻苦、虚心求教的态度对待学习，要求自己学以致用、理论联系实际。入校以来，我与优秀的队友一起参加了力学竞赛、混凝土材料设计大赛等专业竞赛。备赛、竞赛都是艰辛的，我们把课程学习外几乎所有的时间都用在了实验室里。这段忙碌而又充实的生活也让我时常怀念。备战“苏博特杯”第六届全国大学生混凝土材料设计大赛时，为了模拟比赛真实效果，为了得到准确数据，常常选择在中午进行实验，我们密切配合进行人工材料拌制，拿着铁锹不停地搅拌，每次都大汗淋漓、筋疲力尽。指导老师经常调侃说：“参加完比赛，如果你们胳膊不粗一圈就说明你们没有努力！”付出就有回报，我们获得了“苏博特杯”第六届全国大学生混凝土材料设计大赛团体三等奖。竞赛中，我们不仅收获了荣誉和友谊，还提高了动手能力，加深了对专业的理解，感受到了五湖四海的同专业同学对土木工程专业的热爱。

“不积跬步，无以至千里；不积小流，无以成江海；骐骥一跃，不能十步；驽马十驾，功在不舍。锲而舍之，朽木不折；锲而不舍，金石可镂。”正是因为一步一个脚印锲而不舍地努力，使我不断夯实理论基础，充实自我，保持前进。

青年使命，不忘初心

作为一名当代大学生，我热爱祖国，心系社会，牢记青年使命，时刻准备着为投身国家建设奉献自己的力量。我积极向上、追求进步，努力向党组织靠拢，一入校就提交了入党申请书，并于 2021 年 5 月成为一名光荣的中共预备党员。同时，我也不断加强自己的党性修养，始终以党员的标准严格要求自己，时刻发挥先锋模范作用。

在西院的日子里，作为班委和学院的学生干部，我工作勤勤恳恳，做事踏踏实实。在老师的指导下，我和伙伴们一起耐心细致地完成各项工作任务，也在闲暇时打打闹闹、共同学习、共同进步。我很珍惜这样的时光，也很感激一直坚持努力的自己，很庆幸能够成为千万工程学子中的一员。

有人说大学只不过是高中的延续，在那里还得继续保持高中时拼命苦学的状态；也有人说跨进大学校门，前途便有了保障，可以痛痛快快地玩四年。我却认为：大学是一幅空白画卷，等着你用智慧和双手描绘属于自己的华丽青春。愿同学们都能在西院遇见更好的自己，无愧于自我！

争做风华少年，谱写青春壮歌

四川民族学院◆程远术

程远术，男，汉族，1998年11月生，中共预备党员，四川民族学院经济与管理学院行政管理专业2018级学生。获国家奖学金、校级专业奖学金；获第十六届四川省“挑战杯”大学生课外学术科技作品竞赛一等奖、第七届四川省“互联网+”大学生创新创业大赛银奖、第十一届全国大学生电子商务“创新、创意及创业”挑战赛省赛一等奖、2020年四川省“挑战杯”大学生创业计划竞赛铜奖；获四川省大学生综合素质A级证书，四川省优秀毕业生，校级优秀学生干部、优秀学生标兵、暑期文化科技卫生三下乡社会实践先进个人、优秀团员等荣誉。以第二作者身份发表论文2篇，主持校级学生科研项目1项，参与国家级大学生创新创业训练计划项目3项、省级大学生创新创业训练计划项目2项。

我始终坚信“幸福是奋斗出来的，奋斗的本身就是一种幸福”。回望过去，我始终坚持锐意尝试、努力奋斗、不断突破自我，在这个过程中，更加认识到每一次跌倒都是为成功做的准备，每一次付出都会有所收获。

立志奋进，乐学善思

因为深知上大学这个机会来之不易，我一进入大学便励志刻苦学习，不断提升个人综合素质。在学习过程中，我会课前预习上课内容，课上有针对性地做笔记，课后通过请教老师或查阅资料弥补课堂学习的遗漏，力争全面掌握并学以致用。同时，我也会定期进行自我反思，开展阶段性总结，及时调整学习、工作和生活状态，更好地提升自己。此外，我还积极利用课余时间阅读各类课外书籍，学习各种技能，丰富知识储备，练就扎实本领。在校期间我连续 6 次获得校级专业奖学金，并在 2021 学年中获得“优秀学生标兵”的荣誉称号。

不忘初心，甘于奉献

我坚信只有在中国共产党的带领下才能实现中华民族伟大复兴，也立志成为其中一员。经过不断努力，我在 2021 年 5 月有幸成为一名中共预备党员。在校期间，我积极参加各类学生组织，承担起学生工作，为服务同学奉献自己的一分力量，大一时担任学生社团联合会干事，大二时担任班长和助理班主任，大三时担任学院大学生创新创业实践训练中心办公室主任。我每天奔波于办公室、活动现场、教学楼、食堂、宿舍之间，既要负责自己学院的各种创新创业工作，还负责承接学校创新创业学院交付的一些赛事工作，虽会感到疲倦，但每当自己的付出得到老师和同学的肯定，也会倍感欣慰。此外，我还先后参加了 2019 年甘孜州第三届州运动会开幕式表演和 2021 年学校庆祝中国共产党成立 100 周年团体操表演。

乐于实践，勇于创新

“志之所趋，无远弗届，穷山距海，不能限也。”一个人如果志向远大，无论多远都能到达自己的目的地。从 2018 年第一次参加学校的市场营销大赛开始，到 2019 年参加暑假下乡调研活动，再到 2021 年参加第六届四川省“互联网 +”大学生创新创业大赛、第十六届四川省“挑战杯”大学生课外学术科技作品竞赛，三年间我累计带队开展调研活动 10 余次、参赛 20 余次，获得各级奖项 30 余项。在此期间，每当遇到困难时我都会想起清代学者金缨的这句话，是它给予了我接续向前的动力，也让我从一个不懂创新创业赛事的“小白”，成长为具备一定创新创业赛事经验的老手。

回望过去，也有许多让自己惊叹的瞬间。2019 年暑期第一次带队参加下乡调研活动时，我白天带领团队在各村之间开展调研活动，晚上组织成员进行每日总结、安排第二天的调研任务，还要做好各项准备工作。在2020年3月初到7月底居家上课期间，我一边要跟上学习进度完成课程任务，一边要准备各项比赛，经常熬夜与团队成员一起讨论方案、做演示课件、改计划书，还要充分调动团队成员的积极性，在挑战了自己身体和意志力极限的同时，也让自己成长了许多。备战2021年第十六届四川省“挑战杯”大学生课外学术科技作品竞赛时，正值疫情形势较为严峻的阶段，参赛作品的调研数据无法按照原计划及时准确获取，导致作品整体进度滞后，为了保质保量完成参赛作品，我带领团队及时调整方案进行线上调研，并连续数日熬夜讨论修改作品。功夫不负有心人，在团队的共同努力下，我们取得了第十六届四川省“挑战杯”大学生课外学术科技作品竞赛一等奖的好成绩。

学以致用，服务社会

作为新时代祖国建设的主力军，青年一代的我们应运用所学知识，努力奉献社会，报效祖国。2019年暑期我带队参加了“青年红色逐梦之旅”社会实践活动，深入农村，了解基层人们的生活状况，为弱势群体提供力所能及的帮助。2020年寒假，我带队参加了大创项目的调研，获取一手资料，形成4万余字的调查报告。该调查报告具有较高的学术价值，还得到了甘孜藏族自治州产业发展研究学者的高度认可。2020年新冠肺炎疫情暴发初期，我也积极报名参与家乡的疫情防控志愿服务工作，展现了一名共产党员的担当。

此外，我也是一名大学生创业实践者和公益服务者。在2019年的一次下乡调研中，了解到学校周边村镇特色农产品滞销的情况，特别是在听了康定市鱼通镇舍联村致富带头人严江富先生的返乡创业故事后，我就立志要为帮助村民促进农产品销售贡献自己的力量。2019年，我成功申报农产品发展路径研究类校级大学生科研项目1项、国家级大学生创新创业训练计划项目1项，2020年成功申报产品销售实践类国家级大学生创新创业实践项目2项，并组建团队开始创业助农之旅。我们通过运营微信公众号、抖音账号，开展特色农产品和生态旅游资源宣传推广工作，同时于淘宝、拼多多、抖音等平台开设线上店铺进行产品销售。截至2021年12月，我们已经开展公益助农直播5次，成功吸纳488人加入项目组建的助农志愿服务队，发表公益公众号推文20余篇，开发本土电子商务助农培育手册10套，开展的助农电商培育累计惠民1000余人次，设计农特产品包装10余种，帮助学校周边10余个村推广销售10余种农产品，累计帮助300余人实现增收。目前，项目已经成功入驻学校创新创业孵化园，将持续帮助更多村民增收。

新时代是奋斗者的时代，更是追梦者的时代。“青春虚度无所成，白首衔悲亦何及。”作为新时代青年，我深知未来的道路漫长且崎岖，定会怀揣心中的梦，将奋斗作为青春的底色，争做风华少年，谱写青春壮歌！

"警"色青春奋斗路，砥砺前行新征程

四川警察学院◆蒋羽蝉

蒋羽蝉，女，彝族，2001年5月生，中共预备党员，四川警察学院侦查学二大队侦查学专业2019级学生。曾任校学生会主席团成员、侦查学二大队团总支副书记、校辩论队队长，现为泸州市作家协会会员。获四川省大学生综合素质A级证书、四川省高校大学生讲思政课公开课一等奖、四川省公安厅征文比赛三等奖等诸多荣誉，获校级三好学生、文体活动积极分子等荣誉称号。主持或参与省级科研项目5项，参与写作的4篇学术论文被收录待刊。

《致敬奋斗的人生》中说道："时序轮替中，始终不变的是奋斗者的身姿；历史坐标上，始终清晰的是奋斗者的步伐。"

2021年6月，在成为中共预备党员的那一天，我毅然写下一份到最艰苦的实习地开展实践学习的请战书："能加入中国共产党这样一个优秀的队伍，我感觉自己很幸运，但内心依然很惶恐。我觉得自己的所为还不能达到人民的期望，奉献得远远不够。"在请战书里，我立下了"协同当地民警同志共筑基层治安防线"的诺言。因为我深知青春有千万种姿态，庆幸于自己值此年华衣着警服，期待全身心投入自己热爱的"藏蓝事业"。无论学习研究，抑或素质拓展、基层锻炼，我都能全心全意投入，用青春丈量前程，以奋斗谱写华章。

立身以立学为先，立学以读书为本

“君子不隐其短，不知则问，不能则学。”我深知学习是一个潜心钻研、戒躁戒傲的过程，便始终保持谦逊好问的求学态度，持以“高山仰止，景行行止”的学习目标，试以“操千曲而后晓声，观千剑而后识器”的学习实践，于漫漫学路中不惧修远，上下求索。晨曦初露时，我在鸟语花香中捧书而读，灵思敏捷如琴键跳跃，不经意便拨云见日；夜幕降临时，我在月白风清下奋笔疾书，攻坚克难如披荆斩棘，终于迎来柳暗花明……学海无涯，唯有笃实好学、谦逊好问，方能乘风破浪、行稳致远。

学习期间，我通过大学生英语六级考试，通过计算机等级考试，获得四川省公安厅征文比赛三等奖、校友基金征文一等奖，加入泸州市作家协会。我的省级大创项目通过结题验收，我还主持或参与大创项目、四川省教育厅高校思想政治工作队伍培训研修中心（西南交通大学）思想政治教育研究课题（辅导员专项）等省级研究项目 5 项，参与写作的 4 篇学术论文被收录待刊。

举一反三在书外，触类旁通善应用

“论先后，知为先；论轻重，行为重。”我深知，通过观察和理解获取的知识和经验，只有落在实践上才能真正化为内识，拓展兴趣，提升综合能力。我曾任四川警察学院学生会主席团成员、侦查学二大队团总支副书记、校辩论队队长。看似负责的工作各有不同，但永恒不变的是我赤诚相待、脚踏实地、勤勉进取的初心与操守。比如在学生工作中，我以服务同学为宗旨，积极发挥自己作为桥梁的作用；在团务工作中，着重加强自己的理论储备，以更好地发挥团组织的思想引领作用。除此之外，我更注重学生的本职工作，积极提高自身的专业水平。在潜心学习和踏实工作的日积月累里，我不仅直接获取了看得见摸得着的物质利益，更学会自我修炼，开阔了眼界、锻炼了技能、提升了修养、充实了思想，并逐渐成为一个善良、坚强、博爱、宽容、诚实的人。

任职期间，我参与的校庆筹备小组获得集体嘉奖。我还作为主讲人参加四川省高校大学生讲思政课公开课，获一等奖，还获得校级三好学生、文体活动积极分子、五四表彰忠诚奖等多个荣誉称号。

风雨征程铿锵路，咬定青山甘奉献

一代人有一代人的奉献，一代人有一代人的担当。林清玄先生曾言：我们增长自己的智慧，是为了自己开一朵花；我们奉献自己的心，是为了世界开一朵花。自中国共产党诞生的那一刻，“奉献”便如同基因般刻在党员的骨子里、融入党员的血液中，并世代相传。

2021 年 6 月 12 日，在党的百年华诞之际，党组织通过我的申请将我纳为其中一员。2021 年 8 月 23 日我来到了位于四川省北部的广元市苍溪县，在基层派出所开始了为期 6 个月的实习生活。虽然我曾在具有专业化工作特点的单警种部门见习过，但到了基层派出所才发现，群众有任何困难都会直接到派出所寻求帮助，基层派出所民警不再只是办理治安案件、刑事案件的专业人才，更要懂得与群众的沟通技巧、知晓社会风俗并且甘于俯首奉献。我的师父是一位经验丰富、见解独到的“老”民警，带着我办理了一个又一个案子。

某天派出所收到了劳动监察大队移交的案件，一名装修公司老板在欠下 70 余位农民工血汗钱后疑似将财产转移外逃，涉案金额高达百万。在连续询问十余位受害人后，我们正式将其立为拒不支付劳动报酬案，将犯罪嫌疑人信息录入网络展开全国追逃，终于在安徽省阜阳市将其抓获。在成功带回犯罪嫌疑人后，农民工同志们送来了我人生中收获的第一面锦旗，上面写着“为民讨薪，尽职尽责”。

在某个强奸案件办理到最艰难阶段时，我收到了一封来自受害人的手写感谢信，大致内容是：在我深感绝望、深陷痛苦之境，凌晨 4 点，你和王警官仍在制作笔录，夜色黑暗丝毫不抵你们为民服务的坚守与忠诚。原本我会选择忍气吞声，但你的真诚关心和鼓励让我勇敢选择去走一条伸张正义的路。这一段话让我更加坚定前进的信心。

我用脚步丈量前行之路，帮群众寻找走失的牛羊家畜；用恒心扎根抗疫前线，守护人民生命健康；用热爱奔赴社区基层，反诈宣传义不容辞。疫情暴发，我闻令而动，春节在岗，忠诚护航平安苍溪。

实习期间，我参与办理了大量案件，包括刑事案件、行政案件。所以，我深知人民群众送来的感谢信与锦旗不仅是对我工作能力的肯定，更是我今后工作的源源动力。

作为一名中共预备党员，我认真进行政治理论学习，团结同学，能起到较好的带头作用；作为一名青年学生，我深知青年的无限潜力以及生逢伟大时代的使命担当；作为一名共和国预备警官，我将“对党忠诚，服务人民，执法公正，纪律严明”刻入骨髓，并且正在为成为一名合格的人民警察而奋斗。我将矢志不渝做新时代建设者、开创者，努力为实现第二个百年计划献出自己的全部力量！

不负韶华，天生我材必有用

攀枝花学院◆黄涛

黄涛，男，汉族，2000 年 3 月生，共青团员，攀枝花学院智能制造学院车辆工程专业 2018 级学生。获国家奖学金、校级一等奖学金、四川省大学生综合素质 A 级证书，获 2021 年世界机器人大赛锦标赛三等奖、第五届全国高校智能交通创新与创业大赛二等奖、第十六届全国大学生智能汽车竞赛西部赛区三等奖，获评校级十佳学习标兵、优秀团干部、校园之星。负责国家级大学生创新创业训练计划项目 1 项、省级大学生创新创业训练计划项目 1 项；以第二作者身份分别在 SCI 期刊以及中文核心期刊发表论文 2 篇，以第一作者身份发表 EI 会议论文 1 篇；授权实用新型专利 3 项、软件专著权 1 项。

青春是蓬勃向上、积极进取的象征，是奋斗的黄金时期。在疲惫的时候，我总是告诫自己：我不想做一个终生空虚而又碌碌无为的人，我走过的每一步都应该稳重而又踏实。

以梦为马，不负韶华

我认为，环境能影响一个人，但不能决定一个人，少一点怨天尤人，多一分自律自强，通过自己的努力改变现状，这才是积极的人生态度。我开始放下手机，迈出宿舍，进入图书馆。在大学三年中，图书馆成为我学习生活的一部分，只要没课我就去那里坐坐，哪怕不学习，看一看名著，也能让我身心愉悦。就像李苦禅所说“鸟欲高飞先振翅，人求上进先读书”，不知不觉，书籍成了我的朋友，也让我的成绩显著提高并名列前茅。在大三学年，我还取得了专业综合考评成绩专业第一的佳绩，获得了校级一等奖学金与国家奖学金。

乘风筑梦，砥砺前行

作为工学专业的学生，我深知动手能力的重要性，因此，在学习专业知识的同时，积极地参加各项科研课题，将理论付诸实践。2020 年，我以项目负责人身份主持并完成国家级大学生创新创业训练计划项目“摆线凸轮结构设计与多目标优化”，并在 2021 年参与了省级大学生创新创业训练计划项目“基于机器视觉的齿轮尺寸检测系统设计”。我将平时所学尽数运用到了工程实践中去，加之同学们的齐心协力及导师的细致指导，从这些大学生创新性实验计划项目中，我获益颇多。从确立项目立意点到撰写项目申请书，从波折的立项审查到确定研究方案与寻找创新点，从制订详细的实施计划到项目的具体研究，一路走来，这些经历帮助我培养起了严谨的科研态度，练就了坚韧不拔的钻研精神，增强了敢于创新实践的勇气。这也为我后面能坚持完成每个似乎不可能完成的目标夯实了基础。

回想起第一次写学术论文时，实验方案改了又改，数据总是达不到预期，每当在绝望与无助中苦苦求索时，我总是在内心默默给自己鼓气：自己选择的道路一定不要放弃，风雨之后的彩虹更加美丽。“不经风雨，长不成大树；不受百炼，难以成钢”“看日出必须守到拂晓”，每每想到这些名言，我奋斗的激情就会被重新点燃。在一个个同学们都熟睡的深夜，经过不断地测试计算，我终于得到了满意的数据。在导师的指导下，我向中文核心期刊《机械设计与制造》投下了人生第一篇论文。收到论文录用邮件的那一刻，我身上所有的疲惫与失落都一扫而空，感觉一扇新世界的大门为我打开了。就如普里尼所说“在希望与失望的决斗中，如果你用勇气与坚决的双手紧握着，胜利必属于希望”，我明白了，成功从来都是来自希望与坚持。

有了第一次的鼓舞，我开始不断开拓思维、自我突破。在那几个月，我每天坚持看两篇专业前沿的外文文献，一吸收到新的实验思路，就立马开始行动起来，进行创新优化。日复一日的积累下，我又以第一作者身份在 SCI 期刊

Mathematical Problems in Engineering 上发表论文《Mango Grading System Based on Optimized Convolutional Neural Network》，于“5th IEEE Advanced Information Technology，Electronic and Automation Control Conference (IAEAC 2021)”上发表 EI 会议论文《Mango Surface Defect Detection Based on HALCON》，并受邀参加会议。

激扬青春，展望世界

文人朱熹说过：“书不记，熟读可记；义不精，细思可精；惟有志不立，直是无著力处。”我一直觉得，当代青年应该多把视野聚焦世界，勇于接受外界的挑战，在与外界互相学习与较量中，不断吸收新的知识以此来丰满自己。在我和一群志同道合的朋友不分昼夜的共同努力下，2021 年，我们参加由中国自动化学会与全国交通设备与控制工程专业联盟联合主办的第五届全国高校智能交通创新与创业大赛，获得二等奖；参加由中国科学技术协会等主办的第五届世界机器人大赛锦标赛，获得三等奖；参加由中国自动化学会主办的第十六届全国大学生智能汽车竞赛，获得西部赛区三等奖。

正如菲里浦斯所说：“什么叫作失败？失败是到达较佳境地的第一步。”正是这种乐观豁达、勇于探索的精神，促使我不断积累失败的经验，并取得了最终的胜利。

脚踏实地，做自律攀大人

还记得那个被父亲初次带入大学的充满青涩与茫然的少年，还记得那个冬日在实验室彻夜忙碌的孤影，还记得第一次登上讲台演讲时的彷徨……我想感谢父母与学校的培养，也很感谢那么努力的自己。三月的攀枝花在阳光的照耀下，散发着像火焰般蓬勃的朝气，毕业在即，更广阔的舞台即将在眼前呈现，谁也不清楚未来会发生什么，但我相信，心有多大，舞台就有多大。在未来的人生旅程中，我将依旧保持对科学的热爱，持有那颗感恩的心，做一个积极向上的人，不断提高自我，迎接新的挑战，为社会做更多贡献。

最后，我想说：有时候，拼命努力的自己真的会感到身体疲惫不堪，但是每当回头望一望走过的路，仍会因为付出努力的那一个个瞬间而充满幸福感与满足感；

有时候，并不是所有的追求都是为了获得一个结果，任何事情无论结果如何，只要尽力了，便足矣。成为自立自强、诚实守信、知恩感恩、勇于担当的自律攀大人是母校对我们的殷切期望，我将脚踏实地，不负青春，继续前行。

岁月如歌　不负韶华

成都师范学院◆刘越波

刘越波，男，汉族，2000年8月生，中共党员，成都师范学院计算机科学学院计算机科学与技术专业2019级学生。获国家奖学金、国家励志奖学金各1次，校级一等奖学金2次；获2021年川渝大学生“数智”作品设计应用技能大赛一等奖、第七届四川省“互联网+”大学生创新创业大赛银奖、2021年四川省大学生新媒体创意大赛二等奖、2021年四川省大学生数字艺术设计大赛二等奖等十余项奖项；获校级优秀共青团干部、优秀学生干部、优秀共青团员、三好学生等荣誉称号；获四川省大学生综合素质A级证书。

时间可以改变很多东西，回首往昔，对那段任性叛逆阶段的记忆却并未随着时间的流逝而消散，反而在我的脑海中更加鲜明而深刻，化为我一切行为的“标界”，警醒着我向着正确的方向进发。

挥别往事，鞭策前行

“贪玩”“逃学”“任性”“叛逆”……这些词是对我高中时光的写照。我忘不了那段日子的点滴、那个浑浑噩噩不知理想为何物的自己，还有那段长达两个小时的父子对话。那不是什么暖灯下的促膝长谈，也不是微醺下的高谈阔论，只是一个父亲希冀通过长途通话将儿子从深渊中拉出来的最后努力。我抓住了父亲递来的手，饱经风霜而宽厚坚实的手，突然想到了一句话："岁月如河，我们终究会变成他。"岁月如河，换我撑起这个家。

在那之后，我重归学校备考，夜以继日抱书苦读，纵然可能无果，只为不留遗憾。春来秋往，时间滤去锋芒，打磨了棱角。握住大学录取通知书那一刻，我知道自己抓住了当下。入学前，我还尝试了一把在烤烟地里打暑假工的滋味，挣了一份具有独特意义的工资。岁月如歌，征途未尽。

志之所趋，无远弗届

辞别父母，拖着身后载着希望的行李，我奔赴人生的新旅程。犹记得那一天，初秋的风带着丝丝热意却不黏腻，杏坛大道的银杏叶还泛着青，阳光从枝丫缝隙间透出投下斑驳的影子……红白相间的教学楼、热情洋溢的同学、和蔼可亲的老师都仿佛如胶片般定格在了我的记忆中。

在大学的第一课"军训"中，严格而幽默风趣的教官，严厉而耐心温柔的辅导员，活泼而意志坚定的同学，都是我这段新旅程开端不可错过的风景，给予了我对大学生活无限的憧憬。军训结束后，我被评为了"优秀学员"，这是我进入大学的第一个荣誉，给了我无穷的信心，为我树立起了更坚定的目标。

积跬步以至千里，良好习惯的养成绝非一朝一夕能实现。学习中要如何保持意志坚定、如何保持注意力高度集中、如何保持热情不减……这些问题不仅在高中困扰我，对初入大学的我也是难题。于是，我开始摸索……通过外界刺激、自我意识激励来保持注意力的集中，通过挑灯夜读、反复做题来理解知识点，我改善作息、学习技巧，脚踏实地，最终取得了期末考试成绩和综合素质测评均为专业第一的成绩，并先后获得了国家奖学金、国家励志奖学金、校级一等奖学金。努力总会有回报，需要的只是一颗坚定的心和不懈的努力。

我始终牢记"不忘初心、方得始终"的箴言，还有一个党员梦。我递交了入党申请书，认真学习党史，参与党组织的理论培训，从一名青涩的共青团员，一步步成长为一名光荣的中共党员。递交申请书时的万般殷切、宣誓时的满腔热血都是我的坚实盾牌，我将执此勇往直前。

志愿服务，不负韶华

我积极施展专业特长，帮助老师和同学们维修电脑；积极“传帮带”，给予学弟学妹们学习上的帮助；发挥余力，协助老师处理工作事务。

2021年暑假，我到凉山彝族自治州冕宁县高阳街道群裕社区参加了疫情防控志愿服务。我跟随社区工作人员走访街道，宣传疫情防控知识，联系返乡人员报备，做核酸检测，在高速公路路口卡点测量来访人员体温等，用自己的微薄力量，助力与新冠肺炎疫情的战斗。

我还参加了“逐梦计划”，到凉山彝族自治州冕宁县水利局进行社会实践。通过下乡调查、排查整治河湖四乱等，我收获了河长制的知识。我还发挥自己的专业特长，为水利局解决了办公自动化的问题。

学海无涯，砥砺前行

我热衷于各类竞赛，参加了“成师杯”篮球联赛、“外研社·国才杯”全国英语写作大赛、第七届四川省“互联网+”大学生创新创业大赛、川渝大学生“数智”作品设计应用技能大赛……从体育类到科技类、从参与到组织，有比赛的地方，就有我的身影。

在寒冷冬夜里挑灯夜战时，一次又一次的系统检索与数据核对以及老师们那饱含耐心的指导与叮嘱，教会了我“学无捷径而勤勉自得”。他们是良师也是益友，润物细无声，潜移默化地影响着我。无论是学习还是工作，我从瞻前顾后到游刃有余，从茫然无主到面面俱到，从单一学习到科研进取，教诲如春风，师恩胜山海。

所有的进步，得益于老师的教诲。我深知：前路遥远，漫漫其修远兮，吾当志存高远。

感谢党和国家的栽培，感谢学校与老师的引导帮助，感谢父母的默默付出……一语道不尽内心的万分感谢，唯有不断向前，以此不负众望、不负韶华，奏响青春之歌。

红梅不屈服，树树立风雪

成都工业学院◆杨清清

杨清清，女，汉族，2000年1月生，中共党员，成都工业学院经济与管理学院互联网金融专业2019级学生。获国家奖学金、国家励志奖学金、校级甲等奖学金；获第三届“智盛杯”全国大学生金融科技创新能力大赛二等奖、第七届四川省“互联网+”大学生创新创业大赛银奖、第十一届全国大学生电子商务“创新、创意及创业”挑战赛四川赛区一等奖、第五届“长风杯”全国大学生大数据分析与挖掘竞赛西南赛区二等奖等奖项；获四川省大学生综合素质A级证书，担任校团委“第二课堂”成绩单管理中心主任，获得成都市优秀学生会工作人员，校级优秀共青团干部、优秀学生干部、三好学生、校团委优秀干部等荣誉称号。

“不积跬步，无以至千里；不积小流，无以成江海。”从步入成都工业学院的那一刻起，我便告诉自己，“持之以恒”是最后一把助我打开明亮未来大门的钥匙。岁月嬗递，光阴荏苒，这是我在成都工业学院就读的第三个年头。回顾两年的大学时光，青春使我奋勇向前，坚定的进取心给了我敢为人先的勇气，“严谨、朴实、勤奋、创新”成了我成长成才最坚强的屏障，让我迈出的每一步都足够坚实有力。“红梅不屈服，树树立风雪”，德五楼旁的石碑上刻就的，是我的心。

皑皑白雪

我从小历经坎坷，但从未放弃对美好生活的向往。我出生于一个贫苦的农村家庭，在本应充满纯真的年纪尝尽人生的酸甜苦辣、悲欢离合。经历了父母离异、父亲早逝，母亲外出打工后寄人篱下的我从小日子过得就比一般孩子艰难一些。我求学之路是异常艰苦的，每天天不亮就必须出门，走上十多公里的路才能抵达学校，下午放学到家时早已天黑。小学及初中时，我作为班长热心为班级服务，学习成绩也一直名列前茅。初中毕业后，我终于可以和妈妈一起生活，也顺利考上了当地最好的高中，始终保持优异的学习成绩，一切好像都在朝着最好的方向发展。但高三时，家中却突遭变故，舅舅用妈妈的房产证抵押贷款却无力偿还而选择消失，妈妈为了还款四处借钱，工作上也是白班夜班连轴转。看着妈妈因着急和劳累在几天内长出的一缕缕白发，我在想自己是不是不该再奢求读大学。至此，我成绩一落千丈，第一次高考以失败告终。

由于母亲的坚持，我选择了复读，到一个重点高中的“火箭班”学习。在那里，我终于明白什么叫“人外有人、山外有山”。为了和大家一样优秀，这一年我付出了自己全副精力备战高考，但最终没有进入第一志愿的学校。我失落过、也彷徨过……

含苞初放

经过高考后的那个暑假，我渐渐明白与其自暴自弃、怨天尤人，不如振作起来，于是很快投入紧张又充实的大学生活中，品尝到了努力与付出换来的幸福滋味。

我深知，每一所学校都有优秀的人，都有大量的学习资源可以利用，都可以让自己变得更加优秀。过往的挫折和经历培养了我坚毅的性格，让我在大学生活中每每遇到困难，都能勇敢迎难而上。

进入大学后，我认真对待每一门课程，努力夯实自己的专业基础，课后经常和同学一起探讨学习中的疑惑，及时向老师请教自己无法理解的问题。我泡图书馆、去自习室，让学习成为我生活的常态。因此，我的成绩始终名列前茅，获得国家奖学金、国家励志奖学金、校级甲等奖学金。利用课余时间，我自学国际注册会计师的专业知识，并通过多门考试；自学 SPSS、Amos、Prism、Lingo 等数据分析软件，为今后参加各类学科竞赛打下了扎实的基础。

同时，我认为大学是人生的重要阶段，其间培养正确的人生观、价值观和世界观，提高自己的思想道德水平可以增强自己的个人魅力与实力。刚入校不久，我就向党组织递交了入党申请书，从那时起就时时刻刻以一名优秀党员的标准严格要求自己。2021 年 12 月，我成为一名光荣的中共党员，转正后在党支部担任支部委员，在学院担任党员导生。我积极参加党支部的每一次活动，获得“党建活动积极分子”称号，并且在中国共产党成立一百周年之际带领小组成员一起制作党史绘本，获得了党日活动小组第一的好成绩。为进一步提高政治思想，我还积极参加了学校组织的“青马工程”大学生骨干培训班，并取得结业证书。不仅如此，我还参加了各类大型志愿活动，累计志愿时长 200 小时以上，在每年暑假也参加了“三下乡”社会实践活动，为蒲江县、凉山彝族自治州的乡村振兴献出自己的力量。

绚丽绽放

进入大二后，我开始追求专业领域的提升和突破，逐渐绽放光芒。我积极参加各类学科竞赛以检验理论学习成果，多次作为团队主心骨，带领其他成员获得国家级奖项 3 项、省级奖项 3 项、校级奖项 12 项。最令我引以为豪的是带领团队成员参加第五届“长风杯”全国大学生大数据分析与挖掘竞赛获得了西南赛区二等奖。备赛期间，我们每天早上 8 点半准时到达实验室，晚上 10 点回到寝室，除了吃饭基本上都泡在实验室。这段日子里，我们利用有限的时间，不断调试模型、修改代码，互相学习，培养团队默契与凝聚力。这次的比赛中不乏全国各 985、211 高校的学生，但我们没有畏惧，勇敢向前，虽然遗憾止步国赛，但也取得了省赛二等奖的好成绩。正是这次稍带遗憾的胜利让我更愿意去参加未知又具有挑战性的比赛，也正是这次比赛让我发现自己与其他学校同学之间的差距，激励我在此后的学习生活中更加努力。

大二暑假，我有幸进入绿色创新工业研究院，跟随四川大学的邓玲教授完成蒲江县乡村振兴指数体系相关的项目。加入邓玲教授团队的科研经历，让我坚定了未来专业研究的方向，也验证了我对互联网金融专业的热爱。

作为党员的我也在不同的岗位上散发着自己的光和热。大二上学期，我开始担任校团委“第二课堂”成绩单管理中心主任，践行“源于同学、服务同学”的宗旨，以热心诚恳、乐观向上的工作态度认真完成每一件任务，共录入了几万条“第二课堂”成绩单数据。同时，我在专业老师的指导下成立了金融科技协会，为全院热爱金融科技的同学们搭建了一个学术交流的平台；也担任了金融科技协会第一任会长，带领协会取得了多项金融科技类比赛奖项。工作一年后我得到了老师们的高度认可，有幸成为全校获得了“成都市优秀学生会工作人员”称号的4个人之一。这一年，我还获得了校级优秀共青团干部、优秀学生干部、校团委优秀干部等称号并取得了四川省大学生A级证书、校级三好学生称号。

“路漫漫其修远兮，吾将上下而求索。”知识无止境，生活无止境，学习更无止境。在两年半的大学生活里，我不断追求，不断尝试，始终坚信“人与人之间的差距不在于智力，而在于坚持”，始终相信“一分耕耘，一分收获”，明天会因我今天的努力而变得更加美好。愿志存高远的我，在未来继续不懈追求。

热忱笃定　无问西东

四川旅游学院◆陈俊宏

陈俊宏，男，汉族，2001年4月生，共青团员，四川旅游学院外国语学院商务英语专业2019级学生。获2021年全国大学生英语辩论赛二等奖、2020年“外研社·国才杯”四川省大学生英语挑战赛阅读大赛二等奖，连续两年获校级三好学生荣誉称号，获得英语翻译三级笔译从业资格证书、剑桥商务英语高级证书、英语专业四级证书。

我始终保持着积极向上的心态，妥善处理学习和工作之间的关系，力求全面发展。作为新时代的大学生，我严格要求自己，努力提高个人素质和综合能力，立志成为一名德智体美劳全面发展的新时代青年。

思政引航，绽放信念之花

大学是人生的重要阶段，我非常注重自身的思想政治素养和道德修养，不断加强思想政治学习，不断进行自我完善，培养正确的人生观、世界观和价值观。

进入大学后，我时刻关注国内国际时事，积极参与各类人文知识研讨活动。通过聆听不同的讲座，我获取了一些以前不曾了解、不曾关注的信息，学会了理性思考，能思索自身价值所在，思索个人前途与国家发展之间的关系。在班级中我也经常帮助同学们解难答疑，并乐于分享自身经验，带动了同学之间的良性沟通与交流。

学海遨游，掌握进步之桨

大学，重在立德，也重在通识。在学习上我刻苦钻研，连续两年成绩排名年级第一，一半的必修课程达到了 90 分以上。我积极参加各项人文社科专业讲座以扩充自己的知识面，同时，自学《文化研究概论》《文学理论入门》等书籍，积极进行文化及文学研究。

高中时期，我曾在雅思考试中考取了 6.5 分的成绩，这也让我对大学阶段的专业学习更有信心。经过专业学习，我考取了通过率仅为 25% 的英语翻译三级笔译从业资格证书，获得剑桥商务英语高级证书（BEC Higher）、英语专业四级证书，为未来职业发展打下了坚实基础。

如何将学到的专业知识应用于实践，也是我努力探索的方向。在指导教师的带领下，我尝试进行科研立项。最终，我主研的校级科研项目被评为 2020 年四川旅游学院大学生科研项目“优秀项目”，相关的学术论文于 2021 年 6 月公开发表。

赛场逐梦，扬起远航之帆

我还积极参与各项赛事，在此过程中的不断探索与成长，也让我发现了自己对英语辩论的热爱。

2021 年年初，我看到中国外文局全国翻译专业资格（水平）考试项目管理中心发布的全国大学生英语辩论赛通知，初步了解赛制后，我对英国议会制辩论赛赛制充满了兴趣。作为世界上历史最悠久、参与人数最多的赛制之一，英国议会制辩论赛赛制也是世界大学生辩论冠军赛的赛制。它最吸引我的地方在于其即兴性极强，辩题在比赛现场公布，选手只有 15 分钟时间与队友进行讨论，期间不得咨询第三方人士及运用电子设备。我对世界充满好奇和期待，想知道世界是什么样，更想思考世界应该是什么样，因为无穷的远方、无数的人们，都与我有关。而辩论使我有机会站上讲坛建言献策，所以我热爱辩论。带着这样的热爱与憧憬，我代表学校参加了 2021 年全国大学生英语辩论赛，参赛队伍包括北京大学、北京外国语大学等传统辩论强队。

比赛过程中我结识了来自其他学校的参赛选手，与他们辩论交流的过程也是自我充实提高的过程。为了备赛，我每天定时阅读《经济学人》《纽约时报》等报刊，与搭档进行辩论练习，精进辩论能力。通过几个月刻苦的备赛，在与队友的共同努力下，我们获得了全国二等奖的好成绩。取得成绩的同时，我还认识了许多优秀的辩友，也更加坚定了自己的目标，希冀着未来自己能不断努力，追求进步。

实践求真，点亮热爱之光

除了积极参加竞赛之外，我也乐于发展自己的兴趣爱好。我是四川旅游学院英语辩论队队长，也是西南高校英辩大联盟项目的发起人。此项目力图结合整个西南地区英语辩论社群力量，实现资源共享，互惠共赢。目前此项目已吸引四川大学、电子科技大学、西南财经大学、四川农业大学等多所高校加入，每周定时举办校际联谊练习赛。

我还加入了《CRPG 通鉴》图书编译项目。此项目主要致力于外文图书编译和出版工作，通过对译本添加注解使其更具可读性和普适性。目前项目组已完成全书以及作者博客文章的全部翻译工作，并在国内各大知名论坛、网站连载翻译。与此同时，项目组与出版社签订了出版合同，图书预计于 2022 年年底刊印出版。

回顾自己大学已走过的路，我觉得充实且满足。学习中，我精益求精，追求卓越；竞赛场上，我努力进取，厚积薄发；社会实践活动中，我热忱笃定，无问西东。未来我也希望自己能再接再厉，继续在学业与生活上更上一层楼。习近平总书记曾说："现在，青春是用来奋斗的；将来，青春是用来回忆的。"我能很自豪地说：我拥有一个值得回忆的青春，我的青春因我的奋斗而精彩！

手执新笔，心绘前程

阿坝师范学院◆王乾龙

王乾龙，男，汉族，2000年11月生，中共预备党员，阿坝师范学院电子信息与自动化学院电气工程及其自动化专业2018级学生。获国家奖学金、国家励志奖学金、校级一等奖学金，获第七届“学创杯”全国大学生创业综合模拟大赛四川省选拔赛二等奖、阿坝州第一届“岷众动力”创新创业大赛三等奖，获四川省优秀大学毕业生、校级三好学生等荣誉称号。大学连续四年综合成绩排名专业第一，发表学术论文2篇，获批软件著作权1项、实用新型专利1项（第三作者）。

温良恭俭　止于至善

作为一名中共预备党员，我在思想上自始至终与党保持一致，坚决拥护党的领导，树立了正确的世界观、人生观、价值观，自觉遵守学校、院系以及班级的各项规章制度。同时，自觉学习党章，关注时势变化，在抗击新冠肺炎疫情中，积极响应国家号召，帮助孤寡老人，热心分发口罩等物资。

无论在哪里，我都用一名优秀大学生的标准来要求自己，积极参加网上“重走长征路”暨推动“四史”学习教育竞答活动且获得优异成绩；积极参加集体活动，有很高的集体荣誉感，广交良朋；积极参加2020年上半年全国大学生入党积极分子网络培训班和2021年下半年全国大学生发展对象网络培训班并考核合格，成为中共预备党员。

焚膏继晷　一鸣惊人

一分耕耘，一分收获。在大学这个丰富多彩且具有多重诱惑的环境里，我始终没有放松学业，无论刮风下雨都选择早起参加晨读，并不骄不躁地以图书馆为伴、实验室为侣，十分注重积累自己的专业知识、优化知识结构、培养科研思维和实践能力。一方面，我凭借刻苦钻研的学习劲头和孜孜不倦的学习态度，连续四年综合成绩排名专业第一，获得1次国家奖学金、2次国家励志奖学金、2次校级一等奖学金，且连续三年被评为校级三好学生。另一方面，课余我还会学习金融方面的知识，并获得第七届“学创杯”全国大学生创业综合模拟大赛四川省选拔赛二等奖。我在入校后表现优秀，被评为2019—2020年度阿坝师范学院“北斗七星耀阿师”之学习之星、阿坝师范学院电信学院第三届“榜样的力量”之勤学奋进榜样、阿坝师范学院2020年下半年“激情晨读”优秀晨读者。

除了理论知识的学习，我还努力提升自己的动手能力和创新创业意识，积极参加大学生创新创业竞赛并取得了阿坝州第一届“岷众动力”创新创业大赛三等奖、阿坝师范学院“线上双创大赛”一等奖、阿坝师范学院第三届“岷众动力”大学生创新创业大赛优秀奖。我报名加入学院教育信息技术中心，学习计算机相关知识，将所学融入每一次实践中，又在课堂和书本中寻求工作难题的解决之道。大学四年中，我维修的电脑不计其数，却丝毫没有落下学习的进度，恰当地平衡了学习和工作，也因此获得了教育信息技术中心“优秀协管员”的荣誉称号。

兴趣盎然　博识多通

宝剑锋从磨砺出，梅花香自苦寒来。优秀从来就不是一蹴而就的，需要长期积累。大学伊始，我有太多太多想法，努力学习是真的，锻炼自我是真的，最开始的迷茫也是真的。但我最清楚的一点是只有踏踏实实坚定向前，将自己变成更加优秀的人，才能走好漫漫人生路。

我始终认为一个人应当有健康的兴趣爱好，它能带给我们一股一股的力量，激励着我们继续一步一步坚定地走下去。在忙碌的学习生活中，篮球运动也扮演了一个非常重要的角色，是我最喜爱的课外活动之一。旺盛的精力来自健康的身体，在运动爆汗后回寝的路上，我的内心全是释怀和坦然。在我看来，打篮球的过程就是我定下目标、坚定信念并为之不懈奋斗的另一种表现。这份热爱与坚持也促使我获得了电子信息与自动化学院第一届“展望杯”篮球比赛的冠军。

我坚持全方位地充实自己，以乐观向上的态度面对生活，以锻炼学习的心态去参加各项社会实践活动。我积极参加红十字救护员培训，获得红十字救护员证，还获得了四川省优秀大学毕业生荣誉称号。面对诸多的荣誉，我想说的是“辉煌的过去是为了创造更美好的明天”。

四年美好的大学时光转瞬即逝，我在思想、学习、工作等方面都得到了充分的发展。对知识的渴望、对理想的追求、对人际关系的扩展、对思维方式的提升造就了我不断完善的专业技能和日趋成熟的思想，让我更有勇气面对未知的挑战。我的母校培养了我勤奋刻苦的学习态度、务实负责的工作作风和良好的团队意识，这些使我受益匪浅。感谢大学校园给我提供了发展自我、展示自我的平台，我会再接再厉，用自己的实际行动回报社会，为国效力！

“要成功就得奋斗，其间可能会失败，但不奋斗永远也不会成功，只要相信自己、坚持努力就能行。”这是我的人生信条，也激励我凭借坚定的信念成功地从阿坝师范学院走到四川农业大学，在2022年的考研中被四川农业大学机电学院拟录取。青春路上没有驿站，面对鲜花和掌声，我依然迈着前行的步伐，用自己的信念与努力谱写着绚丽的青春乐章。在以后的学习和工作中，我将会更加努力地提高自身的素质和修养，增强自己的综合能力，发扬优势，克服不足，砥砺奋进，做一名更优秀的新时代大学生。

在01的世界中逐梦

成都东软学院◆欧阳生林

欧阳生林，男，汉族，1999年10月生，中共党员，成都东软学院计算机与软件学院信息工程专业2018级学生。获得四川省综合素质A级证书、东软教育一等奖学金、四川省“互联网+”大学生创新创业大赛铜奖、中国大学生服务外包创新创业大赛西部区域赛企业命题类三等奖等荣誉，获校级优秀共产党员、优秀团干部、优秀学生干部等荣誉称号。授权软件著作权1项、实用新型专利1项。

前进总是一个艰苦而又快乐的过程。在收到大学录取通知书的那一刻起，我收获的不仅仅是愉悦的心情，还有几分对未来大学生活的担忧，担心自己在一个新的环境中迷失方向。于是从那一刻起，我就暗下决心，一定要在大学中找到自己的闪光点，努力追逐自己的梦想。

确立目标，不断进取

初入大学校园，总对周围的事物感到十分好奇，虽然是陌生的环境、陌生的人，却多了许多热闹新颖的社团组织、校园活动，此刻浮躁的心总想着尝试各种新鲜事物。与高中相比，我突然感受到无尽的自由和欢乐，突然想到中学老师们曾经说过的一句话：上了大学就好“玩”了。可现实真的会如此吗？

人往高处走，水往低处流。在纷繁复杂的社会当中，更需要沉淀下来做自己的事。于是，一进入大学校园，我就给自己定了第一个目标：竞选班级的团支书。竞选前我不断问自己这样几个问题：我的竞选主题围绕什么展开？我的最终目标是将班级发展成什么样子？我为什么要竞选这个职位？我能为大家做什么，大家需要我做什么？最终我找到了这几个问题共通的答案：将班级打造成为一个有温度有凝聚力的大家庭。

通过充足的准备，我成功竞选为班级团支书，从那刻起更加意识到担任团支书的责任和义务。成为团支书的意义不仅仅是约束自己，更是作为带头人带领班级不断向前。于是，我给自己定下了第二个目标：加入一个社团，开阔自己的眼界。

起初我也很犹豫，面对形形色色的社团组织，不清楚自己应该做出什么样的选择。最终是室友的一句话，让我有了明确的目标——加入学院的实验室。刚入大学时，觉得实验室对于自己是可望而不可即的地方，可我深知，一个好的学习平台对自我发展起着多么至关重要的作用。作为学生，我不甘于浑浑噩噩、没有方向地过完我的大学生活，所以便毅然决然地报名参加学院人工智能实验室的培训。“机会总是留给有准备的人”，我的努力没有白费，通过层层筛选，我成功加入了实验室。

从那以后，早上6点的实验室里总会出现我的身影。通过实验室这个平台，我学习和了解了各种专业知识，开阔视野的同时，也提升了自己的知识水平。我始终告诉自己：别人不努力是别人的事，你和别人差距很大，只有比别人加倍努力，才有可能追赶甚至超越他们。实验室自然而然成了我在学校的第二个家。

正所谓耐得住寂寞才能守得住繁华，熬得住孤独方能等到花开。不知鏖战多少个日夜，遇到了多少困难，解决了多少个难关，我和我的团队最终完成了国家级软件开发项目1项、校级软件开发项目4项，开发的项目已正常投入四川省教育厅和学院日常使用中。经过不懈努力，我获得了四川省“互联网+”大学生创新创业大赛铜奖、中国大学生服务外包创新创业大赛西部区域赛三等奖等各类学科竞赛奖项。我很荣幸，因为我们的努力让自己学院的名字与许多一流大学的名字出现在同一个获奖名单中。这些奖项荣誉是我过去努力学习最好的证明，也是鞭策我继续拼搏向前的动力。

不忘初心，砥砺前行

“凡事认真负责地完成，尽心尽力去做得更好”是我做人处事的态度。大学四年中，我担任过班级团支书、学院人工智能实验室学生负责人、学院软件开发项目组学生负责人、学院数据科学团队党支部党小组组长等职务，任职期间积极组织策划和参与各类活动。

三年多的学生干部经验是我大学期间宝贵的财富，让我受益匪浅，在我心中占据着十分重要的位置。让我记忆深刻的是中国共产党成立100周年之际，我作为数据科学团队党支部党小组组长组织党支部党员服务队“我为群众办实事”、“四史”学习等各类党支部活动。每一次活动的顺利举办，都不断加深我对于共产党员责任与义务的理解，深刻体会到我党百年艰苦历程，切身感受到中华民族伟大复兴的道路从来不是一马平川的。我通过不断学习理论知识并加以实践，增强自身的党性修养，很荣幸在学院“七一”表彰时，获得优秀共产党员称号和100周年纪念版徽章。这也促使我在之后的学习和生活中，更加牢记“全心全意为人民服务”的宗旨，不畏艰辛，敢于拼搏，甘于奉献。

不断挑战，价值发光

一个人的价值是什么？是对社会的贡献。即将面临毕业的我，怀揣崇高的理想，想要到更高的平台追求自己的梦想，所以积极报考硕士研究生，以更好地提升自己、逐梦未来。四年的拼搏，虽然让我获得奖学金、各种荣誉称号等，但我仍然坚信只有通过不断的学习，才能到达更高的层次，才能让我的视野更加开阔，才能更好地为人民服务，才能实现自己的人生目标，才能更好地践行初心和担当使命。

感恩大学四年中我遇到的每一个人、经历的每一件事，让我体会到世界的不同，让我的人生充满了更多的可能性。作为计算机大类的学生，在01的世界中逐梦是一个漫长的征程。在这段征程中，唯有坚守自己的初心，才能走向更加光明的远方。努力者，未来可期！

只争朝夕　不负韶华

四川工业科技学院◆韩春兰

韩春兰，女，汉族，1998 年 2 月生，中共预备党员，四川工业科技学院护理学院护理专业 2019 级学生。获国家奖学金、国家励志奖学金、学院二等奖学金，获学院春季运动会铅球第二名、女子 4×100 接力赛第五名，获校级优秀共青团干部、优秀学生干部、年度信息宣传先进个人、十佳心理委员、易班学生工作站先进个人、优秀易班学生骨干等荣誉称号。

奥斯特洛夫斯基说过：“生活赋予我们一种巨大的和无限高贵的礼品，这就是青春：充满着力量，充满着期待、志愿，充满着求知和斗争的志向，充满着希望、信心的青春。”是的，正因为我青春，我便更明确一个人的成功不是偶然，而是用一滴滴汗水与一次次坚持所铸造的。

博学慎思　问道求索

在踏入大学校门时，我憧憬的不是大学安逸舒适的生活，而是向往自己能够在这里学到更多、收获更多。大学的生活真的和想象中的一样，不像高中一样要依靠严苛的规则来迫使自己学习，考验的是一个人的毅力与恒心。辅导员告诉我们的就只有“坚持”，于是我开始为自己明确方向。大学的三年时间是很宝贵的，不能浪费一点一滴，我告诉自己要充实地过好每一天，并为自己定下的奋斗目标一步一步努力。今天，回望走过的路，我实现了自己想要的。未来的旅程还很漫长，我会坚持不懈地努力。

我深知大学就是现实社会的“冰山一角”，充满无数竞争，要想在这人生的小舞台上脱颖而出，就必须做到方方面面都比别人优秀，也必须时时刻刻做好吃苦的准备。我是生长在一个普通农村家庭的孩子，从小就培养起了自觉、独立、能吃苦的品性，也一直坚信“环境只能影响一个人，但不能决定一个人”。少一点怨天尤人，多一分自尊自立，通过自己的努力改变现状，这才是积极的人生态度。所以刚步入大学我就知道自己的努力方向在哪里。在大一时，图书馆成了我生活的重要组成部分。只要一没课我就去那里坐坐，看看书，有时候甚至会忘记吃饭。就像李苦禅所说“鸟欲高飞先振翅，人求上进先读书”，黄庭坚所说“一日不读书，尘生其中；两日不读书，言语乏味；三日不读书，面目可憎”，书籍对我来说亦师亦友，因为它武装着我的头脑，引领着我的思想，现如今我所收获的荣誉多半也是源于它。同时，成功就意味着失去。别的同学在看电影、聊八卦的时候，我在读书；别的同学去旅游、逛街的时候，我在读书。长久下来，我也会动摇，想要放弃最初的追求与目标，甚至在遇到一道难题冥思苦想的时候，会有些绝望与无助。但是每当这个时候，总有一个人的声音在支持着我，叫我不要放弃，要我坚持自己选择的道路，风雨之后的彩虹更加美丽。

蒲苇纫如丝　磐石无转移

在思想方面，我积极进取，与社会主义核心价值观看齐，努力成为有理想、有道德、有文化、有纪律的社会主义新人。我坚定共产主义信仰，努力向党组织靠拢，主动接受党组织的培养，按照党组织的要求按时参加各项大学生党校实践活动以及志愿服务活动。

“不经历风雨，长不成大树；不受百炼，难以成钢”“看日出必须守到拂晓”“在希望与失望的决斗中，如果你用勇气与坚决的双手紧握着，胜利必属于希望”，每每想到这些箴言，我心中一股继续奋斗的激情就又会被重新点燃。我明白，成功从来是属于希望与坚持的。功夫不负有心人，通过自己的努力，我的成绩一直名列前茅。

生命不息　奋斗不止

在大学这个人生舞台上，我也不想失去锻炼自己的机会，在大二的时候，我就积极参加了学生工作，担任护理学院团委学生会宣传部副部长，认真努力地做好每件事，完成老师布置的工作；担任班级的学习委员，积极配合老师的教学，及时反馈同学们的学习情况。我对集体的付出得到了老师和同学们的认可和赞扬，获得了优秀学生干部的荣誉称号。同时，我也积极参加学科竞赛，在与团队的合作中明白了团结协作的重要性。

积极乐观　敢于担当

当下的成功只是对自己一直以来的努力与坚持的认可，但只有让当下的成功起到自我激励的作用，才能取得未来更长久的成功。我会立足于今天，在今后的学习、工作和生活中，不断完善自己、提高自己。

“吃别人所不能吃的苦，忍别人所不能忍的气，做别人所不能做的事，就能享受别人所不能享受的一切。”这句话一直是我在大学的座右铭。对于一个人的人生来说，最美好的回忆就是在你付出努力的一个个瞬间。我一定会不断地鞭策自己，告诫自己不骄不躁，时时给自己正能量，充分发挥自己的优点，反思改正自己的缺点，以乐观向上的态度朝着目标奋斗下去，争取在激烈的竞争环境中把握自己、成就梦想。

选择远方，便风雨兼程

成都锦城学院◆游和翔

游和翔，男，汉族，1999年9月生，共青团员，成都锦城学院艺术学院视觉传达设计专业2019级学生。在校期间持续保持专业成绩第一，获国家奖学金、国家励志奖学金、校长特别奖学金；获中国好创意暨全国数字艺术设计大赛一等奖、“央美·鲁信”全国大学生美术作品大赛优秀奖、全国电子信息服务业职业技能竞赛一等奖、第五届全国应用型人才综合技能大赛三等奖、2020年“溢捷创业杯”大学生广告艺术大赛平面赛二等奖等荣誉。

启程：前行必有曙光

金秋九月，我怀着忐忑又兴奋的心情踏入大学校门。大学是可供我自由选择、让我自在翱翔的新天地，我渴望在这片天地有所作为。

初入校园，我们在辅导员老师的指导下进行了学生长板探测和评估。我认真地答完了系统中所有的题目，从大一开始便清晰地知道自己的长板优势是空间智能和数学逻辑智能。视觉传达不是小众艺术而是大众服务艺术，因此我认为设计者对信息的转化处理不能过于晦涩，练好逻辑思维能力是非常重要的。视觉传达设计是应用型的专业，我认为要想提高专业能力，则首先需要在这些熟悉的领域的基础上，选择一个细分领域深耕，作为自己未来的发展方向。这次测试让我豁然开朗，这是我的长处与优势，那就以它为指引人生的灯塔，照亮我前行的方向！

突破：在心里种一朵花，人生才不会荒芜

既然找到了自己的长处，就下定决心好好发展它，我在暑假自学建模、平面设计类软件。而课程中实际案例的学习让我更为高效地进入设计状态。入学以来，我每天坚持完成5个以上的作品，全学年课余时间在线学习、绘画、建模1000余小时，不断在练习中锻造个人长板。

在课堂中老师分享前辈们的设计作品时，我很受启发，渐渐产生了将设计跳脱于作业外的想法。在专业老师的指导下，我选择了以赛促学的跨学科方式进行深度学习。只要有参赛的机会我都会去试一试。开始时，这条路走得很艰难，熬了无数个夜做出来的方案石沉大海，渺无音讯；耗费无数心血的设计却未能获得奖项。我并不气馁，反思每一次失败的教训，向老师求教，与同学探讨，慢慢地累积了不同领域的设计经验。此外，通过比赛，我也接触到更广泛的设计思维。

我渐渐取得了一些成绩，也越来越得到同学们认可。同学们甚至开玩笑说我是视觉传达设计专业的“天花板”，只有我自己知道，我并非天才。鲁迅曾说：“哪里有天才，我只是把别人喝咖啡的工夫都用在了工作上。”通过一次次的比赛，我理解到了跨领域合作的有趣及潜力，这些经验都是影响我在做设计时尝试突破框架的重要元素之一，也间接促成了我想整合不同领域相关资源的规划。

收获：根本固者，华实必茂

从大一入校到现在，我参加了上百次的“战役”，荣获了无数的“勋章”，但最令我难忘的并不是获得全国性比赛的第一名，而是龙湖地产的“龙湖拉特芳斯”艺术设计比赛。为了这次比赛，我特意拜访了环境设计专业李奕卫老师。在老师的指导下跨专业学习了环境设计学的知识。在这次比赛中，我虽然只获得了第二名，但并不失望，因为对我来说比赛过程的意义大于结果。这次比赛开阔了我的视野，打开了我认识的新大门，让我深刻体会到跨专业比赛中深度学习的重要性。我明白了，深度学习可以加强多门学科的联系，加深自己对本专业的理解，从而实现学科间的整合与互补。

正所谓“求木之长者，必固其根本；欲流之远者，必浚其泉源”，我认为设计要融会贯通，要发挥长板优势，积极投入实践，促进自身综合能力的提升。大学期间，我创作了上千幅设计作品，获得了9项国家级奖项、58项省（市）级奖项，包括中国好创意暨全国数字艺术设计大赛一等奖、“央美·鲁信”全国大学生美术作品大赛优秀奖、全国电子信息服务业职业技能竞赛一等奖。我参与了全球权威色彩机构PANTONE（潘通）的设计项目，对五粮液、江小白、龙湖地产、闪电潮牌等知名品牌进行包装、环境、服装、外观等跨界设计。这让我成为多学科、复合型、拓展性的深度学习者，也让我拥有了对长板的热诚与巨大的力量。

展望：不必等待，追风去

在过去的学习和实践中，我逐渐意识到我们视觉传达设计专业是一个需要与其他专业进行大量深度合作的专业。如今，我才大三，希望未来通过发挥自己于空间智能上的优势，继续采用以赛促学的方式进行跨专业的深度学习，与各个专业配合，使用建模的技术打破平面的想象，用立体的空间来创造出新的视觉感受。参与比赛并得到肯定，这是视觉设计师的毕生追求，也是评估深度学习效果的最好方式。

在我看来，一个好的设计师，除了需要提升专业技能，还需保持人文情怀。2019年是中华人民共和国70周岁华诞，我参与了第五届全国应用型人才综合技能大赛并获得了三等奖，参加赛事的作品《国家荣耀》正是我为庆祝新中国成立70周年的献礼。个人的成功离不开国家的力量。我时刻谨记母校的训诫，也时刻铭记要用自身的技艺回馈社会，创造更大的价值。这是我必须去做的有意义的事情。

回顾我的大学生活，我真正做到了不因虚度年华而悔恨、不因碌碌无为而羞愧，探寻到了更多不同的思维方式和更有逻辑的做事方法，无愧于一名锦城学子应达到的标准——“做人第一，能力至上”。

迎浪而上，不留遗憾

——我勇敢点亮梦想的光

成都银杏酒店管理学院◆王群瑶

王群瑶，女，汉族，2000 年 1 月生，共青团员，成都银杏酒店管理学院信息工程管理系电子商务专业 2018 级学生。获 2020—2021 学年国家奖学金、2021 年全国高校智慧物流虚拟仿真大赛一等奖、2020 年第二届全国新零售创新创业大赛三等奖、2020 年第十一届中国大学生服务外包创新创业大赛三等奖、2020 年第二届四川省高校创新方法应用大赛二等奖、2019 年成都·全国体育舞蹈（国标舞）公开赛二等奖、2018IDSU 第七届全国运动舞蹈大赛二等奖。

时光飞逝，四年的大学生活在弹指间倏然而逝。回首走过的路，虽然没有想象中华美，却充满了温馨和欢声笑语，既谈不上什么成功，也留下了许多遗憾，但我已经满足。我向来都知道，没有什么是本来就应该属于我的，遗憾是常态，所以，失去时稍微难过一下就好。新征程，我再出发！

我始终坚定地拥护党的领导，热爱我的祖国，我的人生信仰来自党。我从党的百年奋斗历程中感悟信仰的力量，始终保持顽强意志，坚定必胜信念，做到困难前不退缩，向着目标奋勇前进！遇到挑战，我喜欢告诉自己：“不要给自己的人生设限，想做的事情要勇敢去尝试，因为过程远比结果重要。”

星光不问赶路人，时光不负有心人

我喜欢挑战，热衷于突破自我。对我来说，人生没有白走的路，我走的每一步都会起作用，所以每一步都要走在“热爱”中。我经常参加比赛，因为热爱。每一场比赛都是我追梦的过程，我始终秉持量力而行、尽力而为的态度。印象最深刻的一次比赛是 2021 年全国高校智慧物流虚拟仿真大赛，参加这个比赛是因为我喜欢这个专业。每个相关的专业课程我都会认真学习，遇到这么珍贵的比赛实践机会，当然也不会错过。一看到比赛通知，我的“比赛 DNA”就启动了，激动地邀请“老队友”报名。有趣的是，每次团队活动我都被大家定为组长，我会偷着乐，感谢大家对我的信任，但任务越艰巨时越会感到组长责任的重大。

2021 年全国高校智慧物流虚拟仿真大赛是第一届比赛，意义非凡，我们对待这次比赛也是加倍认真。比赛共有 302 支队伍参加，我校就有 11 支队伍，学校前两名才能进入总决赛！比赛采用积分制，历时两周，这意味着我们整个团队需要随时坚守在第一线，努力提高自己的积分排名。我相信，不管何时，我们团队的每一个人回想起这两周的比赛，一定都会记忆犹新。上课时，我们随身携带电脑；下课后，绝不回宿舍。一分钟上厕所，三分钟吃饭，左手拿饼儿，右手按鼠标，五分钟洗头……我们全神贯注，争分夺秒地练习，每个人都在突破自己的极限，都在为同一目标做斗争，为整个团队的进步而努力。竞争对手也在不停地追赶，第二名的队伍每小时都在变化，虽然我们连续稳居第一，危机感却推动我们更加努力！每天凌晨 2 点刷新积分，以至于半夜我们都不能松懈。队友们尽力了，我就更需要支棱起来，为了我们的团队，每天坚持到最后一刻才能心安入睡。第二天我又早早唤醒熟睡中的队友。我们不喊苦，不喊累，每天大喊口号：“加油！努力！坚持就是胜利！”这场意义非凡的比赛也成为我们宝贵的财富。

既然选择去做，那就要竭尽全力。事实证明，努力是有回报的，就像“吸引力法则”说的：你想要什么，只要你足够想，你就能得到！最后，总决赛中，我们团队以高分获得了一等奖。比赛结束的那一刻，我们觉得一切都是值得的。我们欢呼跳跃，赶紧和老师汇报喜讯，老师也感到无比喜悦和欣慰！这一次勇敢的挑战也为我的人生经历画上了浓墨重彩的一笔。我很喜欢这句话：“要努力，但不要着急，繁花锦簇、硕果累累都需要过程。”

大学期间，我勤奋好学，坚持认真学习专业课并配合专业老师完成科研项目等。这些让我明白，这个世界没有白费的努力；也许有人会辜负你，但汗水不会，你学到的东西，或许不会带来直接的财富，但会成为你的思想，和你融为一体；多学到一项技能，就多一份直面世界的底气。尽管踏实下来，何时抵达只是时间问题。

梦想也许会迟到，但从不会缺席

我接受自己的普通，然后拼尽全力去与众不同。在我的成长过程中，我深藏心底的微光，相信有坚持的地方就有无限的荣光。我喜欢跳舞，从记事起就有个舞蹈梦，但现实总是不会让你轻易实现梦想。记得，高考后我对大学最美好的期待就是参加社团，希望能够有机会去学习舞蹈。为了圆我的舞蹈梦，我加入了拉丁社团，学得非常快，身体条件也非常适合这个舞种。老师学姐还经常夸赞我，让我第一次体会到舞蹈带来的自信。之后，我更加刻苦练习，练习到没时间吃饭。我担任队长后还尝试自己编舞，并带领队友练习、参加比赛。我从没想过会站在全国性比赛的舞台上，没有紧张，反而很兴奋，为自己感到自豪，因为这是我第一次实现了以前看似遥不可及的梦想，这也许就是逐梦成功！梦想不会发光，会发光的是勇敢追逐梦想的我们，只要有一股不服输的劲头，勇敢坚持，总会有一个高光时刻属于自己，记住“那些灰头土脸的日子皆是来日逆风翻盘的序章”。

在我勇敢追逐梦想的过程中，也时刻提醒自己，人和人从来都是没有可比性的，坚定走自己的路，尽力而为，热爱生活，顺其自然。生逢盛世，我庆幸生活在这个大美时代，感恩祖国为万千学子创造良好的学习环境。我将继续怀着感恩之心砥砺前行迈向人生的新台阶。一滴水懂得渗入大地，滋润生命；一支蜡烛懂得燃烧自己，照亮他人；人生路上，我也会尽自己最大努力，传递爱心，回报社会，建设祖国。希望自己初心不改，真切地热爱所做的事情，永远热忱地期待明天，敢于折腾，不留遗憾。

心向远方自明朗

电子科技大学成都学院◆孔维建

孔维建，男，汉族，1999 年 7 月生，共青团员，电子科技大学成都学院工学院机械设计制造及其自动化专业 2018 级学生。获国家奖学金 2 次、四川省大学生综合素质 A 级证书，被评为四川省优秀毕业生；获全国大学生机器人大赛中部赛区“工攀岛取弹”单项赛二等奖等省级以上奖项 10 余项；授权发明专利 1 项、实用新型专利 2 项、外观专利 2 项，发表论文 1 篇。

“放弃不难，但坚持很酷。”这是我一直恪守的座右铭。不知不觉，我已经度过了三年大学时光。时光流转，四季变换，不变的是我的坚持，坚持我所喜爱的，坚持努力，努力变得更加优秀，努力地奔赴自己的梦想。

树立目标，是为了更好的远方

还记得大一刚入学时，辅导员就让我们把自己的大学目标写下来，四年之后再来看看自己目标的实现情况。“通过英语四六级考试、获得国家奖学金、发表一篇论文、拿到驾照……”除了这些在同学里重复较多的目标，我清楚地记得自己写过这么一条：“成为机器人队队长，拥有自己的机器人队。”其实我在大学入学之前就已经对全国大学生机器人大赛有了初步认识。每当看着比赛直播里参赛队伍上台领奖时，我就想：如果我也有属于自己的机器人队该多好，我要带着我的队友们去

“大杀四方”。

学校里有一面荣誉墙，每次经过荣誉墙，看着学长学姐们的优秀事迹，我心中都会暗自下决心：我要以他们为榜样，成为像他们一样优秀的人。

因为热爱，所以选择了坚持

“你为什么选择机械专业呀？”

“因为热爱！”

“你为什么加入机器人队啊？”

“因为热爱！”

正是因为热爱，我才会对每一个机械零件如此感兴趣，从各个参数计算到强度校核再到加工成形。正是因为热爱，我才会选择热衷于研究机器人图纸，不断学习、改进和创新。

我大一便加入了学校机器人队，在认真学好专业知识的同时不断努力研究机器人，学习和机器人设计有关的知识，借鉴往届学长学姐的宝贵经验。刚开始我负责团队的工程机器人的设计，由于经验不足，工程机器人上岛机构始终不能实现上岛的功能。在我想要放弃的时候“老队长”鼓励了我，我继续分析问题、改结构、检验合理性……就这样经过两周的不懈努力，我们终于将月球车上岛机构由图纸变为实物，并取得了全国大学生机器人大赛中部赛区“工攀岛取弹”单项赛二等奖。

凭借大一的努力，我大二成功当选机器人队队长。我们机器人队队员在经过长达7个多月的努力后，代表学校获得了第十九届全国大学生机器人大赛ROBOMASTER 2020机甲大师对抗赛哨兵机器人组二等奖等国家级奖项7项。大三时，我也完成了自己大学生涯中最后一个机器人的改进和出图工作。

“我这里有一个项目，你们谁有意向？”我们机器人队的指导老师问道。“我，我，我，我有意向。”就这样，我成了“涵道智能飞行器”项目的机械负责人之一。项目中期，我正在进行飞行器导流片的设计工作，但经过了半个月的设计，导流片还是没有达到预期效果，这让我萌发了放弃的念头。有一天我向指导老师问出了心底的疑惑：“我真的适合做机械吗？”指导老师只是说了一句话：“坚持自己的本心。”是啊，坚持自己的本心，我的本心不就是为我所热爱的东西全力以赴吗？此后，我重整旗鼓，一个零件接着一个零件地优化，一个方案接着一个方案地改进。功夫不负有心人，我们的项目成功被授权了一项国家发明专利“一种智能涵道无人机”、一项实用新型专利“一种无轴电机”以及一项外观专利。此外，我又以第一发明人的身份申请了实用新型专利以及外观专利各一项，同时以第一作者的身份在《中国科技信息》发表了自己的第一篇论文。当得知我们的专利申请成功以及我的论文被录用时，我真真切切地体验到了研究和创新的乐趣。

机械专业是一门考验耐心和细心的专业，在任职机器人队队长期间，我常和负责机械的队员这样说：“从钻的每一个孔做起，从锯的每一根铝管做起，从设计的每一个零件做起，做到足够细心、足够精确、足够‘机械’。”

我也常被问起关于我留长发的问题，好些人都觉得我是学艺术的。我想说的是：机械何尝不是一种艺术呢？学机械的何尝不是学艺术的呢？手中的螺丝刀和扳手就是我们的画笔，一个个帅气的机器人就是我们的艺术作品。

赋予温柔，你得到的便是温柔本身

“哥哥”，这是我在 2018 年 10 月以一个志愿者的身份参加完“照顾自闭症儿童活动”即将离开时一个小朋友对我说的，声音纯净温柔。这简短而且不是很清晰的两个字，宛如清晨清脆的铃铛声敲动了我的心灵。每一个自闭症儿童都像那天上的星星一样闪烁却又遥远，生活在自己的世界里。你只有温柔地走进他们的内心，他们才会慢慢地向你敞开怀抱。

“加油，加油”，这是我在 2019 东风日产成都马拉松当志愿者时说得最多的话。大赛当天，我被安排到半程的一个指路点，当参赛队员跑过来的时候，我就张开双臂，一直喊着“加油”，他们经过我的时候也会和我击掌喊“加油”。他们的这句“加油”不仅是在鼓励他们自己，同时也在激励我。

“你本无意穿堂风，偏偏孤倨引山洪”，你本意以穿堂风一般来去匆匆不留下任何东西，但是偏偏使得我心里如小鹿一样蹦蹦跳跳到处乱撞，爱意如山洪般涌现。此“爱意”非彼“爱意”。每个人都会遇到不同的人，有的能陪你走完一段路，有的只是擦肩而过，不管是谁，都请你温柔以待，用真心去拥抱，你得到的总会是温柔。

机会只留给有准备的人

“宝剑锋从磨砺出，梅花香自苦寒来”，成功永远只属于那些有准备的人。大学期间，我从始至终都注重学习成绩的提高，平时上课都争着坐在第一排，积极抢答课堂问题，遇到自己不能理解的知识点会积极向老师请教，以至于每一个任课老师都对我有很深的印象。课余时间，我会在自习室完成课程作业、复习以及预习，周末的时候也会整天泡在图书馆阅读专业相关的书。利用空闲时间提高自己的学习成绩，这就是我的准备。通过这些准备，本科期间我的专业排名一直位于年级前十，获得了连续两个学年获得国家奖学金，还获得了四川省大学生综合素质A级证书、四川省优秀毕业生、校十佳青年、校杰出学生等荣誉。

大学四年里，我一直都在准备着，因为我相信机会只留给那些有准备的人。在2022年全国硕士研究生入学考试中，我取得了令自己满意的成绩，最终被重庆大学录取。现在站在学校的那面荣誉墙前，想到了大一刚入学的自己以学长学姐为榜样，现在自己也成为被人学习的榜样，我的心里有了很大的满足感。但是我也深刻地明白，这些远远不够，自己还需要更加努力，继续坚持，继续保持热爱，以一个更好的姿态去奔赴我的梦想。

每个人都是浩瀚宇宙中的一颗星，只有通过不断地奋斗和努力才能成为众多星中那一颗最为璀璨的明星。

天道酬勤，地道酬善

成都理工大学工程技术学院◆汪雪

汪雪，女，汉族，2001年9月生，中共预备党员，成都理工大学工程技术学院管理系工商管理专业2019级学生。获中国大学生营销创意创业大赛营销创意奖银奖、综合奖铜奖，第四届四川省大学生营销策划大赛二等奖，第五届四川省大学生营销策划大赛三等奖；获校级优秀学生、优秀团员等荣誉称号。

作为新时代的青年大学生，我在学习中勤奋踏实、刻苦钻研，连续两年学习成绩位列专业第一；学习之余积极参加营销策划比赛、“创新、创意及创业”比赛、营销创意创业大赛等，在学以致用的过程中不断增长课外专业知识；工作生活中兢兢业业、满腔热忱，积极参加学院的迎新志愿活动、党日活动，在疫情期间协助村委会完成防疫志愿服务工作……不以回报为出发点，谨以初心与使命负重前行！

勤——一分耕耘，一分收获

“采庶子之春华，忘家丞之秋实”“春种一粒粟，秋收万颗子”，这些都诉说着一个朴素的道理——“一分耕耘，一分收获”。世界是公平的，会善待那些脚踏实地的人，所以我一直告诫自己：“世上无难事，只怕有心人。脚踏实地地生活，一步一脚印，终会有所收获。”

作为新时代的大学生，我们的本职工作就是学习，“剑虽利，不厉不断；材虽美，不学不高。”想要实现“穷则独善其身，达则兼济天下”，学习过程中就得踏实认真，让自己的人生富有价值。入读成都理工大学工程技术学院以来，我恪守自己作为学生的本分，认真学习、态度端正。进入大学后我深刻体会到大学学习与中学学习的差异，中学时是在老师、家长的督促下学习，大学时则完完全全靠自己自觉、自主学习。我暗下决心，四年的大学时光里绝不能随波逐流，将自己的大学生活过得索然无味，而是要让自己迈出的每一步都更坚实一点。

我做的第一件事便是成为一名好学生，平日里认真学习每一门专业课，课堂上认真听老师的讲解学习书本上的理论知识，课后通过网络等平台拓展自己的专业知识。此外，我还积极参加相关的专业竞赛，将自己所学的专业知识运用到比赛中，同时也在比赛中检验自己学习的效果。我参加营销策划大赛，在沙盘板块中应用市场营销、运营管理等理论知识模拟企业经营，在撰写营销策划板块中与“用友”企业工作人员接触，切实地立足于企业“用友云服务”的宣传进行策划撰写；参加“创新、创意及创业”大赛，以学生的角度发现电子商务的创业机遇，以“校园兼职”为主题进行创业计划书撰写，在与小组成员的思维碰撞中挖掘出团队创业计划书的创意点。在参加大学生营销创意创业大赛时，还实现了管理系与艺术设计系的跨专业合作，我作为工商管理系的学生，充分运用所学的推销实务及营销学知识高质量完成营销与策划工作，甚至利用节假日摆上小摊进行真实的销售体验；艺术设计系的小组成员也应用专业所学，绘制出精美的海报、漫画等产品形象展示图。整个比赛过程中，大家分工合作、集思广益、并肩作战，最终拿下营销创意奖银奖、综合奖铜奖……就这样，我在“学以致用，用以促学”的竞赛过程中不断学习与进步，更是在一次次竞赛中感受到团队协作力量与分工合作的重要性。在每一学年结束拿到成绩单的那一刻，我都会深刻感受到自己在学习方面的付出有了回报。我很高兴自己能拿到各种竞赛的奖项，并通过竞赛掌握到更多的专业知识，还能取得专业排名第一的成绩。看着那些硕果，我更加坚定自己的做法——不停付出时间与精力，不断丰富自己的专业储备。我想在毕业那一天蓦然回首时定能看到自己的学习之种开花、结果……

善——赠人玫瑰，手留余香

作为新时代的青年，仅是做好自己的学生本职工作是远远不够的，所以我做的第二件事便是积极向党组织靠拢。我提交入党申请书，全面地了解党的思想、方针与政策，武装自己的头脑，以在历史进程中发挥作用，实现自己的人生价值。

2020 年，我国遭遇新冠肺炎疫情，在这场看不见敌人、没有硝烟的战役中，站出来了一群美丽的“逆行者”，在人心惶惶之际喊出了一句“共产党员先上”。这话语给了人民群众莫大的力量，支持大家勇往直前、共渡难关。也正是这句话让我更加坚定自己向党组织靠拢、为更多人做出奉献的决心。迄今为止，我的志愿服务时长累计 50.5 小时。虽说被记录下的志愿时长很短，但我坚定踏实做人、认真做事的信念，只愿不负自己作为党组织一员的担当与使命。疫情形势严峻时，我跟着大哥哥走街串巷，协助村委会完成防疫工作，向每家每户宣传防疫知识，让村民们有信心、明形势。我们深入群众中，既讲清了病毒的传播性和危害性，又宣传了国家的好政策、好做法，稳定大家情绪的同时，呼吁大家积极加入战“疫”行动。在新生入学日，我积极参加学院迎新志愿活动，穿上学院特有的黄色衣服，成为被大家所熟知的“小黄人”，为每一位初来乍到的学弟学妹排忧解难；漫步校园的沫若湖旁，我会拾起不小心被遗留在垃圾桶旁的快递塑料袋；走在校园东门马路上，我会挪开滞留在道路上易绊倒行人的石块……在大家看来这些事情微不足道，但我想说的是:“勿以善小而不为。”在紧张的氛围下向不知所措的村民们宣传防疫知识，至少能让他们稍微获得一些安心与踏实，至少能让他们以正确的方式参与战“疫”；给予身边的同学与朋友力所能及的帮助或是正能量的影响，他们会回以最温暖的笑容与真挚的感谢。这种“赠人玫瑰之手，经久犹有余香”的快乐是难以言喻的，这种快乐也是我帮助他人的不竭动力。

实——立足当下，展望未来

大学校园里学习与生活的时光即将走向尾声，我希望当自己走出校园步入社会时，为我庆贺的是自己辛勤劳作所收获的丰硕果实。路漫漫其修远兮，唯有立足当下上下求索，才有可能触及我们的梦想。如果不脚踏实地地走向目的地，那再简单的目标都只是水中月和镜中花。东野圭吾曾说："没有脚踏实地建立起来的东西，就无法形成精神和物质上的支持。"大学四年说短亦长，说长亦短，只有好好把握自己的大学生活，脚踏实地地耕耘，毕业后才会感慨收获，不留遗憾。

当然，我们的付出可能在短时间内无法开花结果，但不要对自己的付出有所怀疑，要坚信它与收获是成正比的。如果收获得少，我们不能怀疑自己，怀疑世界不公，要加大耕耘的力度；如果收获得多，也不能沉醉在别人的掌声与鲜花中，要调整心态，赶赴下一场耕耘中！选择了播种，就要持之以恒地耕耘下去，"天道酬勤，地道酬善"，我们的耕耘一定会迎来丰收，耕耘的过程也一定会获得宜人的景色。

愿我们每一个怀揣着梦想并且为梦想付出的人都能获得"一分耕耘，一分收获"的喜悦，能在"赠人玫瑰，手留余香"的过程中补充能量，能在当下的辛勤劳作中找到自我，并在不久的未来收获满满，实现自我。

越努力，越幸运

成都理工大学工程技术学院◆高丹

高丹，女，汉族，1996年4月生，中共党员，成都理工大学工程技术学院经济系国际经济与贸易专业2018级学生。获四川省大学生综合素质A级证书、国家奖学金、国家励志奖学金、校级学年二等奖学金，获第六届“东方财富杯”全国大学生金融精英挑战赛一等奖、第七届“东方财富杯”全国大学生金融精英挑战赛二等奖、第十六届四川省“挑战杯”大学生课外学术科技作品竞赛二等奖、2020“新道杯”四川高校数智化人才邀请赛二等奖、第二届“工行杯”大学生模拟求职招聘大赛四川赛区决赛本科组优秀奖及川西区域赛本科组二等奖；获校级优秀学生、优秀学生干部、优秀团员、军训优秀学员等荣誉称号。

大学四年的时光一晃而过，于我而言，这四年的历练为我的成长历程添上了浓墨重彩的一笔。我庆幸的是自己在前进的路途上未曾放弃，就算有过迷茫，也拨尽了周遭的繁冗，始终保持初心，最终走向了属于自己的繁花之路。

进入大学后，我认识到这一阶段的“努力学习”已不再像高中的“涂鸦式”学习那般，要非常明晰这些问题的答案，如“我是什么样的人？我想要什么？我能做什么？有什么东西支撑我？”然后制订适合自己的计划，使自己更接近目标。

宝剑锋从磨砺出，梅花香自苦寒来

我们是生在红旗下、沐浴着党的雨露的一代人。第一学期，我便向党组织提交了入党申请书，争做有志有为的新青年，不负时代，不负韶华。在不断努力下，我通过了党组织的考验，在建党100周年之际成为一名中共党员。

作为班级的班长、学工办老师的助理以及新生班主任助理，有时我也感到力不从心，也有迷茫的时候。这时我会去上一次舞蹈课，或是吃一顿美食，或是和朋友逛街，此后便尽力调整好自己的心态，更好地平衡工作、学习及比赛。在一次次的失败和打击后，我总结经验，处理事情更加果断坚定，面对突发情况能及时提出最优方案，能在大家面对难题时为大家出谋划策。现在的我处理每件事情都游刃有余，并能获得良好的结果，这展现的不仅是我的能力，更是我付出的努力和汗水。

书山有路勤为径，学海无涯苦作舟

大学阶段需要进行成人式的学习。在这场比赛中，我们从老师手里接过学习的接力棒成为领跑者，可以抢道，可以减速，却绝不能在起跑线上等待老师牵着自己跑，只有自主自立地学习，才能取得好成绩。

对于前进道路上遇到的阻碍与困难，我尽量保持冷静，沉着、理智地寻找解决方法，并非不停地抱怨与哀叹。在其他人还沉溺于享受大学这个新环境带来的自由新奇时，我已规划好自己的每一步，并且沉稳踏实地往前走去，不断增加自己的知识储备，找寻对自己有用的书籍进行研读探索。

我就读的虽然是文科类的专业，但也少不了学数学。国际经济与贸易专业自大一起便开设了微积分、线性代数、概率论等课程。对于文科生的我来说，这无疑是一个棘手的难题。大一学微积分时，我一开始只抱着不挂科的态度，转折发生在一堂阴天的课上。那天，我的任课老师在提问后将目光落在我的身上，而我也刚好回答得上这个问题。这一个目光在我往后的学习生涯中起到了很大的作用，让我打起十分的精神对待每一门课程。自那以后，我更加积极地回答问题，老师们也越来越信任我，给予了我一个又一个鼓励或坚定的眼神。在弱项上有的放矢，走出艰难的第一步，就能坚定地迈出第二步。我在大一的微积分课程中取得了92分的成绩。

在之后的线性代数等课程中，我不仅自己学得好，还能给室友和班上的其他同学开展课后辅导。回想起半夜 11 点还有同学拿着作业本来寝室找我问问题时，我便充满了满满的成就感及幸福感。我为大家对我的肯定而开心，也为身在这种学习氛围浓厚的班级而开心。大学里，即使工作繁重，我也一直保持专业第一的学习成绩及综合测评成绩。

纸上得来终觉浅，绝知此事要躬行

除去日复一日地学习，我还积极参加各种课外活动及知识竞赛。从一开始的经验积累，到后来在各项比赛中取得良好成绩，背后是不懈努力与坚持到底。我从不因为失败而放弃，而是在失败中发现不足、反思自我、解决问题，也因此不断获得成长，在之后的比赛中荣获佳绩。我于竞赛中获得的奖项颇多，从校级到省级再到国家级，每一项都代表着我的辛勤付出。

在第二届“工行杯”大学生模拟求职招聘大赛中，我同来自四川各高校的学子同场竞技，从校赛到川西区域赛再到省赛，并最终获得省赛 19 强。一路走来，我不仅结识到了更多优秀的同学，还对自己的未来有了更清晰的规划。正是因为提前明确了自己的道路，相较于现在许多焦头烂额、担心未来的毕业生，我可以按照自己的安排更有条不紊地前进。

在第十六届四川省“挑战杯”大学生课外学术科技作品竞赛中，我带领团队到西昌对“西电东送”工程中的雅中项目进行实地调研，看到施工现场的艰苦环境以及工作者们不屈的意志、坚韧不拔的精神，深受感动。我们撰写的调研报告《破难关、除艰辛、党建 + 引领大工程建设》有幸获得二等奖。项目工作者的不畏艰苦不断激励着我，我会努力成为同他们一样优秀的、有所作为的党员。

路漫漫其修远兮，吾将上下而求索

漫漫人生道路，我只走了一小部分，回头看自己留下的足迹，发现这段并不算平坦的历程给了我很多启示：人就是要在困难中不断磨炼，才能逐渐成熟，找到自我的位置；荣誉好比圆形跑道，既是终点，又是起点；人生就如逆水行舟，不进则退。

在即将毕业的 2022 年，我想送出三个美好的祝福，一个送给亲人，一个送给老师，一个送给身边的朋友们。因为你们的陪伴，我学会了选择，学会了承受，学会了勇敢。家永远是我可以卸下疲惫的避风港，感谢爸妈和哥哥姐姐在下雨时为我撑起雨伞，在我睡觉时掖紧我的被角，在我伤心时拭去我眼角的泪花，在我出门时给我细细叮咛，在我迷失时为我指引方向，在我遭受挫折时给予我力量；感谢我遇到的每一位老师，给我无限温暖，让我犹如从朔风凛冽的户外来到冬日雪夜的炉边；感谢身边的所有朋友，感谢你们陪我走过风雨，感谢你们于我无助时给予的鼓励、孤独时给予的陪伴。

也许有的人想要选择平淡又波澜不惊的一生，但我只想怀揣热爱启程，奔赴下一场山海。也许前路漫漫，但我不会望而却步或中途易辙，只道骐骥一跃、继往开来。这便是我坚定的信念。

心之所向，素履以往

四川工商学院◆陈心悦

陈心悦，女，汉族，2001 年 6 月生，中共党员，四川工商学院经济管理学院人力资源管理专业 2019 级学生。获国家奖学金、第十一届全国大学生电子商务“创新、创意及创业”挑战赛四川赛区一等奖、第七届四川省“互联网 +”大学生创新创业大赛铜奖、第十六届四川省“挑战杯”大学生课外学术科技作品竞赛三等奖、第五届“青春创客”系列活动四川赛区优秀奖、成都市郫都区 2020 年返乡下乡创业大赛三等奖、2020 战马大学生营销大赛眉山赛区亚军、四川工商学院广发证券大学生微创业行动决赛金奖，荣获校级优秀共产党员、优秀学生干部、优秀共青团员、暑期社会实践先进个人等荣誉称号。创业项目获得国家级大学生创新创业训练计划项目立项。

《钢铁是怎样炼成的》中的保尔 · 柯察金曾说过：“人的一生应当这样度过：当回忆往事的时候，他不会因为虚度年华而悔恨，也不会因为碌碌无为而羞愧。”当踏入四川工商学院校门的那一刻起，我就暗自发誓：我的大学生活一定要充满阳光，一定要丰富多彩；我一定要学有所成，不能虚度光阴，不能浪费青春时光。因为我坚信，只有努力奋斗过的大学生活才是完美的，只要坚定信念，不断努力向前，总有一天会乘风破浪，到达理想的彼岸。

不忘初心，方得始终

“初心”是什么？是孔子“居之不倦，行之以忠”的为政之道，是包拯“清心为治本，直道是身谋”的为官箴言，是毛泽东“埋骨何须桑梓地，人生无处不青山”的豪情壮志，是周恩来“为中华之崛起而读书”的宏大力量，当然也是我“路漫漫其修远兮，吾将上下而求索”的坚定信仰。时有所需，必有所为；国有所需，我必前行。

2019 年 9 月，带着希望与嘱托，怀揣着梦想，我进入了理想的大学——四川工商学院。我深知大学是一个新起点，一定要有所作为，珍惜时光，不忘初心。作为新时代的大学生，我们要志存高远、坚定理想信念，承担自己应尽的责任。2020 年新冠肺炎疫情暴发，我以自己独特的方式抗疫，组织了 2000 余人“以文创助力战‘疫’，以设计温暖人心”，同时与创新创业工作室伙伴结合武汉的樱花和成都的熊猫两种元素设计推出了“樱熊”杯垫，以三苏文化为底蕴设计出了“徽常感谢”徽章，致敬最美志愿者。

笨鸟先飞，天道酬勤

世事有难有易，世人资质天成。有许多事并非人人力所能及，但勤奋却是人人可为，没有比别人聪明那就比别人更努力！我认为只要不认输必将“逆袭”，知道自己所走的每一步路都是算数的，自己的努力不会被辜负。在图书馆门口搓手取暖等待开馆的身影，凌晨三点宿舍楼下保安叔叔的亲切问候，修改了上万字的活动策划书、创业计划书，整整齐齐的一沓沓笔记习题都是我大学生活里最难忘的印记。凭借刻苦钻研的学习劲头和孜孜不倦的学习态度，我确实实现了不断“逆袭”，多门专业课获学院最高分，学习成绩和综合素质测评均名列前茅。

勇敢探索，执着拼搏

探索者勇攀高峰，执着者勇往直前。作为科研爱好者，我努力追求创新，于 2019 年参与组建大学生创新创业团队，被四川省妇联授牌“春蕾绽放——女大学生创业工作室”。项目的发展离不开团队成员们的艰辛付出，我们利用两年暑假的时间前往北川进行调研，累计奔走600多公里、实地走访时长300多个小时、问卷收集60多天、撰写项目策划书30多个昼夜，最终完成了国家级大学生创新创业训练计划项目立项。该项目获得了第十一届全国大学生电子商务“创新、创意及创业”挑战赛四川赛区一等奖、第七届四川省“互联网+”大学生创新创业大赛铜奖、第十六届四川省“挑战杯”大学生课外学术科技作品竞赛三等奖、第五届“青春创客”系列活动四川赛区优秀奖、成都市郫都区2020年返乡下乡创业大赛三等奖等。几张薄薄的奖状承载了我两年多的辛苦付出，至今我仍然记得现场答辩时的动人心弦。与省内其他985、211院校同台竞技压力的确不小，但我仍决定迈出那勇敢的一步，在答辩中展示我们的项目，有条不紊地应对评委们的提问。虽然只有短短的五分钟，却是我们两年多的积累与沉淀。有句话是这么说的：“不要总去羡慕别人的一路坦途，因为你没有看到别人起步时的困难。”是的，在这个世界上，哪有那么多“开挂”的人生，那些所谓的成功，不过是厚积薄发的结果。

躬身实践，不负韶华

天行健，君子以自强不息；地势坤，君子以厚德载物。作为学生干部，我兢兢业业，追求完美。2019年至今，我担任班级班长一职，连续两年被评为校级“优秀学生干部”，带领班级荣获“优秀班集体”的称号。同时，我也积极发挥模范带头作用，在班级组织成立学习小组，鼓励同学之间相互帮助、优势互补；时刻铭记一名学生党员的责任，积极为学校为社会做出应有的贡献，彰显党员担当。

一语不能践，万卷徒空虚。作为躬身实践者，我努力做到脚踏实地，积极投身社会实践与志愿服务活动。义务献血、社区服务、关心留守儿童、关爱空巢老人等都是我的实践经历。因积极参与志愿服务，我受到了成都团市委的邀请，参加了四川省青年创意集市、“天府创女”系列活动、第十四届欧洽会，与国内外优秀企业深度洽谈10余次。我连续两年参加大学生暑期“三下乡”社会实践活动，于2021年获得了学校暑期社会实践活动优秀成果奖。2021年，我组建的“青弦雅韵”志愿服务队被认定为校级重点团队。作为团队负责人，我与指导老师、团队成员一起于2021年暑期前往北川羌族自治县进行调研，随后完成了羌绣产业发展现状调研报告的撰写。非常荣幸的是，在实践项目答辩完成后，我获得了“暑期社会实践先进个人”的荣誉称号，“青弦雅韵”志愿服务队也被学校评为“暑期社会实践优秀团队”，此次实践经历被搜狐新闻、网易新闻、凤凰新闻等多家媒体报道。

“海阔凭鱼跃，天高任鸟飞。”我辈躬逢盛世，当学高身正，修己明德，立可为之志，行可为之事，做有为青年。

予人以光，不惧黑暗

作为当代大学生，我用自身所学反哺家乡。我深知学习的目的不是摆脱贫困的家乡，而是帮助家乡摆脱贫困。为此，我在学习之余，积极助力乡村振兴。我曾多次前往北川羌族自治县调研，联合行业专家编制了《羌绣图案手册》和《基本技法指导手册》，并通过抖音直播开展羌绣技艺教学，目前已与北川多家合作社签订了战略合作协议书，与数位绣娘签订了灵活居家保障就业合作协议书。2021年依托云珍羌绣专业合作社挂牌成立了非遗乡村振兴工作坊和非遗展示传习所。目前，线下培训人数达2000余人，直接带动就业300多人，间接带动就业8000余人，帮助特殊群体、困难户22户。

“要成功就得奋斗，要奋斗可能会有失败，但不奋斗永远也不会成功，相信自己努力就能行。”这是我的人生信条，青春路上没有驿站，面对鲜花和掌声，仍然要继续迈出前进的步伐！

习近平总书记说：“人的一生只有一次青春。现在，青春是用来奋斗的；将来，青春是用来回忆的。”所有的荣誉对我而言都是激励自己前进的动力，我不会就此满足，更不会故步自封，在以后的学习和工作中会更加努力地提高自身素质和综合能力，克服缺点和不足，不断开拓创新，将日后的每一天都当做新的起点，争取更大的自我超越，不负一生只有一次的青春。

莫问前程　但行好事

四川外国语大学成都学院◆乔泷泷

乔泷泷，女，汉族，2000年4月生，中共党员，四川外国语大学成都学院国际商学院会展经济与管理专业2018级学生。获国家奖学金，连续三年获校级优秀学生奖学金；获全国高校商业精英挑战赛会展文案（应急预案）创作大赛二等奖、第十届“远华杯”全国大学生会展创意大赛会展营销策划本科组二等奖、“杭博杯”第三届中国会展院校大学生辩论赛三等奖、第五届全国高校商务英语知识竞赛本科组二等奖；获得四川省优秀毕业生，校级三好学生、优秀共青团干部、军训优秀学员等荣誉称号。曾在上海国际建材展、APEC阿迪达斯成都订货会等展会中担任翻译志愿者，在品牌农业发展国际研讨会中担任科特迪瓦驻华大使Kouadio随行翻译；两次服务于江苏省无锡市梁溪区新冠肺炎疫情防控应急指挥部，身处抗疫一线。

于理想信仰中探索

四年的大学时光里，我没有涅槃重生，没有逆风翻盘，没有高开低走。那些曲折崎岖的逐梦故事我都未曾经历。是的，从踏进校园开始，我的人生好像就被好运笼罩着。我做好每一项工作，听取所有衷心的建议，灵活运用专业知识，带着自己的小团队在各大比赛、活动中崭露头角。面对成功我思考如何做得更好，面对失败会不甘心，再下苦功弥补缺漏。

我没有多么荣耀的事迹，只是一个为了梦想一步一步向前走的再平凡不过的女大学生。我的梦想是那句听起来让人很难相信的口号：做对他人、对社会有用的人。我的平淡故事就是围绕这句口号发生的。

高中团委的工作让我感受到了“心中有信仰，脚下有力量”的真实内涵，自那时开始我便坚定了入党的信念。作为团委的宣传委员，我做好每一次宣传工作，制订各年级详细的每月党团知识学习计划，积极向党组织靠拢。上大学之后，我不仅紧抓专业课学习连续三年获得优秀学生奖学金；还担任班级团支书切实为同学们服务；担任院团总支学生会组织部部长，积极完成学校团委交办的工作，为全院广大团员青年服务。终于，我于2019年12月12日成为一名中共预备党员。那一天的感受，我此生难忘。作为学院2018级唯一的学生党员，我倍感光荣，但也深知自己的责任与使命，当时便暗暗下决心要在以后的工作、学习、生活中保持更高的热情，持续发挥党员的模范带头作用。

于沉浸体验中感受

在学院，我积极配合书记、辅导员的各项工作。每年高数考试之前，我都会帮身边的同学进行一对一辅导；凭借还不错的英语基础，经常跟同学们分享英语四六级考试的经验；多次受CMA机构负责人邀请，跟学弟学妹们进行大学生活规划和学习经验的分享。同时，我也努力做好师生间的“桥梁”，努力做好各项后勤服务工作，定时深入同学们的生活，及时发现、解决问题；平时，乐于和同学们沟通，帮助大家排忧解难，并及时向老师反映同学们的困惑。也因此，同学们经常会说：“有问题就找乔泷泷。”

作为一名会展经济与管理专业的大学生，我对专业学习有着极高的热情。在深入学习之后，我愈发注重专业知识和实践的结合。2020年5月我作为队长带领团队参加了全国高校商业精英挑战赛会展文案（应急预案）创作大赛。这是我第一次正式参加文案书写类的比赛。凭借出色的文案写作能力与前瞻性的后疫情时代会展业发展企划，我们的《会展活动公共卫生事件应急管理预案》最终获得了总决赛二等奖。

2020 年 9 月我参加了“杭博杯”第三届中国会展院校大学生辩论赛，作为队内的创意领袖，我负责总体设计思路和大致方向的确定，紧跟当下“国潮”的风向标，策划出了 2021“杭州国潮产业文化博览会”。此项目获得“杭博杯”第三届中国会展院校大学生辩论赛三等奖。

2021 年 6 月，我们团队又参加了在全国会展专业大学生中非常有影响力的“远华杯”全国大学生会展创意大赛，我们的项目“‘苛性苏打’校园马拉松——摇滚专场”获得了第十届“远华杯”全国大学生会展创意大赛会展营销策划本科组二等奖。我紧抓机会寻找赞助商让项目落地，第一届四川外国语大学成都学院“校园摇滚马拉松”得以开展。我们提前两周进行线上线下宣传。我注重对项目实施细节的把握，提前做好了多种应急预案。比赛当天，虽下起了雨，但我们早已准备好雨衣，配上摇滚乐队的助阵，项目反响热烈。此项目也在学院的会展设计大赛中获得了优秀组织策划奖。

在几次会展专业的全国性比赛中，我充分运用自己的组织策划能力，将创意落地，全方位地提升自己，对这片“蓝海”有了更深刻的认识和构想。

于多元视角中收获

各类比赛和活动从未浇灭我对于专业综合知识学习的热情。从高中时期碰到数学题就头疼不已到学习高数的顺风顺水，这是我上课积极思考、课后苦心钻研的成果。每学期期末，我都会在图书馆驻扎，温习各科的重要知识点，也让我的专业平均分一直保持在 88 分以上，位列专业前 2 名，综合测评排名也从最初的第 7 名稳步上升，三学年平均绩点 3.91。因此，我获得了 2018—2019 学年优秀学生一等奖学金、2019 年“金明经管奖学金”、2019—2020 学年优秀学生二等奖学金、2020—2021 学年优秀学生二等奖学金，连续三年获得三好学生称号。我学习的脚步永远不会停下。

于触摸世界中成长

2020 年初，新冠肺炎疫情暴发，我家所在的江苏省无锡市梁溪区的人民政府连夜紧急组建梁溪区新冠肺炎疫情防控应急指挥部办公室。看到指挥部组建的消息后，党员的使命感驱使我立刻报名参加疫情防控工作。我所在的团队是一支由梁溪区各主要部门负责人临时抽调人员组成的队伍，每天高强度地工作。汇总人员信息，安排全区各部门工作，与市里其他区指挥部协调等都是我们团队的工作。因为拥有良好的语言文字能力，经过几天的学习之后，我快速上手，开始负责书写每日的区政府工作报告。一天超过 12 小时的工作，让我切实感受到一线工作的紧张感和重要性。

2021 年 7 月，南京疫情又起，无锡市离南京市不到 180 千米，乘坐高铁 1 小时即可到达。看着禄口机场每日新增确诊病例人数，我再次申请回到梁溪区新冠肺炎疫情防控应急指挥部办公室，负责公文和政府每日工作报告的草拟工作。我每天需要书写 4 种完全不同口径的报告，向指挥部领导和区领导进行口述，完成材料审核。幸运的是，因为无锡市疫情管控工作十分到位，很快又进入了常态化疫情防控阶段，我也有更多时间去思考创新模式，协同指挥部公众号运营科长，录制无锡市疫情防控App使用引导小视频，组织拍摄政府工作视频，得到了指挥部领导、区领导的认可。两次服务于江苏省无锡市梁溪区新冠肺炎疫情防控应急指挥部，与全区人民共克时艰，我看到了政府工作的力量，感受到了一个切实为人民服务的政府的重要性。我深刻地体会到了“中国共产党始终代表最广大人民的根本利益”的意义，明白了一名中国共产党党员所必须秉持的拼搏奉献、廉洁奉公的高尚品质。作为一名大学生党员，我更应在学生团体中发挥自己的模范先锋作用，敢为人先，勇往直前。

经过三轮中英文面试，我终于成为大运会的一名储备骨干志愿者。在 2019 年 10 月到 2021 年 7 月我参加第 31 届世界大学生夏季运动会骨干志愿者培训，并通过考核被选为大运会礼仪接待组骨干志愿者，能够在未来的大运会中献出自己的一份志愿力量。

工作实践是对专业知识学习效果的最好检验，而我在班级、团学、社会实践等工作中都有所收获。我责任心强且乐于团队合作，在团队中一般扮演规划管理者的身份，组织管理能力不断得以提升。我对于细节的把控越来越成熟，善于思考和反思的优点也在工作当中得到体现。善于创新、不拘泥于已有的方式方法、高效是我的工作特点，领导、老师们对我的评价经常是“我在的队伍总是最有团魂的”“非常细致”。

大学生活中，学校的领导、老师和同学都给予了我极大的帮助。学校、学院为我提供了良好的发展平台。在学院党支部工作学习时，党支部的老师一次又一次地为我提供参加党史演讲、党课分享比赛的机会，我的党性修养不断提升。学院老师们扎实的学科素养引导我在专业学习的道路上越走越稳健。每一次参与全国性比赛在创意和思路上遇到问题时，老师们总是第一时间帮助我们解决，为我们尽力创造最好的竞赛环境，我们才有可能心无杂念地专注于比赛项目。

删除过去的任何一个瞬间，我都无法成为今天的自己。这四年中，没有学校、学院为我提供的优质平台和一次又一次的实践机会，我不会成长得如此迅速。我获得的每一项荣誉的背后都是学校、学院、老师、朋友的无限支持。在此，我想对他们表达自己最真挚的感谢。

我会带着大学四年收获的所有经验、教训，一直向前，发挥一名大学生党员的能动性，在未来的工作岗位上尽自己最大的努力，为人民服务，为社会献出一份自己的平凡力量。

青春逢盛世，奋斗正当时

西南财经大学天府学院◆何易函

何易函，女，汉族，2000 年 8 月生，中共党员，西南财经大学天府学院智能科技学院计算机科学与技术专业 2019 级学生。获 2020—2021 学年国家奖学金，4 次校级甲等奖学金；获第三届“中青杯”全国大学生数学建模竞赛优秀奖、第七届四川省“互联网 +”大学生创新创业大赛铜奖、第十一届全国大学生电子商务“创新、创意及创业”挑战赛四川赛区二等奖、首届四川省中华职业教育创新创业大赛三等奖、四川省大学生艺术展演三等奖；获批国家级大学生创新创业训练计划项目 1 项；获校级优秀学生干部、优秀大学生等荣誉称号。

“大学如大海，海纳百川包容你的个性，又毫不留情吞噬你的存在感。”前者，指大学的多样性，后者，则指个人的定位。如果再让我回到大一，我会怎样度过大学时光？我想，我依然会如现在这般——执着，拼搏。

强思想，正品行，找目标

刚步入大学之时，还未完全褪去懵懂与无知的我憧憬着美好的大学生活，虽然未对人生有过多规划，但最想实现的愿望便是加入中国共产党。

出生于普通家庭的我，自幼受到军人爷爷的熏陶。每每闲谈时，他总是与我聊起年轻那会儿的军旅生活。我也因此越发想要成为一名军人，保家卫国，服务人民，挥洒青春热血。但随着年龄的增长，我才明白并不是人人都能成为一名优秀的解放军。无法参军的我，便想通过另一种方式投入祖国的建设中。从此，加入中国共产党这个优秀的组织就成了我的目标。

自入学以来，我积极向党组织递交入党申请书。当老师询问我为什么要加入中国共产党时，“想要带领人民群众做有价值的事”便是我的回答。两年的考察培养期，我不断强化理论学习，保持思想的先进性，累计参与教师党课 18 次，学生研讨会、党小组会 40 余次。在 2021 年度党员推优民主评议中，我被评为优秀党员，同时两次获得校级“团校培训优秀学员”的荣誉称号。

理论学习离不开实践指导。建党百年之际，我积极参与党史文化系列活动，通过演讲、朗诵等形式回顾党的光辉历程，获得了西南财经大学天府学院“讲好党的故事”暨庆祝中国共产党成立 100 周年主题教育晚会一等奖、“青春心向党，奋斗新征程”演讲比赛二等奖。2021 年，作为学生党员代表，我到绵阳市飞龙山红色文化教育基地学习，从百年党史中学习历史经验，从先锋事迹中感悟红色精神。同时，作为学校代表，我参加了绵阳市学习贯彻党的十九届五中全会和省委十一届八次全会精神宣讲报告会，更加系统地学习到了国家的未来发展战略，明白了青年一代的使命与责任，也明确了个人目标——成为一名高素质综合型人才。

学知识，读世界，获优秀

学习是学生的根本，是全面发展的前提。在学习上，我保持专业综合成绩年级前 2%，顺利通过英语四级考试，获得 4 次校级甲等奖学金、1 次校级优秀大学生荣誉称号。大一时，我主动加入学校甲骨文俱乐部，拓展专业知识，积极参加各类专业大赛，提高个人技能。在第一次参加的专业类比赛——全国高效绿色计算创新大赛中虽然最终未获得华为云认证，但我了解并学习到更为前沿的技术，从此开启了自己的竞赛之路。初生牛犊不怕虎，从未接触过数学建模的我，和同学一起组建团队，与 1 万多支队伍进行激烈角逐，最终获得“中青杯”全国大学生数学建模竞赛优秀奖。奖项虽小，却也给予了我莫大的鼓励。

但学习终究不是一帆风顺的，深耕专业的我也曾遭遇瓶颈。在多次参加全国大学生计算机设计大赛但颗粒无收后，我在和老师、同学的沟通中审视自己，发现不足，弥补不足。我直面困难，重整旗鼓，利用零碎时间解决课堂难题，提高专业技能，并结合课程内容设计了旅游管理系统和房屋租赁系统。与团队共同设计开发的结合 3D 打印技术的早教类应用程序获批国家级大学生创新创业训练计划项目。目前，我也正朝着发表论文和申请专利的目标不断奋进。

拓视野，提能力，勇创新

大学的学习不能只停留在书本上，更重要的是如何运用所学知识进行创新。社会的发展也要求科技创新能力成为高素质人才的核心和灵魂。当我第一次知道创新创业类比赛时，便斗志昂扬地报名参加了，可在参加了数次比赛都未得到名次后，开始自我怀疑："我究竟想要什么？""我想要成为什么样的人？"

鹿遇险，方知急速奔跑，人亦如此。在几次比赛失败后，我意识到比结果更重要的是自己在比赛过程中收获了多少，成长了多少。至此，我和团队成员汲取经验，不断了解国家政策走向、关注社会问题，结合专业知识设计智能产品。最终我们的作品"萌宝优创"，获得全国大学生电子商务"创新、创意及创业"挑战赛四川赛区二等奖。经过团队的不断打磨，我们的项目又在四川省"互联网 +"大学生创新创业比赛中获得铜奖。同时，我带领团队完成的项目"赤焰——学生智能体测领航者"也获得了首届四川省中华职业教育创新创业大赛三等奖。一次又一次的竞赛获得认可让我逐渐重回正轨，重拾信心。

在其位，谋其职，尽其责

我也积极投身于学生工作，曾任学院团总支组织部部长，现任班级团支书，累计组织开展"四史在天府""三会两制一课"等 80 余次团内活动，完成学院团籍档案整理、团费收缴等工作并协助学院组织开展迎新晚会等特色活动。在职期间，我以"在其位，谋其职，尽其责"为工作理念，做好学院、班级的思想建设和组织建设。通过努力，我两次被评为校级优秀学生干部，并助力班级获得我校唯一一个 2020—2021 学年全国高校"活力团支部"的荣誉称号。

重实践，有作为，展风貌

在校期间，我响应国家号召，做到五育并举，累计参与各项活动 262 次，获得省级荣誉 1 项、市级荣誉 1 项、校级荣誉 10 项；同时，积极投入志愿服务，截至目前，累计志愿服务时长 425 小时，获得校级“优秀志愿者”荣誉称号。

校内理论知识的学习，促使我更想通过行动去践行初心和使命。在政府和学校的支持下，我参加了“逐梦计划”大学生社会实践活动和“返家乡”社会实践活动，分别到市团委、公安局以及社区参与基层工作。也正是这几次机会，让我切身感受到了基层防疫的重要性、基层人员的责任以及“我是党员我先上”这七个字的含义，也更直观地了解到群众的需求。虽然见习的时光很短暂，却也为我的人生增添了一笔别样的光彩。而当下，我也想通过“三下乡”社会实践活动走进偏远地区，去看看那里的人文风光，去听听那里的故事，去贡献自己的一分力量。

这几年，我的成长离不开学校、老师和同学们的帮助，在此向各方致以诚挚的感谢。我认为国家奖学金不仅仅代表一份荣誉，更重要的是让我通过评选认识自己、了解自己、激励自己、提升自己，从而为学校、家乡、社会贡献自己的力量。

青春逢盛世，奋斗正当时！把握今天，自强不息，奋斗不止。

梦想照亮前方，奋进正当其时

四川幼儿师范高等专科学校◆蒲华容

蒲华容，女，汉族，1998 年 8 月生，中共预备党员，四川幼儿师范高等专科学校学前教育一系学前教育专业 2019 级学生。获国家奖学金、国家励志奖学金、四川省大学生综合素质 A 级证书，获 2020 年度全国百强职院校园媒体学生负责人、绵阳市三好学生等荣誉称号。

周四，学校开展 2019—2020 年度国家奖学金评比演讲比赛暨候选学生优秀事迹展示活动，中午 12 点结束。

终于，紧握着的手机屏幕亮起："妹妹……"

心提到嗓子眼，我期待着："怎么了，迪姐？"

"祝贺你！实至名归！"

在确信是我获此殊荣的那一刻，我的脑海里不由得浮现出大一刚进校的场景。

人生新起点，自信与目标被现实击溃

从小学到中学，我一直在乡镇和县城读书，刚来到大学时，发现自己与同学之间存在很大差距，开始有一些失落。渐渐地，迷茫、焦虑、自卑让我倍感煎熬，我感觉自己一直在焦虑中止步不前。但我不甘心这样，于是，做了充分的准备去参与学生会招新活动，想提升自己的综合能力。我报名了学生会的 5 个部门。面试时，我微笑着和学姐学长流畅地交谈，面试完了心里美滋滋，告诉自己"表现挺好，肯定能加入学生会”。晚上，同学们陆续收到学生会的短信入选通知，而我似乎陷入无尽的期盼，最终，我没有收到一条信息。初来乍到就受到这莫大的打击让我有些接受不了，我一遍遍问自己“为什么没有部门选我”，判定自己永远不可能优秀了。我把床帘拉上，尽量小声地啜泣以释放悲伤，不愿打扰他人。室友晚上回来说：“不就是学生会落选吗？多大点事儿，值得哭这么久……”她们的不理解更刺伤了我，我一直哭到凌晨才睡着。

平衡心态，重拾信心，迈出第一步

后来听说学校大学生记者团在纳新，我鼓足勇气去报名。经过层层选拔，我成为融媒中心的一员。但说实话，我不懂融媒体，关于这方面的知识很匮乏，很担心做不好工作。刚开始，我总是问自己“我连电脑都没有，能做好这个工作吗”，又自我安慰“没事的，可以借电脑用，不会可以学习”。我焦头烂额地花费了一整天时间尝试做出了第一篇公众号推文，但内容一言难尽。做好后，我忐忑不安地发给学姐，学姐回复“等会我们去用老师办公室的电脑吧，具体讨论一下怎么修改”。我很惭愧，清楚自己的第一篇推文几乎是学姐重新写的，但是她很暖心地署了我的名字。我看到自己的名字出现在学校官微，感觉很神奇，赶紧截图发朋友圈与大家分享喜悦。我想，以后一定要做得更好！后来，慢慢地，我也就适应了融媒中心的工作。此后，面对工作中的问题与苦难，我首先是找方法，其次是“不会可以学习”。

半途而废，忆及初心，步入正轨

每次因工作中的问题向他人请教时，我都尴尬且自责：“别人肯定都会，可我确实不会呀……怎么办，我问这些……学姐会不会生气？”纠结之后我又下定决心：“问吧，给自己学习的机会，不问永远不知道！”

此后，我把指导老师和学姐教的知识、自己工作中的错误、同伴的经验等详细记在备忘录里，做事前看看备忘录，提醒自己“相同的错误一定不能犯第二次”。我慢慢地成长起来，做推文越来越熟练，完成部门工作越来越顺利，萌生出竞选团长的想法，但是后来遇到疫情，人变得懒散，想放弃竞选。听学姐说“记者团一般6月份要换届，可以一试”，我问自己“当初为什么进入记者团”，终于明白想做的事不能半途而废。于是，我决定先尝试去竞选融媒中心主任一职，没想到，竞选成功了！观看竞选演讲的成员发消息给我，“感觉你好优秀”“回答问题很快，思路清晰”“一看准备就很充分，我就知道是你”……我看到同伴们的肯定，倍感欣慰，付出终有收获，值得！

学生干部实习期满，当看到指导老师公布的“学校第七届大学生记者团融媒中心主任蒲华容同时担任大学生记者团副团长”的信息时，我又是一阵心慌，怀疑自己能不能胜任。但是很快，我想起一句话，“种一棵树最好的时间是十年前，其次是现在”。于是，我开始又一次挑战自我，重新出发！

守正笃实，久久为功

担任融媒中心主任后，我主要负责管理学校官微、官博、抖音等10余个平台，带领团队配合做好学校宣传工作。我多次组织同学参与拍摄、录制、推送学校的毕业生晚会、双选会、迎新活动等；和成员积极参与“四川教育发布”发起的“高校光盘行动”、团队活动“传承先辈精神 汲取精神力量——四川幼专大学生走进红色基地庆祝建党100周年活动”等。2021年3月22日—6月30日，中国青年网组织开展“奋斗与成长”大学班级创意微文征集活动，面向广大高校学生征集以“奋斗与成长”为主题的微信文章。我带领融媒中心成员3天创作了18篇推文。作为融媒中心主任，我主要负责修改审核这18篇推文并及时投稿。功夫不负有心人，后来，我们学校获得优秀组织奖，学前教育二系31906班获得二等奖，幼儿发展与健康管理2002班获得三等奖，2名辅导员获“优秀辅导员”称号、2名学生干部获得“优秀班干部”称号。当听到获奖信息那一刻，我的喜悦和自豪涌上心头，更加坚定了自己的信心，“相信自己，拼尽全力”！

在我任职期间，学校官微发布了300余篇推文，官博发布近10000条博文。《中国青年报》发布的全国职业院校微信公众号综合影响力排行百强榜周榜和月榜，学校官微共上榜16次，并且多次排名四川第一，最好成绩是周榜位列全国第18名。我带领的融媒中心获得学校优秀学生团队，我所在的大学生记者团获得2020年度全国百强校媒。2021年2月，我和团队成员共同开展的“川柚融媒”创新创业项目顺利结题，并发表相关论文。

我为学校宣传工作尽了绵薄之力，也为团队获取荣誉而努力过，同时自己也受益良多，褪去了一身胆怯和稚嫩，实现了成长。

感恩过往，展望未来，积极人生，全力以赴

一分耕耘，一分收获，入学以来，我荣获了国家励志奖学金、四川省大学生综合素质 A 级证书、绵阳市三好学生等荣誉。荣誉是对我付出的努力的肯定，更是对我今后奋发向上的动力，激励我不断地努力拼搏、完善自我。回想已经过去的奋斗时光，我遇到过各种困难，见过不同的人，一路披荆斩棘，总有些许辛酸、些许感慨。我的内心充满感恩，感谢国家好政策引领我奔跑在人生路上，家里人都说“好孩子遇上了好时代、好社会”。我的成长离不开学校、老师、同学给我的关爱和帮助，衷心感谢大家。

“雄关漫道真如铁，而今迈步从头越”，我不能一直停留在昨日的光辉里，会戒骄戒躁，沉着理性，把光辉化作不竭的动力，坚定地投身幼教行业，力争有更出色的成绩和表现，以回报社会、父母、老师！

慎终如始，则无败事

川北幼儿师范高等专科学校◆黄杰

黄杰，男，汉族，2000年12月生，共青团员，川北幼儿师范高等专科学校体育系2019级学生。获国家奖学金、国家励志奖学金、校级一等奖学金，获校级三好学生称号、优秀裁判员称号，在建党100周年三笔字书写竞赛中荣获三等奖。

天道酬勤，笨鸟先飞

刚踏进大学校园的时候，我和大多数同学一样，脱离了老师和家长督促学习的模式，为大学的自主学习和自由生活感到新奇的同时，又因学习的知识和学习方式与中学截然不同，而感到无所适从，憧憬未来却对究竟会走向何方感到无比迷茫，也曾躺在寝室靠游戏蹉跎着时光。“我究竟该做什么？该如何做？该从何处做起？”成了我无法回答的问题。

然而幸运的是，专业课老师详细的讲解让我对所学专业有了些许期待与向往；辅导员的班会指导、个别谈心，学长学姐们的经验交流，让我深切感受到自己不能就这样混日子。我开始懂得，大学是一段需要不断努力、不懈探索的求学之旅，要想有所收获就必须先走出迷茫，如果没有别人聪明那就得比别人更努力，“笨鸟”亦能高飞。

没有一个冬天不可逾越，没有一个春天不会来临，随着目标越来越清晰，我逐渐走出迷茫，开始奋斗。我为自己制订了长期计划和短期计划，并且一丝不苟地去完成。岁月不居，时节如流，三年来，我没有荒废任何一个晚自习，虽然有时也倍感枯燥、乏味，但“天道酬勤”的信念让我坚持了下来。这种感觉是我高中时期从未经历过的。最终，我连续两年获得学校一等奖学金和三好学生荣誉称号。

立鸿鹄志，做奋斗者

“做人如果没有梦想，跟咸鱼有什么分别。”高中时期的我就像光滑蚌壳中需要被反复打磨的那一颗沙粒，是班里“不安分”的存在，是老师和同学眼中的“调皮捣蛋鬼”。糟糕的分数和不思进取的学习态度，让高考失利成为我注定的结局。现在回想起来，那时的自己确实是一条没有梦想的“咸鱼”。

升入大学，脱离了自己曾经的舒适圈，看到了更广阔的天空，遇到了更多优秀的人，深觉自己渺小的同时，我渐渐找到了自己的方向，想用实际行动去证明自己。于是，顺利通过专升本考试便成了我梦寐以求的事情。

“世上无难事，只要肯攀登。”经过不断学习以巩固专业知识，我不仅顺利通过了教师资格证考试，还获得了普通话水平二级甲等证书。上课时，为确保听课效率，我会坐在第一排认真听讲做好笔记、汲取知识；课后，不断总结归纳整理知识点，在大脑里形成思维导图，以拓展自己的思维；此外，还注重拓宽自己的专业知识面，优化专业知识结构，培养全面思考的能力。因此，三年来，我的学业及综合成绩均保持在专业第一，同时我还获得了学校第七届田径运动会“优秀裁判员”称号。

“黄沙百战穿金甲，不破楼兰终不还”，熬过长夜，便能见到黎明，落尽寒梅，便能期盼新春。在未来的日子里，我会一直带着一颗求学的心保持前进，活到老，学到老。

心之所向，素履以往

“凡心所向，素履以往，生如逆旅，一苇以航。”我将这句话当做激励自己的座右铭。对于我来说，大学阶段是提升自我的训练营，是我人生中最美好的时光，也是我造梦的工厂。相比高中庸碌、懒惰的日常，我更喜欢在大学度过的充实的每一天。在生活中，我坦诚乐观，勤俭朴素，与同学相处融洽，对师长有着发自内心的尊重。在期末复习的时候，我也很乐意为班里的同学答疑解惑，我们相互勉励，共同成长。学习之余，我还热爱书法，并在学校建党 100 周年三笔字书写竞赛中荣获三等奖。

我不向往“躺平自由”，我向往的“自由”是通过勤奋和努力获取选择更自由的人生。我认为，这样的“自由”才是珍贵而有价值的。在实习期间，我以最好的态度对待工作，认真完成上级布置的任务，积极主动地帮助同事，努力发挥自己的特长，对不懂的地方就马上向同事们请教。当得到肯定时，我有一种不同于在校园获得各项荣誉的成就感。在外实习也让我学习到了在学校内不能学习到的东西，我的视野也更加开阔。

我始终坚信勤能补拙，只有通过自己不断的努力与顽强拼搏，才能战胜安于停留在半山腰的人群，最终到达山顶，成为自己梦想中的人，绽放璀璨的光芒。

教诲如风，师恩似海

“读书不觉已春深，一寸光阴一寸金。”三年大学时光似弹指一挥间，我已站在大学生活的尾声，百感交集地回首三年的大学校园生活。从刚入校时的失落和迷茫，到现在即将面临专升本考试或走上工作岗位的从容和坦然，有渴望、有追求、有成功亦有失败，那一幕幕仿佛发生在昨日。

我将永远记得，曾经因为专业成绩的不理想，我意志消沉了好长一段时间，辅导员找到我，与我聊了很久，帮助我走了出来。我们像朋友一样无话不谈，她毫无保留地跟我分享了她的人生经历，为我解答学业和生活中的困惑。我想“师者，传道授业解惑也”不外如是。时至今日，我仍然记得那天她说：“未来会怎样，要用力走下去才知道。”对，反正路还长，天总会亮。这句话也让我走出低落，成为更好的自己。回顾大学的成长之路，处处都有老师们陪伴包容的身影，教诲如风，师恩似海。他们促使我孜孜不倦地挑战自我、充实自我，为实现人生的价值打下坚实的基础。我会一直铭记老师们的悉心指导和教诲。

勤耕不辍，精业笃行

川南幼儿师范高等专科学校◆林亚军

林亚军，女，汉族，2000年6月生，共青团员，川南幼儿师范高等专科学校学前教育二系2017级学生。获国家奖学金，中国电信奖学金·飞Young奖，校级一等奖学金、三等奖学金；获“智汇巴蜀”成渝地区双城经济圈第二届“工行杯”大学生模拟求职招聘大赛成渝地区总决赛三等奖、四川赛区二等奖、川南赛区一等奖；获四川省大学生综合素质A级证书，四川省优秀大学毕业生，校级优秀毕业生、优秀共青团干部、2021年校年度人物等荣誉。让百名幼儿参与中央电视台少儿频道的节目录制，被央视少儿频道评为“优秀指导老师”。

尽其职，胜其任

“艰辛知人生，实践长才干。”作为一名学生干部，我认真负责，兢兢业业，待人和善，用合理高效的方式和方法认真完成各项工作；作为一名入党积极分子，面临学习和工作的双重压力，我以身作则，严格要求自己，从来没有放弃过。

课余，我奔波于办公室与图书馆之间，在校期间策划组织活动百余场，从活动策划、实施到总结，从活动方案设计到人员安排，事事亲力亲为。作为校学生会主席，我分管学校的23个社团，在学生会里一直默默地工作着，用自己的亲和力感染着身边的人，被学校评选为“身边的榜样”。我坚信，一个人能力再强也只是沧海一粟，唯有投入集体中才能实现更高的价值。作为学前教育二系2017级7班的班长，我与同学们相处十分融洽，为了班级的荣誉不懈努力，营造出了良好的学习氛围，带领同学们积极开展丰富多彩的团日活动、文艺活动。因此，班级多次获得学校、系的表扬，成为老师们口中“热情似火的班集体”。

党树新风千载美，国施善政万年春

作为一名当代大学生，我时刻关注国家方针政策，了解国家有关思想道德建设的最新要求，进行个人思想道德水平的提升。2019年，我带领学生从参演四川省青少儿春晚到参演北京电视台少儿春晚，再到参加中央电视台各大节目的演出、比赛，还曾带领学生与国际钢琴大师朗朗同台演出。小时候，我渴望拥有自己的一方舞台，长大后，只愿我的学生们能站在属于自己的舞台。这一份初心，使我在大学期间就已让千余名学生实现了勇敢站上自己热爱的舞台展现自己、表达自己的愿望。在深得孩子喜爱的同时，我也赢得了学生家长的高度认可。对我来说，最幸福的时刻莫过于孩子们叫我一声“铃铛老师”。

2020年初，国家正处于抗击新冠肺炎疫情的关键时期，作为一名入党积极分子，我毫不犹豫地投入防疫工作中，主动联系当地的一家医院申请加入抗疫志愿服务工作。近一年间，我的志愿服务时长已达500余小时，因为志愿工作中的勤勤恳恳，我获得了医院领导的一致好评。

2021年正值旺夏，本着“走进社会、服务社会、奉献社会”的宗旨，我加入了“心梦圆”大学生公益支教志愿服务组织并担任课程组组长，前往南充市仪陇县支教。我不畏烈日炎炎，不畏艰难险阻，为当地儿童送去了甘霖、播撒了阳光。此次活动受到了当地政府的高度重视，也受到了校领导和群众的一致好评。看着学生家长们脸上浮现的感激的笑容，看着离别时孩子们依依不舍的目光和脸庞上挂满的泪珠，我深深地感动着。那时，我深刻地体会到了解社会、关爱弱势群体是青年学子责无旁贷的重任。

工欲善其事，必先利其器

在我眼中，教育是一个特别的行业。我深知局限于对书本知识的学习是远远不够的，多年来始终坚持“从思考中确立自我，从学习中寻求真理，从独立中体验自主，从计划中把握时间，从交流中锻炼表达，从交友中品味成熟，从实践中赢得价值，从兴趣中攫取快乐，从追求中获得力量”。开拓进取，刻苦钻研早已是身上的坚毅品质，在校间，我还认真学习马克思主义、毛泽东思想、邓小平理论、“三个代表”重要思想、科学发展观和习近平新时代中国特色社会主义思想，同时注重理论联系实际。我的学习成绩始终保持在年级前 2%，综合素质测评为班级第一。从 2019 年至今，我撰写教案 400 余篇，发表教育类论文 2 篇，同时利用课余时间考取了教师资格证、蒙台梭利教师资格证、中国舞蹈家协会高级教师资格证、中国关心下一代工作委员会中国舞 1—10 级教师资格证、四川省音乐家协会钢琴 6 级证书、普通话水平二级甲等证书等专业技能证书，并荣获国家奖学金、中国电信奖学金·飞 Young 奖、校级一等奖学金、校级三等奖学金、智慧巴蜀·成渝地区双层经济圈第二届“工行杯”大学生模拟求职招聘大赛四川赛区二等奖、四川省大学生综合素质 A 级证书，被评为四川省优秀大学毕业生、校级优秀毕业生、2021 年校年度人物。在我看来，获得这一切，无非是为早日成为一名优秀的教育工作者而做的准备。这一路虽苦了一些，但我非常庆幸这一路上还有自己的奋斗与坚持。

“我相信一万小时定律，且从来不相信天上掉馅饼的灵感和坐等的成就。”这是我的人生信条。我也确实做到了用坚定的信念与努力诠释“天道酬勤、厚德载物”。前行的路总是会有阻力的，但我始终相信，凭着努力与顽强拼搏，在今后的人生道路上，我定会成为闪闪发光的人。

眼中有星河，肩上有梦想

成都航空职业技术学院◆何语墨

何语墨，女，回族，2000年10月生，中共预备党员，成都航空职业技术学院民航运输学院空中乘务专业2019级学生。获国家奖学金、国家励志奖学金、四川省大学生综合素质A级证书；被授予四川省五四青年学生榜样，校级三好学生、学习标兵等荣誉称号。

我是“张三李四”，是芸芸众生中的平凡之人

还记得我在三年前给自己设定的目标——“顺利毕业”，怎么也想不到三年后的我成为国家奖学金和国家励志奖学金获得者，成为四川省五四青年学生榜样，成为成都航空职业技术学院有史以来唯一一名连续两届进入“成航学生好人榜”的学生，成为学习标兵、三好学生、学院职业素质养成最高分纪录保持者……

在成长的过程中，我一直都在努力与“不可能”做斗争，发现了原来没有什么是“不可能”的。在无数次被“不看好”和“否定”时，我都从未选择退缩，而是披荆斩棘、勇往直前，哪怕失败也不曾偃旗息鼓。因为我相信，在遇见困难时，只要不轻言放弃，就算最后没有结果，也会在过程中收获许多。

谁都想不到，能使一个平凡得不能再平凡的女孩有如此巨大“反转”的，仅仅是一个学分。

在大学中，“第二课堂”文化素质学分的重要程度不亚于专业课。刚上大一的

我还处于每天为文化素质学分发愁的阶段，有一天班级群里突然发了一条通知：“参加‘成航学生好人榜’的同学可以获得一个文化素质学分。”胆小的我为了挣那一个学分，鼓起勇气报名参加了征集活动。当时，我怎么也想不到自己会因为这么一个小小的抉择，从此走上一条与预想完全相反的道路。倘若能回到三年前，我一定要抱抱当时站在演讲台下握着话筒瑟瑟发抖的18岁的自己，告诉她：不必自卑，不必害怕，你能做得很好，未来的你可以站在演讲台上面对几百人侃侃而谈、坦然自若。

很多人劝说我放弃，说获奖的希望很渺茫，我也不是没想过放弃，好在辅导员的一路陪伴和存在于骨子里的倔强让我坚持了下来。我至今还记得那天因为紧张而紧紧握着话筒又微微发抖的手，还有讲到最后哽咽落泪的狼狈。从站在演讲台上的那一刻，我忘记了最初想要的那一个学分，也忘记了“争一口气”的倔强，取而代之的是一种释然，还有一丝激动与兴奋，心中的小火苗像是被添上了一把干柴，“砰”地燃烧起来，火焰蹿到几米高。

哪怕后来已经忘记当初为什么哽着一口气撑到了最后，但是我永远记得那个奖杯真的很大很沉。走出报告厅的时候，我说了一句：“原来平凡也可以发光。”

很多人都说过程和结果同样重要，但倘若拼尽全力，哪怕世界上有那么多不如人意的事情，最终留下的也只有没能和殊荣并称的遗憾了吧。如今回想起来，我仍旧会感叹当时破釜沉舟的勇气，那股力量一直推着我走了很远的路，直到我遇到挫折之后又寻觅到新的力量。

青年科普作家赵序茅在《毕业致谢：我从来不曾优秀过》中所写的坎坷的求学之路和永不放弃的精神给了我很大的鼓舞。我一直都知晓自己的平凡，谈不上聪明，唯有勤奋得以弥补。我从来不曾优秀过，也从来不曾放弃过！

我是中共党员，是冲在前方的无名战士

在递交入党申请书、被发展为入党积极分子、被发展为预备党员之前，我分别问了自己三个问题：

1. 我为什么要递交这份申请书？

2. 我为什么想入党？

3. 我未来该怎么做？

调动起曾经的记忆，惊觉这三个问题最终都指向同一个答案——我想为自己最热爱的这片广袤土地做点什么。

我6岁成为一名少先队员，15岁成为一名共青团员，17岁成为一名青年志愿者，19岁成为一名入党积极分子，20岁成为一名中共预备党员。这14年过去，我从一个“小豆丁”成长为一个“顶天立地”的青年人，我的理想始终未变，渴望为家国付出的信念永远坚定。

我做过春节期间的铁路志愿者，做过马拉松比赛的志愿者，做过社区服务志愿者，做过防疫志愿者……时至今日，我的志愿服务时长累计500余小时。

在新冠肺炎疫情暴发后，有无数党员前辈挡在了我们身前，每次我想帮他们分担时，他们总会说：“国难当下，党员先行。”我说：“在‘非典’时，我们还是孩子，这一次，请让我们来做战士。以前被护在身后是因为年龄小，现在我们已经长大，也渴望冲在最前面。无论大事小事，我都渴望迎战第一线。”最终，我被允许与他们同行，站在“抗疫”第一线保护人民群众的生命安全。

穿上防护服，戴好口罩、眼罩，我们化身战士面对疫情，即使危险就在身边，也会勇敢地选择战斗、选择担当，坚定而无畏。我们以赤子之心，通过“青春的逆行”向祖国和人民交出了优异的答卷。

后来，我更加渴望加入中国共产党。成为一名中共党员确实是一项荣耀，但是对我来说，是机会，是钥匙，是让我能够冲到最前线和无数前辈一起奉献青春的指南针。

人生短短数十寒暑，怎样看待人生？怎样将刹那化为永恒？

我想，我已经有了答案。

我是成航学子，是感恩母校的振翅雏鹰

从“小透明”到国家奖学金获得者，除去自身倔强性格的影响之外，更多的是环境的影响。自入学伊始，我就一直有朋友坚定地陪在身边，也一直被老师们庇护在羽翼之下。他们包容我所有的平庸、敏感与自卑，给我帮助、呵护，让我可以将一切压力都转化为不断向前的动力。我所收获的爱让我明白——在成航，无论我平庸还是闪耀，成功还是失败，都会永远被她稳稳地爱着。

从大一开始，我就有一个小小的愿望，直到完成之前都从未对任何人提起——我想要成为在学生表彰大会上发言的学生代表。我想感谢一个人，想站在成航学子最高荣誉的颁奖台上感谢他。可以说，如果没有那个人，我可能会成为秋风吹落的一片树叶，不知道要飘往何方。

那个人是我的辅导员——闫天龙老师。他既温柔又严厉，会在我成功时提醒我戒骄戒躁，在我失败时温柔地化解我的尴尬，导吾以狭路，示吾以通途，亦师亦父亦友。他教我坦然与往事挥手告别，打开新的人生之门。作为一名老师，他真真正正做到了“春风化雨育桃李，润物无声洒春晖”。

三年时光已过，我也完成了自己从大一就立下的这个小小的心愿。在计划本上画去最上方的这一栏时，我忍不住泪流满面。我想，在母校的呵护和帮助下，我终于挣脱过往的束缚与枷锁，冲上云霄振翅高歌。

我想告诉每一位成航学子：请继续做乘风破浪的成航人吧！无论结果如何，她永远以你为荣。

青春的价值是一个永恒的论题。这个时代不缺机会，所以每个人也势必会面临很多的选择。那么，是遵从自己的内心还是随波逐流，是直面挑战还是落荒而逃，是选择喧嚣一时的功利，还是坚守恒久平静的善良？

无论如何，我希望每一个人都能做出一个在日后回想起来不会后悔的选择。一息尚存，此志不懈，在这灯红酒绿与声色犬马的浮躁时代，我将永远坚守自己的岗位与初心。

以技报国，未来可期

四川交通职业技术学院◆郝成凤

郝成凤，男，汉族，2000 年 12 月生，共青团员，四川交通职业技术学院信息工程系软件技术专业 2019 级学生。获 2020—2021 学年国家奖学金。获第七届中国国际“互联网 +”大学生创新创业大赛铜奖；获四川省职业院校技能大赛物联网应用与维护赛项等省级奖项 7 项；获得优秀学生干部等院级荣誉 18 次；获批软件著作权 12 项、外观专利 2 项、实用新型专利 1 项；独立开发川藏公路博物馆线上预约系统，学院微信公众号党史答题系统、课表成绩查询系统，率领团队开发四川省交通运输行业职业技能大赛线上报名系统等 10 余套系统。

随着现代科技的发展，国家更加需要高素质的应用型人才。习近平总书记在致首届全国职业技能大赛的贺信中激励青年一代走技能成才、技能报国之路，让初入大学的我备受鼓舞。我热爱信息类专业，希望未来能以一技之长为国家的建设贡献自己的青春力量，实现人生价值。

书山有路，勇于攀登当标兵

记得大一学年结束时，我的成绩在 228 名同学中仅排在 103 名，我深刻认真地对自己的成绩进行了分析，全方位查漏补缺，并重新制订了学习计划。后来的每一天，我争分夺秒地奋起直追，经常早晨 6 点就起床背书，凌晨 3 点才休息。在这样的努力下，我的成绩得到了飞速提升。

大一刚入校时，我在图书馆书架上发现了一本编程类图书。里面的内容非常有趣，让我对编程产生了十分浓厚的兴趣。为了弄懂这些知识，我废寝忘食地学习，一段时间后，熟练地掌握了编程知识，并建立起了一个可以查询成绩的网站。这个网站得到了同学们的认可和关注，这对我来说是一个新的开始。在学习校内课程的同时，我以最快速度通过了 18 门自考本科课程及毕业答辩，超前完成了学习任务。后来学院广播台邀请我录制了“正能量”分享节目，我向同学们分享了自己的成长之路，号召广大同学铭记“书山有路勤为径，学海无涯苦作舟”，要在大学认真学习知识，提升自我。

赛场比武，纵横驰骋展风采

在校期间，我积极参与各类创新竞赛与技能竞赛，收获荣誉满满。截至目前，我共获得院级奖项 19 次、省级奖项 10 次、国家级奖项 2 次。

在刚进入校园之时，我便报名参加了第六届四川省“互联网 +”大学生创新创业大赛，并获得了该比赛的银奖；2021 年又继续参加了第七届四川省“互联网 +”大学生创新创业大赛，并作为项目负责人带领团队成员从零开始进行项目研发。为了做好这个项目，我们放弃了暑假的休息时间，不断拓展自身知识储备。在备赛期间，我积极协调每一位团队成员的时间，及时与老师沟通，推动项目按计划落实。前进的道路从来都不是一帆风顺的，在项目研发期间，我们团队遇到过数不清的问题，走过数不清的弯路。每每遇到困难，我们都会集思广益，在讨论中迸发出创意的火花。历经磨难，玉汝于成，历时半年，我们最终取得了四川省赛金奖，并在全国 228 万个参赛项目中脱颖而出，斩获国赛铜奖。

在专业学习之余，我对电子技术方面的知识也有着浓厚的兴趣。在学长的鼓励之下，我加入了智能交通专业社团。电子硬件对于我来说是一个新的领域，为了弄懂一个知识点，我常常要思考到深夜，经常凌晨发信息咨询老师和学长，他们都戏称我是“深夜里的问题轰炸机”。大一时我和物联网应用技术专业的同学一起参加了四川省职业院校技能大赛物联网应用与维护赛项并获得了四川省团队一等奖；大三时又参加了 2021 年 TI 杯全国大学生电子设计竞赛四川赛区比赛，在团队的共同努力下最终获得了本科组二等奖。

技能报国，绵薄之力献山海

纸上得来终觉浅，绝知此事要躬行。我坚持学以致用，独立研发了川藏公路博物馆线上预约系统，该系统已稳定运行了 252 天，为 9000 余人提供了预约服务。为提高学院网络信息化建设工作效率与质量，我研发了学院微信公众号党史答题系统、课表查询系统、成绩查询系统等多项功能系统，目前已有 1.8 万名同学使用。我带领学生团队开发了在学院举办的四川省交通运输行业职业技能大赛线上报名系统，还开发了学院 70 周年校庆的校友信息收集系统、70 周年校庆头像生成小程序。三年来，我累计为学院开发了 10 余套系统，协助老师完成厅级科研项目 1 项、校级科研项目 2 项。我还获批软件著作权 12 项、外观专利 2 项、实用新型专利 1 项。经过不断的摸索，我创办了自己的公司，目前已进入运营阶段。

大二时，我参与“青春逐梦，爱心支教”暑期“三下乡”社会实践活动，在偏远乡村见到了一双双渴求知识的眼睛。我珍惜跟孩子们相处的分分秒秒，尽可能在孩子们心底播撒一颗颗希望的种子，鼓励他们努力学习，长大后走出大山，拥抱缤纷世界。我利用课余时间学习最新的少儿编程知识，在现场带领孩子们自主编写小游戏。在大家的努力下，我们团队有幸入选成都市“三下乡”社会实践活动重点团队，我个人也获得“先进个人”称号。

回首过往，我忙碌地奔波于多个社团之间，活跃在学校多个组织和志愿者活动中，参与过各类大大小小的比赛，学校的每一个角落几乎都留下了我的身影。无数次挑战自身极限，无数次跳出自己的舒适圈，大学升华了我的精神和人格，我也给自己交出了一份满意的答卷。

展望未来，时光不待，只争朝夕。如今实现中华民族伟大复兴的接力棒已经传到我们青年一代的手上。我将继续奋斗，以青春之名，勇担时代使命，以青春之心，奏响时代强音。匠心逐梦，技能报国；以梦为马，不负韶华。

志不可一日坠，心不可一日放

绵阳职业技术学院◆魏婷婷

魏婷婷，女，2000 年 12 月生，共青团员，绵阳职业技术学院电子与信息学院电子信息工程技术专业 2019 级学生。获国家奖学金、国家励志奖学金、校级新生一等奖学金；获 2021 年全国职业院校技能大赛三等奖、第十一届“蓝桥杯”全国软件和信息技术专业人才大赛二等奖、2020 年全国大学生电子设计大赛四川赛区二等奖、第七届四川省“互联网 +”大学生创新创业大赛铜奖等各类专业竞赛奖项；获四川省优秀毕业生，绵阳市三好学生，校级优秀毕业生、优秀学生等荣誉称号。

2019 年初秋，我作为新生踏进绵阳职业技术学院的大门，成为绵阳职业技术学院的一员。校园里的一切对我来说都十分的陌生。在这里，我结识了学识渊博、和蔼可亲的老师，认真负责、关爱学生的辅导员，还有努力拼搏、真诚友善的同学，深切感受到了绵阳职业技术学院这个大家庭对我的关爱和期许，更加坚定了努力拼搏的决心。

坚定目标　奋力拼搏

“对于盲目的船来说，所有的风向都是逆风。”现实生活中，许多人宁愿选择随波逐流、庸庸碌碌，也不愿意认真对自己的生活进行规划与思考，所以一直走在没有目的地的道路上，用嬉笑怒骂来填补自己的空虚。正如脱离航线的船只一样，如果没有明确的方向，只会困在海上，永远无法抵达成功的彼岸，只有为自己设定了明确的人生目标和方向，我们才能拥有航行的“指南针”。

初入大学时，我并不是电子信息工程技术专业的学生。因为是通过征集志愿才报考到绵阳职业技术学院，那时候我对自己并没有做过任何的职业规划，没有目标，也没有深入了解过各种各样的专业，仅仅是机缘巧合之下，才选择了建筑智能化专业。在建筑智能化专业的电路基础实验课上，我遇到了向俊成大师工作室的向老师，跟着向老师在工作室学习电子信息方面的专业知识，在学长们的带领下开始为一些比赛做知识储备。慢慢地，我发现自己是真的很喜欢电子信息工程技术专业，它仿佛为我打开了一扇新大门。所以大一第一学期刚结束，我几乎没有任何犹豫就转到了电子信息工程技术专业。

雏鹰展翅　搏击长空

电子信息工程技术专业对实践操作的要求比较高，但由于疫情原因，转专业后的一整个学期我都在家上网课。虽然在家里面我也在认真学习专业知识，但因为没有实际操作过，甚至没见过那些仪器和工具，我所有的专业知识积累都停留在理论层面。

大二开学，我就迎来了大学生涯的第一个比赛——全国大学生电子设计大赛。我清楚地知道自己的知识储备还远远不足以应对这次比赛，内心十分焦虑，纠结自己该不该参加这个比赛，但如果放弃这次机会，就只能再等一年才有机会参加。在学长们的鼓励下，我决定去试一试。幸运的是，我在这次比赛中遇到了一位学识渊博、认真负责的指导老师杨老师和几位十分优秀的队友，在之后的各种专业类比赛中，都是他们和我一起战斗。赛前半个月，杨老师每天会利用空闲时间给我补课。从认识元器件、分析原理图、绘制 PCB 图到搭建程序框架等，全程都是杨老师在指导。虽然我们团队最后只拿了四川赛区的二等奖，但是在这个过程中我收获颇丰。那次比赛过后，杨老师经常到工作室指导我们学习。在短短的时间内我成长了许多，在之后的比赛过程中也能够更加从容地应对。大二下学期，在杨老师的带领下，我又参加了四川省职业院校技能大赛。那也是我第一次独自一人负责整个软件部分。当时，我刚刚接触嵌入式软件的领域不久，很怕自己不能很好地完成这部分内容，两位队友给了我绝对的信任。最终，我和队友荣获了四川省职业院校技能大赛金奖，获得代表四川省参加全国职业院校技能大赛的资格。为了能在全国职业院校技能大赛中取得好成绩，我们分析了往届比赛的所有赛题，开展了无数次模拟比赛，写了几十版程序，绘制 PCB 图的队友把所有出现过的 PCB 图都画了一遍。学院对此高度重视，为了解决我们硬件知识基础相对薄弱的问题，安排了几乎所有负责硬件教学的老师来培训我们。整整一个多月，我们的活动地点除了食堂、宿舍几乎都是工作室。临近比赛的那段时间，我们直接住在了工作室。好在功夫不负有心人，我们最终在国赛中获得了三等奖。站在领奖台上，我最想说的是特别感谢每位老师的细心指导以及队友们的陪伴！

在参加竞赛的同时，我也在认真完成自己的学业，大一大二我成绩一直排在专业前列。在假期，我也积极参加社会实践，丰富了自己的大学生活。

前事之不忘，后事之师

三年的时光转瞬即逝，过去的不管是遗憾还是荣耀，都已过去无法改变，前路漫长还有更多的事物等着我。“前事不忘，后事之师。”我将砥砺前行、锐意进取。

“新竹高于旧竹枝，全凭老干为扶持。”成长之路，总有人为你点亮前行路旁的灯，使你可以更顺畅地走下去。感谢我生命中出现的每一个人，感谢我那平凡而又不平凡的求学之路，感谢绵阳职业技术学院“重德、精业、求实、创新”的谆谆教诲。

“谦谦君子，卑以自牧。”我将以谦虚的态度继续完善自身修养，在人生之路上坚定不移地前行。

青春之我，时代之音

四川航天职业技术学院◆龚春艳

龚春艳，女，汉族，2001 年 2 月生，共青团员，四川航天职业技术学院电子工程系物联网应用技术专业 2019 级学生。获国家奖学金、国家励志奖学金、四川省大学生综合素质 A 级证书；获第十二届“挑战杯”中国大学生创业计划竞赛二等奖、2020 年四川省“挑战杯”大学生创业计划竞赛一等奖、2021 年第七届四川省“互联网 +”大学生创新创业大赛二等奖；获四川省优秀大学毕业生，广汉市优秀共青团员，校级三好学生、优秀青年志愿者等荣誉。

勇往直前　自强不息

时光荏苒，转眼间，我已成为大三学生。我来自农村，家庭并不富裕，甚至有些拮据，可是我从不为这些感到自卑。“穷且益坚，不坠青云之志”一直都是爸爸妈妈对我们的教导，让我有了组袍不耻的品性。这也是令我不断前进的基石。

传时代风　筑强国梦

在大学校园这片积极向上的沃土里，红色基因的种子不断生根发芽，我也递交了入党申请书。在党校学习的过程中，我更加明确了自己的入党动力——为人民服务。此后，我始终以一名共产党员的标准严格要求自己，用知识武装自己，努力学习党的理论、贯彻党的重要精神，以梦为马，为实现青春理想不断奋斗，为祖国的建设与发展贡献自己的力量！

大学三年里，我积极管理班团支部事务，策划组织团学活动，主持召开主题班会，但印象最深刻的是组织各系部参与庆祝中国共产党成立 100 周年文艺演出。艰难困苦，玉汝于成，文艺演出得到了院系领导的肯定，我们用自己的方式向党庆生，也祈愿在党和国家的庇护下走好成长之路，启航新征程。

我参加马拉松志愿服务，克服凌晨 4 点集合的困难，为运动员发放物资、呐喊助威；参加校史陈列馆和航天日升旗仪式，感受航天人奋斗不止、一以贯之的精神，看到五星红旗冉冉升起，总会按捺不住心中的激动，始终有一个声音在心底呐喊：我爱你，中国！我深深相信，在党的领导下，我们能将祖国建设得更加繁荣昌盛！

不畏挫折　直面困难

“知识是人类进步的阶梯。”作为学生，我明白学习的重要性，学习就是不断努力钻研和不懈探索的过程。因此，我上课认真听讲，积极发言，合理安排学习时间，充分利用学习资源，把专业理论与实践经验相结合，不断夯实专业基础。最终，功夫不负有心人，大学三年我的成绩始终名列年级前茅，荣获国家奖学金、国家励志奖学金。

大学是一个多元化的平台，每个人都能够选取自己的生活方式，浇筑学习的坚实基础。在大学期间，我通过了全国计算机信息高新技术考试、特种作业人员上岗操作考试、普通话水平测试等，获得四川省优秀大学毕业生、学院三好学生等荣誉称号。

课余，我还参加各项运动来丰富自己的大学生活，看挥洒的汗水，看坚持后的改变，看从不妥协的自己。回味大学生活，大学生就应该是朝气蓬勃的，对未来充满期待和憧憬，朝着梦想前进的每一天，都应全力以赴。

肩负责任　锐意进取

踏入大学的征途，从系学生会干事到院团委学生会副书记，我坚守岗位，保留初心，在实践中成长成才。通过班级民主选举，我当选了生活委员，协助老师进行班级管理。从那以后便从未辜负老师同学们的期望，以踏实优秀的工作表现得到了大家的认可。学生会换届选举中，通过民主选举我当选了院团委学生会副书记，负责处理各系部智慧团建相关事务，以及对“青年大学习”主题团课进行总结。不管承担什么工作，我都投入百分百的热情，做到一丝不苟。

生活中的我坦诚乐观，以一颗真挚的心与人相处，用宽广的胸怀去包容万事万物，乐于帮助身边的人。我的家庭并不富裕，但我从小就懂得“花钱容易挣钱难”，所以生活勤俭节约，不乱花一分钱，不与人攀比。在学习与工作之余，我坚持勤工俭学，在校内外做各类兼职工作，提高自身素质，努力做一个积极向上的人，在阳光下灿烂，在风雨中奔跑，圆自己的梦，走自己的路。

探求真知　上下求索

除了在课堂中学习专业理论知识，我还加入了学院电子科技协会进行深入探索，为了弄懂专业性难题，常常在协会待上一整天。此外，我还参加了大大小小的比赛，经过团队夜以继日的付出，成功获得第十二届“挑战杯”中国大学生创业计划竞赛二等奖、2020年四川省“挑战杯”大学生创业计划竞赛一等奖等荣誉。为此，我非常感谢老师对我们的栽培，感谢航院提供机会和平台让我们打造共同发展的强劲引擎。航院见证了我的成长和进步！

获益良多　铭感不忘

回首大学三年的生活，忙碌而充实，从入学的懵懂无知到现在的成熟稳重，“文行忠信，严慎细实”的校训不断激励着我前行，让我更加有勇气面对未知的挑战。

沐风雨，育桃李，我要感谢母校，感谢老师对我的指导和帮助，感谢我的每一位挚友对我的包容，我们一起启程，一起成长，一起收获。

人生在勤，不索何获。未来与希望属于青年，我将始终不负时代、不负韶华、不负国家，做有理想担当的新时代青年！

青春向党，奋力前行

四川化工职业技术学院◆李欣瑶

李欣瑶，女，汉族，2000 年 5 月生，中共党员，四川化工职业技术学院智能制造学院机电一体化技术专业 2019 级学生。获国家奖学金、国家励志奖学金；获四川省优秀大学毕业生、泸州市优秀共青团员等荣誉称号；获第五届中国青年志愿服务项目大赛四川省银奖等奖项；参加泸州市第十六届中国国际酒业博览会志愿服务、大学生暑期“三下乡”社会实践活动等。所在团队被列为 2021 年四川省大学生暑期“三下乡”社会实践活动重点团队，入选“SK 公益基金”2021 年大学生乡村振兴类重点社会实践团队。

“你的问题主要在于读书不多而想得太多。”这是杨绛先生所说的一句话，也是我的座右铭。我一直坚信只要不断学习、奋斗向前就一定会有收获。

山重水复疑无路

紧张的高考随着炎热夏天的到来结束了，我等待着考试结果，其实心中已大概知道会是什么成绩……父母供我读市里最好的重点高中，我却让他们失望了。没错，我高考失利了，家人都沉默了许久。300 多分能上什么学校，学什么专业，是否能被录取，是一直困扰我的问题。家里有的人说别读了出去打工吧，有的说再看看再选选……我搞砸了一切，可还是想再拼搏一次。于是，我在第一志愿填报了四川化工职业技术学院。在没有收到通知时，我便下定决心，如果能上大学，一定要重新努力奋斗，证明自己。我不断在心里为自己打气：遇到困难了并不可怕，可怕的是放弃。

柳暗花明又一村

“您的录取通知书已送达，请注意查收。”这句话一直印在我的脑海中，因为它不只是一个短信通知，更是打开我梦想大门的钥匙，是我重新奋斗的开端。

9月开学，我来到陌生又亲切的新校园。至今仍记得，那天我拉着行李箱，背着双肩包，迈着欢快的步伐，父亲和弟弟陪伴在一旁。我感到从未有过的开心，甚至觉得那一刻的幸福有些奢侈。

宝剑锋从磨砺出

大学三年里，我始终以自律、积极、奋斗的节奏过着我的校园生活。学习上，我努力掌握各门课程的要点，积极参与和课程有关的实验操作和专业实训，综合成绩也一直名列前茅。入校时，我就积极询问老师及学长学姐，了解了和专业相关的技能考试的信息。通过努力，我考取了中高级电工证。

为了培养自己的组织管理能力，在担任班委的同时，我也加入了智能制造学院团总支，成为青春领航站的一员。在工作中，我一直秉承着“全心全意为同学服务”的宗旨，不断创新团课和活动形式，让同学们都能有成效地学习党团知识，坚定理想信念。2020年，我成功竞选为智能制造学院团总支副书记，此后认真配合团总支书记的工作，培养了较强的责任感和工作能力。

为了实现德智体美劳全面发展的目标，我加入了健康志愿者协会，积极参加各类志愿者活动，两年时间累计志愿服务时长达128.5小时。我积极参加各类文化艺术活动及比赛，在2020年3月学校举办的“抗击疫情”绘画比赛中获得一等奖，在2020年校“互联网+”创新创业大赛中获得三等奖，并被学校评为“文体标兵”。

梅花香自苦寒来

一分耕耘，一分收获。通过自己的不懈努力，我被推荐参加第五届中国青年志愿服务项目大赛。我们的项目是“‘壹修哥’社区（老旧）水电气等设施维护与科普志愿服务项目”。在筹备比赛期间，我课余的大部分时间都是和老师在办公室中度过的，每天的轨迹就是教室、食堂、办公室、寝室“四点一线”。没有永远的一帆风顺，我和老师在制作演示课件、撰写发言稿、编辑宣传册时遇到了困难。我们都沉默不语，在办公室思索，但问题还是没有得到实质性的解决，让我们仿佛看不到希望……越努力越幸运，老天爷不会辜负每一个努力的人。在学校领导和其他老师的帮助下，我们克服了困难。因为疫情的影响，比赛项目演示采取的是现场直播连麦的方式，我们不断演练、调整，最终获得了第五届中国青年志愿服务项目大赛四川省银奖。这是一份荣誉，更是一份责任，未来我也将继续努力，争取为社会贡献自己的一份力。

我已经不记得经历了多少个备赛的不眠之夜，不记得多少次修改演讲稿并不断熟悉演练，也忘记了比赛前的紧张、压抑，但仍然记得在挑战自我过程中收获的喜悦。特别是当我知道我努力编辑的宣传册被印刷出来能帮助更多人时的那份自豪感和成就感，至今仍能令我感到幸福满满。

绝知此事要躬行

实践是行与思的结合。习近平总书记说：“青年要成长为国家栋梁之材，既要读万卷书，又要行万里路。”2021 年暑假，我积极践行“请党放心，强国有我”的青春誓言，带头组建“义务维修与科普教育”实践团队。团队成员本着“以专业技能服务群众，助力乡村振兴”的初心来到了泸州市叙永县天池镇进行了为期 7 天的社会实践活动。

实践活动的第一站是天池镇敬老院。在进行电路检查后，我们发现敬老院条件并不好，存在走廊路灯损毁严重、活动场所无插座及电灯开关等问题。随后，我们根据实际情况制定了分组方案，紧锣密鼓地展开各项维修安装工作，不知不觉干到了天黑。我们为老人们安装的路灯亮了，整个敬老院内灯火通明，老人们站在旁边为我们鼓掌。那一刻，我觉得所有的汗水都值得了。

此后，我们来到了第二站——村里农户家中。在简单了解情况后，我们便开始排查隐患优化供电线路，更换老旧的电闸和开关，增加新的插座以及电灯……

七天时间里，我们先后排查家庭供电线路及家用电器安全隐患 180 余处，更换路灯及电源插座各 70 余个，安全用电科普宣传惠及 500 余人。我们的实践活动被四川新闻网、四川在线、中国青年网、泸州日报等 10 余个平台报道 60 余次，累计阅读量过千，可谓收获满满。天池镇镇长也高度赞扬了我们此次活动并赠送锦旗。实践团队还被列为 2021 年四川省大学生暑期“三下乡”社会实践活动重点团队，同时入选“SK 公益基金”2021 年大学生乡村振兴类重点社会实践团队。

在这七天中，经过扎实的实践学习，我的综合素养得到了提升，我也懂得了要把个人理想追求融入党和国家事业之中，为党、为国家建功立业。

既然选择了远方，便只顾风雨兼程

四川水利职业技术学院◆奉加辉

奉加辉，男，汉族，1998年2月生，中共预备党员，四川水利职业技术学院建筑工程学院建筑工程技术专业2019级学生。获2020—2021年度国家奖学金、2019—2020年度国家励志奖学金；获2020年全国高等院校数学能力挑战赛一等奖、2020全国高校BIM毕业设计作品大赛二等奖、2020年“高教社杯”全国大学生数学建模竞赛优秀奖等奖项；获四川省大学生综合素质A级证书，多次获得校级三好学生、优秀学员、优秀裁判、优秀团员、优秀团干部、优秀学生干部、优秀志愿者等荣誉称号，被评为四川省优秀大学毕业生。

泰戈尔曾说：尽管走下去，不必逗留着，去采鲜花来保存，因为在这一路上，花自然会继续开放。少当志存高远，既然选择了远方，便只顾风雨兼程，前行的道路纵然纷扰牵绊、天寒地冻，也要怀着平和的心态，带着最朴素的初心，朝着最珍贵的梦想前行。

目标都是在迷茫的时候最耀眼

天道酬勤，笨鸟先飞。我不是特别聪明的人，但相信勤能补拙，没有别人聪明那就要比别人努力。刚踏进大学校园时，我对未来满怀憧憬但又无比迷茫。每一天的课余、每一周的周末，究竟该做什么、该如何做、该从何处做起，我对此没有准确的答案，也因而手足无措，深感焦虑。每个人都会有迷茫的时候，在人生的不同阶段也会出现不同的迷茫，但往往目标都会在迷茫的时候出现。

起初，我也和大多数同学一样靠着追剧、打游戏来打发没有课的日子。后来，我加入了 BIM 协会，在那里不仅能够增强我在课堂上所学的软件操作技能，而且还能学到课堂上没有涉及的内容。刚加入协会的时候，我有很多东西不懂，但会长都会特别耐心地给我讲解，晚上回到宿舍后，我会认真回顾白天所学知识，依葫芦画瓢。就这样，我慢慢成长起来。记得第一次参加比赛时，我格外激动和紧张，在遇到一道难题时，忽然慌了手脚，觉得自己什么都不会，大脑一片空白，手心全是汗。由于我没有参赛经验，自我调节能力有所欠缺，答题过程中接连失误，比赛结果并不理想。这对我来说是一次重大的打击，让我再度陷入迷茫。后来，在协会同伴的鼓励下，我逐渐走出了失败的阴影并朝着目标坚定不移地前进。我也逐渐明白，当自身实力还不够时，就应该静下心来好好学习，努力提高。

肩负职责，在青春中闪光

“海阔凭鱼跃，天高任鸟飞。”大学是一个展示自我、锻炼自我的舞台。进入大学以来，我不仅从一名新生变成一名学长，还慢慢从浮躁变得沉稳，从轻狂走向成熟。

我在班级中担任班长一职。在这期间，我认真负责地做好自己的本职工作，及时将学校、学院的要求和信息完整地传达给同学们，同时也将同学们的意见适时适当地向学校反馈。我进一步加强了班级的班风学风建设，同时积极配合学生会组织开展演讲比赛、辩论赛等活动，也自行组织开展了大量活动，锻炼了同学们在舞台上展示自己的胆量，使同学们之间的关系更加紧密，获得了班上绝大多数同学的认可。

作为大学生志愿者，我积极参加校内外的志愿服务活动。疫情防控期间，我担任我们村的“抗疫”服务志愿者，主要负责资料收集整理和各种表格填报。此外，每天早上 8 点半至晚上 6 点，我还在村口参与卡点值勤。这期间我也遇到了许多困难，例如，值勤的卡点设在空旷的地方，晴天很热，雨天很冷，家离值勤的卡点较远，吃饭很不方便。有一次值勤时，下起了雨，我被冻得直打哆嗦，手脚冰凉，但还是坚持下来了，因为我觉得这些对于驻守防疫一线的人来说，这根本不算困难。经过这次志愿服务的经历，我深深地体会到了党和国家以及人民群众之间相互配合的重要性。此外，我觉得当国家需要我们的时候，我们一定要积极投身其中，不逃避、不退缩，奉献出自己的微薄之力。俗话说，守得云开见月明，只要我们众志成城，胜利终会到来。

做自己的太阳，不依靠别人发光

奥斯特洛夫斯基说过："生活赋予我们一种巨大的和无限高贵的礼品，这就是青春：充满着力量，充满着期待、志愿，充满着求知和斗争的志向，充满着希望、信心的青春。"正因为我们青春，更应明确一个人的成功不是偶然，而是用一滴滴汗水与一次次坚持的努力所铸造的结果。

在"禹脉传承，厚德励志"八字校训的鞭策下，我一直严格要求自己。我喜欢安静的学习环境，图书馆是个好地方，每当有空闲的时候我都会跑到图书馆去看书，不断充实自己、武装自己。在这个信息爆炸的时代，我们每个人都要把自己武装起来，要去了解各个领域的知识。我时刻将学习放在首位，认真学习专业知识，积极参加技能比赛，考取相关的技能证书。我充分利用空闲时间，课前做好预习工作，课上为确保听课效率会坐在第一排认真听讲并做好笔记，课下不断总结归纳以形成系统的知识体系，拓展自己的思维。我十分注重拓宽自己的视野，优化自己的知识结构，培养自己全方位思考的能力，因此三年来我的学业成绩及综合测评成绩均位列专业第一。

时光荏苒，白驹过隙。我们应该脱离"想要拥有"和"害怕失去"的死循环，好好珍惜当下每一个付出努力的机会。现在做出的努力和流下的汗水，都将成为我们人生中最美好的回忆。

笔尖绘青春，行动担责任

南充职业技术学院◆卿云龙

卿云龙，男，汉族，2000年2月生，中共预备党员，南充职业技术学院艺术系出版商务班2019级学生。担任过班长、艺术系学生会主席、校记者站副站长，在校外曾担任期刊《青春诗刊》美术编辑，现为南充市作家协会会员。获国家奖学金、国家励志奖学金、四川省大学生综合素质A级证书，获陕西省第三届大学生新媒体有奖征文大赛“新苗奖”、学院手抄报比赛一等奖，获学院优秀团员、优秀学生干部等荣誉称号。考取了计算机一级证书、教育部硬笔书法六级证书。

三年后的今天，当我再次回忆起自己的高中时代，回忆起那时自己的状态，会难以想象地发出惊叹：没想到在大学的这三年里，我会有如此蜕变。

那时的我成绩并不好，是班级“特殊位置”上的常客，连学校领导都因为我太过调皮而熟识我。想来，这并不是一件光荣的事情，却提醒了我必须正视过去。

心生翅膀，准备翱翔

高中时的我虽然调皮，但也有一项能拿得出手的技能，这便是写作了。从幼时起，我便十分喜欢读书，连学过的语文课本都会反复翻看，买来的作文书也被翻得很破旧，时常沉浸于那些生动有趣的文章中。学习写作的语文课，便是我最惬意的时光，因为每一次我的作文都能得到老师的夸奖。

我从小到大都未变过的理想是：我要成为一名作家，让每一位读者都看到我所写的文章。这个理想也驱使着我，让我成为“汤圆创作”的签约作者，创作了几部网络小说。

然而较强的写作能力只能让我的语文成绩好上一些，其他科目的成绩仍是十分糟糕。我毅然选择了高职单招，来到南充职业技术学院，并成功被自己喜欢的专业——出版商务专业录取。但那时，我的思想仍未成熟，我只是觉得自己来到了专科学校便能晚几年走入社会，直到参加了一场学院组织的活动，我的思想彻彻底底地改变了。

那个活动是 2017 级学姐学长们的国家奖学金答辩会。我坐在观众席上，用心地聆听着学姐学长们的事迹，被他们展示的作品与成绩所震撼。那时，我才知道，原来专科学校也有那么多优秀的、值得我们去学习的人。会后，我向辅导员老师了解国家奖学金的申请条件，并搜集了相关资料。

那时的我才大一，觉得一切刚刚开始，学姐学长们能够做到的事，我也能够做到！于是，我立下了获取国家奖学金的目标。

找到方向，从实践中成长

我并不是一个空想主义者，知道如果光说不做永远得不到成果，既然已下定决心要改变自己，那就要付诸实际行动。

竞选班委时，我早已做好了充足准备，信心满满地走上讲台向同学们说出了自己的竞选理由，并以三分之二的赞成票当选班长。从那时起，我才真正体会到当一个“领头羊”所要肩负的责任。我要和班委们做好充分的沟通，要去组织或协助班级成员开展每一场活动。辅导员老师告诉我，班长要对班上的每一位同学的基本情况有所了解。我暗暗记下了她的话。怎么了解？就从日常生活中、学习中、工作中的接触开始。

在协助辅导员处理助学金评定、寝室调整、活动策划组织等工作的过程中，我用极短的时间记住了每一位同学的名字，也对他们的性格有所了解。我从未发现自己还有这样的能力！

课余，我有充足的时间，但并未打算让自己闲着，便又加入了学生会、文学社团。在大一下学期，我还加入了学校记者站，负责撰写学院官方微信公众号的推文。我的目的很简单，就是要在与他人的接触与沟通中，锻炼自己的能力，为学校做出贡献，并让自己得到成长。

合理分配，工作学习两不误

我担任了学生干部，又加入好几个组织，要如何去分配自己的时间呢？在面对时间冲突时，我又要用怎样的方法去解决呢？渐渐地，我开始去思考这些问题，并在每一天合理地去规划自己该做什么。为了提高自己的学习效率，我找到了一个好的办法，来到了久违的第一排，积极回答老师提出的每一个问题，认真完成所有作业，有不懂的问题及时向老师请教。我就这样日复一日地坚持了下来。

当我完成每天的学习任务后，就去忙班级里、部门里的工作，以充足的热情去对待自己所做的每一件事情。第一学期结束，我的学年成绩为专业第一，因此在大二上学期，获得了国家励志奖学金及优秀学生干部称号。

参与实习，收获惊喜

我参加了中华商务联合印刷（广东）有限公司组织的学习实践活动，得到了许多宝贵的知识与经验。在学院老师、公司领导的指导下，我于专业技能上的空缺得到了很好的弥补，做到了真正意义上的理论与实践相结合。这也进一步加深了我对专业的认识，完善了自己的职业规划。

学院记者站的竞职大会召开时，我不在学校，但又不甘心放弃，最后提前征得指导老师和负责学姐的同意，通过视频的形式参与了竞职大会。我在视频中充分陈述了自己的竞选意愿，也解释了无法到场参加竞选的缘由。因一整个学期都在校外实习，没法参与校内的工作，我本以为竞选成功的概率不大，但没想到的是，指导老师和学姐学长们为我破了例，原本只有一正一副两个记者站站长的职位变更为一正两副三个职位。我成为不在校内工作的最特殊的记者站副站长。

实现目标，不忘理想

虽然有很多事要去忙，但我并没有忘记自己的兴趣爱好，仍会在空闲时间写写文章，记录下校内外发生的故事。我参加了陕西省第三届大学生新媒体有奖征文大赛，有幸获得了“新苗奖”。我写的许多文章也成功发表在了学院的院报上。

2020 年初，因新冠肺炎疫情突然袭来，学校延期开学，我们开始了网课学习。因为家在农村，疫情形势又严峻，我没有找到成为志愿者的机会，便在微博等平台上写了一些有关疫情防控的文字，宣传防疫政策，声援逆行者们。

一次偶然的机会，我看到了期刊《青春诗刊》招聘美术编辑的消息，因自己的专业方向与这个岗位相关，便投了简历。最终，我幸运地加入了《青春诗刊》编辑部，对刊物进行排版设计。

为了提高自己的写作水平，进一步融入文学圈子，我写了一份加入南充市作家协会的申请书，在 2020 年 12 月，顺利成为南充市作家协会会员。

2021 年 6 月，我的原创小说《金红的橘子》发表在了《中国青年作家报》上。

心怀感恩，积极入党

学习实践活动结束后，我回到学校。恰逢学生会一位主席离校参军，我便找到了系主任，向他说明了自己还想再尽一分力的想法。在经历了一段时间的考察后，我成为艺术系学生会主席。

那时的我见证了新冠肺炎疫情防控工作取得阶段性成效，深觉党和祖国的伟大。这场疫情之所以能得到有效控制，除了因为党和政府的英明决策，那些冲锋在前的逆行者们也厥功至伟，他们中的大多数人都是党员，肩负起了党员的模范带头作用。作为新时代的青年人，我认为自己有责任、有义务为国家的建设和人民的幸福贡献自己的力量。我下定决心成为其中的一分子，于是参与了学校入党积极分子培训班的学习。

成功仅是过去，奋斗拥抱未来

现如今，我已是一名临近毕业的学生，入学之初设定的诸多目标也都实现了。回想自己做过的每一件事，毫无疑问，激发我蜕变动力的是那场国家奖学金答辩会。

2021 年 10 月，我成功地站在了国家奖学金答辩会的讲台，成功获得了国家奖学金。

2021年11月，我被批准成为一名光荣的中共预备党员。

这也意味着，我不再是曾经那个调皮捣蛋的小孩，还有更多的事情等着我去做……

荣誉已经属于过去，在通往未来的道路上，我将继续心怀感谢，心怀理想，不忘初心，砥砺前行！

追逐梦想，迎接挑战

内江职业技术学院◆谢小芳

谢小芳，女，汉族，2000年11月生，共青团员，内江职业技术学院艺术与公共服务系老年服务与管理专业2019级学生。获国家奖学金、国家励志奖学金、学院一等奖学金、学院二等奖学金；入围“邛窑杯”一带一路国际创意设计大赛，入选四川省大学生书法比赛；获四川省大学生综合素质A级证书；获四川省优秀大学毕业生，四川省二星级志愿者，射洪市五星级志愿者，射洪市优秀志愿者，学院三好学生、优秀团员、优秀学生干部、社团优秀会长等荣誉称号。

作为新时代的青年，我们长在红旗下，走在春风里，都拥有自己的梦想。在丰富的传统文化瑰宝中，有灿若星河的语句为我们的梦想画像：“书山有路勤为径，学海无涯苦作舟”正是我们逐梦的写照，“读书破万卷，下笔如有神”正是我们追求的境界，“长风破浪会有时，直挂云帆济沧海”正是我们青春的最佳注脚。

作为新时代青年的一分子，我从平凡的乡村走出来。父母质朴勤劳，靠着勤劳的双手供我们三姊妹上学。家中虽不富裕，但我们都有自己坚定的理想，也都在朝着理想努力奋斗。

目标是实现理想的动力

刚入大学时，我与大多数同学一样对大学生活满怀憧憬，但更多的是迷茫，不知道如何度过这三年。身边优秀的学姐学长，有考取技能证书的，有参加竞赛获奖的，有成绩优异的。他们的经历和成果潜移默化地影响着我、激励着我。渐渐地，我找到了人生定位，学会给自己设定一系列目标，并朝着目标奋力前行。

课堂上，我争坐前排，全神贯注地听讲；图书馆里，我求知如渴，直到闭馆才依依不舍地离开。一分耕耘，一分收获，大一下学期，我以专业第一的成绩荣获学院二等奖学金，这也是我人生中的第一笔奖学金。此后，我不骄不躁，坚守初心，不断努力探索，再次荣获国家奖学金、国家励志奖学金、学院一等奖学金等诸多荣誉。2021 年，通过层层选拔，我有幸作为本专业学生代表参加四川省高职院校职业技能大赛。这次比赛的备赛时间十分短，仅有七天。其间，我一直待在实训室争分夺秒地进行学习和训练，在专业老师的指导下，快速掌握操作技能。虽然最终没能获奖，有一些小失落，可我没有灰心，快速调整好心态，总结自己还存在哪些不足，更加努力地学习专业知识，夯实基础，实践能力有了显著提高。

在追逐梦想的旅程中，正是因为我有了坚定的目标，并为之不懈努力，才取得了全方位的自我突破，成就了如今全面发展的自己。

磨炼是实现梦想的必要条件

宝剑锋从磨砺出，梅花香自苦寒来。经过大一一年的磨炼，我在大二成为一名学生干部，担任了学院环保协会会长一职。刚接手协会时，协会规模不是很大，仅有几名成员，知名度不高，制度也不完善，我深知“会长”这个职务责任重、工作多，也颇具挑战性。

为了做好协会的工作，我首先将提升协会规模作为突破口。俗话说“人多力量大”，我积极邀请自己的朋友加入环保协会，让成员数量不断增加。2020 年 3 月，协会迎来了第一次面向全学院的招新。我带领协会干部进班向同学们宣传环保协会，短短一个月的时间协会成员就突破了 100 人。

面对眼前的成就，我继续努力，不断挑战自我，带领团队成员策划各级各类志愿活动，扩大协会知名度，真真切切地为社会、学校服务，得到了老师们和同学们的一致肯定。2021 年 3 月，协会第二次面向全院招新，成员突破 200 人。在学院的十四届社团文化艺术节颁奖典礼上，环保协会被授予“十佳社团”的荣誉称号，

10 余名干部获得“社团优秀干部”称号，20 余名会员获得“社团优秀会员”称号，我也取得了“社团优秀会长”称号。

志愿服务是实现梦想的有效途径

赠人玫瑰，手留余香。在学校，我积极组织参加敬老、支教、防疫、环保、迎新等多项志愿服务活动，累计志愿服务次数 100 余次，志愿服务时长 600 余小时。在我的家乡——射洪市，我利用假期时间参与了 2021 年四川省“逐梦计划”大学生社会实践活动。在射洪市太和街道参与防疫工作时，炎炎烈日下，我即便汗流浃背，也坚守岗位，没有一声怨言，为商铺经营者、社区居民测量体温，督促其佩戴口罩、保持一米间距，宣讲防疫知识等。我就这样坚持了一个暑假，得到了社区的充分肯定。志愿者就是一道靓丽的风景线，而我要做这道风景线上那颗璀璨的星，缓缓划过天际，留下美丽的身影。

在青春最美好的时光中，我不断追逐梦想，迎接挑战，也从中领悟到“只有启程，才会到达梦想的彼岸；只有拼搏，才会获得辉煌的成功；只有播种，才会拥有丰硕的成果”。生活免不了有高低起伏，但我不能因为眼前的荣耀或困难，就忽略远处的光。我时刻勉励自己：真正能够靠近目标的人，都是那些即便面对重重考验，依然拥有坚定的理想信念，相信胜利在望并为之拼搏奋斗的人。他们不但眼里有星辰大海，更有不畏征途坎坷的勇气和毅力。

作为新时代的青年，我们身处最好的年华，就应该为自己的梦想、为中国梦的实现，不懈拼搏努力。让我们的青春，因梦想而闪耀！让我们的青春，因逐梦而精彩！

以青春之花，结奋斗之果

四川邮电职业技术学院◆黎磊

黎磊，男，汉族，1999年11月生，共青团员，四川邮电职业技术学院通信工程学院建筑智能化工程技术专业2019级学生。获2020—2021本专科国家奖学金、2019—2020本专科国家励志奖学金；获四川省优秀毕业生等荣誉称号，取得四川省综合素质A级证书；主研的“乐享生活，智慧庄园”项目获得2020年四川省大学生创新创业训练计划立项。

梦想是心底的一粒种子，在知识的滋养下慢慢苏醒，在拼搏中生根、发芽。我努力地让梦想成长为一棵坚韧、挺拔的树，促使自己变得足够强大，直至成为为弟妹遮风雨的伞，成为家里的顶梁柱，成为推进国家建设的“材”。我凭借青春的热情不断追求梦想，珍惜每一寸光阴，立志让自己的青春因这一路拼搏变得精彩。

2019年9月，青涩懵懂的我怀着梦想和对未来的期许来到了四川邮电职业技术学院，并给自己定下了目标。

少年逐梦，不负韶华

我要做个成绩优秀的学生。深夜的灯照亮了桌上摊开的书页，清晨的闹钟打破了甜香的美梦，我时刻叮嘱自己要比别人更努力。刷了多少题笔会知道，复习了多少知识点记录本很清楚，时间被我一点一点挤了出来，可我依旧害怕没有足够的时间去完善自己。我也曾颓废甚至想过放弃，但内心有个声音告诉我必须坚持，因为人生的赛道上比我优秀的人都在努力奔跑，我没有资格驻足原地。我牢记学生本职，把学习放在首要位置，把“严谨、求实、活泼、进取”的校训记在心里，多次获得校级一等学习优秀奖学金，还获得了2019—2020本专科国家励志奖学金、2020-2021本专科国家奖学金。因发展较全面，综合素质强，我还荣获了四川省优秀毕业生等荣誉称号。

转眼间，我即将毕业，在校期间获得的专业上的提升，为我今后的发展打下了坚实的基础。也许这还不足以支撑我一路顺遂地走下去，但我相信只要心怀梦想，锲而不舍，我一定能成功开启属于自己的大门！

心存感恩，勇于奉献

我要做一个懂得感恩的人。我在前行的道路上得到过很多人的帮助，尤其大学期间还获得了国家和学校的资助，这些点点滴滴仿佛冬日的暖阳温暖着我。现在，我也下定决心要努力用自己的微薄力量回报国家、回报社会。在校期间，我积极报名参加校内志愿活动，无论活动规模是大是小，都全身心投入，献出自己的光和热。

9月开学季，我像曾经帮助过我的学长一样，帮助新生办理报到手续、搬运行李，带领他们熟悉校园，为其顺利入校“保驾护航”。我担任校学生会干部，积极做好老师的小助手，做好老师和学生沟通的桥梁；积极组织各类活动，协调各部门之间的工作，服务全校同学。在校期间，我组织了“线上学委之星”评比活动、优秀学长面对面座谈活动等，不断创新学生活动的形式，丰富同学们的“第二课堂”，为营造良好的学习氛围做出了贡献。我还积极服务社会，通过层层筛选，成为一名世界大学生运动会志愿者，正在为服务来自世界各地的大学生运动员做着各项准备。

无论在校内还是校外，我努力帮助他人，希望通过自己的力量让所经之地充满温暖。不断的努力和付出，让我在同学们中有了“暖男”的称号，获得校级优秀共青团员、优秀学生干部、五好青年等荣誉，2020年还被评为“百佳青年志愿者”。毛主席说过：“青年人朝气蓬勃，正在兴旺时期，好像早晨八九点钟的太阳。”我无悔做个温暖别人的“小太阳”，奉献自己的光亮，充满希望的力量。

勤学苦练，筑梦未来

我要做个有用的人。老师说当前党和政府把职业教育的发展作为国家经济社会发展的重要基础和教育工作的战略重点，我相信在这样的背景下，职业院校的学生将会有更为光明的前途和未来。

大学三年，四季轮回，我日日奔波于宿舍、食堂、教室、实验楼之间，坚信那些看似不起波澜的日子终会显现出它的价值。在这样的信念支持下，我有了更大的学习动力。我全身心投入课堂，认真聆听老师的授课，抓住每一次实验、实践、实习的机会，磨炼通信布线等操作能力。我还积极准备参加综合布线技能大赛，自主练习布线设计、端接。在不懈努力之下，我的速度越来越快，工艺也愈加标准。在参与课程综合设计项目期间，我自学设计软件，在电脑上一遍遍修改项目设计图，努力探寻最优的方案。每过一个学期，我就像经过一次洗礼，变成一个不同于以往的自己。基于点滴的积累，我的专业技能得到了极大提升，坚韧的品性和严谨的求学态度也得到了老师和同学们的认可。

我凭借过硬的专业知识基础，得到了一个非常好的实习机会。开始，我只是协助同事完成工程的勘查和设计，随后承担传输专线的勘查工作，不久便能独立完成传输接入层项目的设计。实习工作内容看似固定又略有不同，我既要外出实地勘测，又要在办公室绘制图纸，综合各种因素设计出方案。在实习的这段时间里，我将在校内学到的通信工程专业的理论知识与自己岗位需求相结合，努力将理论应用于实际工作中，还积极学习补充岗位所需的业务知识，为下一步走向社会打下了坚实的基础。生命终有时，但是我坚信吾生有涯而知无涯，只有不断地进步，才能不负将来，不悔当初，成为一个有用的人。

青春，是一个生机勃勃的人生阶段，也是以青春之花、结奋斗之果不断追梦筑梦的阶段。感谢现在拼命努力的自己，感谢生活给予的梦想和希望，感恩家人给予的甜蜜和温暖，感谢老师给予的知识和力量，感恩母校给予的哺育与包容。回首，已然一段无悔的岁月；前望，期待一个锦绣前程。

志存高远为青春着色　脚踏实地为奋斗奔跑

四川工商职业技术学院◆田龙阳

田龙阳，男，汉族，2000年11月生，中共党员，四川工商职业技术学院智能制造与信息工程学院电子信息工程技术专业2019级学生。曾任校团委副书记，现任成都市学生联合会高校社团联盟执行秘书长。获国家奖学金、国家励志奖学金、校级奖学金、四川省大学生综合素质A级证书；获2020年全国大学生职业发展大赛三等奖、第十六届“挑战杯”四川省大学生课外学术科技作品竞赛三等奖、2019年成都城市定向赛团体二等奖；获四川省优秀大学毕业生，校级青年标兵、十佳大学生、优秀青年志愿者等荣誉称号；在国家级期刊发表论文2篇。曾参与全国第六届大学生艺术展等40余场大型活动的志愿服务，参与筹备成都市高校共青团书记座谈会、成都市学生联合会第十四次代表大会等会议10余场。

鲁迅曾说：世上本没有路，走的人多了，也便成了路。我想说，世上没有好走的路，只有肯脚踏实地走的人。我们都向往星空的璀璨，但只有脚踏实地，才不会在抬头仰望之际，迷失脚下的路。而我，用将近三年的时间走出了一条只属于自己的未来之路！

目标——征程启航，理想扬帆

“人生就像射箭，梦想就像箭靶子，如果连箭靶子也找不到的话，你每天拉弓有什么意义。”这是《银河补习班》里的一句话，也曾是徐琳学姐和杨帆学长送给我的一句话。

2019年9月，我带着遗憾与不甘来到这所校园，未对任何人提及自己一年的复读经历。在我看来，它是一段不堪回首的过往。随着阅历的增长，如今，我已释然，甚至会感谢那段经历，觉得它成就了现在的自己。

因为曾经失败，带有遗憾，所以我需加倍努力。可能是冥冥之中的一种缘分吧，我关注学校的微信公众号后看到的第一篇推文链接就是徐琳学姐和杨帆学长这对“学霸情侣”双双考上成都信息工程大学的励志故事。通过朋友的引荐，在做思想道德修养课的实践作业“寻找引路人”时，我有幸请到他们作为我的“引路人”，为我指引前进的方向。通过完成思想道德修养课的作业以及和他们进行交流，我更加坚定了专升本（成都信息工程大学）的信念和在学校中有一番作为的决心。

大一期间，因为专升本对口院校的原因，我选择从工业机器人技术专业转到电子信息工程技术专业，同时也报名了自考本科，在学习与工作之余准备考试。我加入了校团委组织部、党委宣传部新媒体中心秘书处、学院外联部，分别担任校团委组织部和学院外联部的干事、秘书处副主任后备。我还加入了校田径队、跑团协会、计算机协会、羽毛球协会，以培养自己的兴趣爱好。坚定了目标，我便一路向前，无所畏惧，等待花开！

行动——一路奔跑，一路花开

荀子在《劝学》中曾说：“不积跬步，无以至千里；不积小流，无以成江海。”没有日复一日的行动和积累，就不能实现自己的目标，就如同没有一位马拉松运动员是天生的善跑者，他们都是通过日复一日的训练，才实现了对自己的突破与超越！

从大一的校团委干事，到大二的校团委副书记，再到现在的成都市学生联合会高校社团联盟执行秘书长，我一直体验着身兼数职的辛苦及兼顾工作与学习的不易，但同时也享受着认真学习和工作所带来的乐趣。大二时，作为校团委副书记，我积极配合上级领导及团委老师的工作，以身作则，踏踏实实做事。任职期间，我参与策划组织了一系列大型校级活动，如2021年庆祝中国共产党成立100周年“欢歌新时代·颂歌献给党”合唱会演、国庆游园、五四游园等。

因为热爱，一路奔跑；因为热爱，一路坚持！我是一名马拉松运动爱好者，大学期间，担任跑团协会会长，并加入了成都高校跑协联盟和来自各个高校的跑步爱好者参加了 2020 年成都马拉松、重庆马拉松、成都善行者 50 公里公益徒步等各类跑步活动 40 余场。同时，我也热爱志愿服务工作，喜欢为他人服务。

同时，我也积极参加包括 60 周年校庆志愿服务等在内的众多校内志愿服务活动以及一些马拉松赛事的校外志愿服务工作。在 2020 年中，为了更好地进行志愿服务，我主动报名参与都江堰市红十字救护员培训，并顺利通过考核，取得了救护员证书。2021 年，经过选拔，我成功入选都江堰市 2021 年新时代文明实践“小橘子”旅游志愿者，同年 5 月参加了全国第六届大学生艺术展演志愿服务工作。我的志愿服务时长累计 152 小时。

拼搏——梦在心中，路在脚下

习近平总书记曾用这样一句话激励广大青年：“青春由磨砺而出彩，人生因奋斗而升华。”我们是青年一代，人生难得几回搏，此时不搏待何时！

在大三的这一年中，我大部分的时间都用于成都市学生联合会的驻会工作。在那里，我遇见了许多优秀的前辈。我们 8 位驻会人员来自 8 所不同的高校，有电子科技大学的本科生、西南民族大学的研究生、成都大学的研究生等。我们一起筹备成都市高校共青团书记座谈会、成都市学生联合会第十四次代表大会等重大会议，同时，又都各自为实现梦想坚持不懈地努力着、拼搏着，有的在备考公务员，有的在争取高校的工作岗位，有的在考雅思准备出国，而有两位已经保研……他们给了我力量，激励我不断努力、拼搏！因为心中有梦，走出的每一步都更加坚定。

青春当道，志者远行，没有比人更高的山，没有比脚更长的路。在今后的风雨兼程中，我会继续行稳致远，砥砺前行，用自己炽热的心面对生活，面对困难，不忘来时路，脚踏实地地为自己的梦想不断拼搏，为自己的青春着色。

唯有拼搏，方能志远

达州职业技术学院◆李薇

李薇，女，汉族，2001年4月生，中共党员，达州职业技术学院师范系学前教育专业2019级学生。获四川省优秀毕业生，校级三好学生、优秀团员、优秀学生干部、优秀大学生、优秀毕业生、“三下乡”先进个人等荣誉称号。

初入大学的我们都拥有一个无限珍贵的礼物——青春，它充满力量，充满期待，充满斗志。从拿到达州职业技术学院录取通知书的那一刻起，我的大学征程已经开启，这份礼物也开始为我的人生赋能。

大学给我的第一感觉就是自由、轻松，但我也深知学生不能忘记自己的本职工作，要踏踏实实走好每一步。勇敢者自会千方百计克服困难，怯懦者却只会感到千难万难。在求学之路上，我坚守永不言弃、刻苦向前的信念，坚信尽管每天只能进步一点点，但只要坚持，终有一天也会得到自己期待的结果，只要化压力为动力，就一定会发生奇迹，收获意想不到的惊喜。

在进校之初，我便给自己定下了一个个明确的目标。第一，担任班委，成为老师与同学们之间沟通的桥梁，以此来锻炼自己。我在班委竞选中成功当选为团支书，管理班级的智慧团建、推优入党、上团课等各类事务。担任团支书期间，我的沟通能力得到了很大提升。第二，参加各类社会实线活动。我加入了学校的乡村振兴学院，并通过重重测试，成为了师范系的负责人。第三，也是最重要的目标，便是获取优异的学习成绩。在担任班委及参与各类实践活动的同时，我一刻也不曾放松专业课的学习，成绩始终保持在年级前二十。我十分清楚，学生的本职工作是学习，任何事情都不能成为耽误学习的借口。

只有理论与实践相结合，才能不断提高自己的综合能力。大一暑假期间，我报名参加了乡村振兴学院的驻村实践锻炼。驻村实践的每一天都是充实而忙碌的，在此期间我对农民、农村、农业有了全新的了解，深刻地认识到将个人价值追求融入国家发展伟业中，将个人建功立业的舞台置于广袤的欠发达地区，为人民幸福献出自己的青春力量，是我们作为青年一代的责任和使命。通过那几个月基层工作的锻炼，我待人接物的能力得到了极大提升。我还利用周末时间在达州市通川区青少年宫担任一名美术助教老师，以此来锻炼自己与孩子们交流的能力，为将来从事学前教育相关工作积累经验。

让我印象最深刻的是大二那一年，因专业课程数量增加、难度提升，学生工作繁忙，渐渐地我无法维持学业和工作的平衡，甚至压力大到自己喘不过气来。我向以前学长学姐寻求经验，向老师同学们交流请教。后来，我制作了一张任务清单，将每天需要完成的事情写在上面，按轻重缓急一件一件地去完成。让我欣慰的是，因为提前做了计划，哪怕要兼顾繁忙的工作与紧张的学习，我的成绩仍有很大提升。在那之后我于时间安排上更加得心应手，既顺利地完成了系上安排的任务，又保证了自己的成绩没有下滑。这让我更加确信，付出努力都会得到回报。我更加努力地学习，一次性通过了教师资格考试。但考取普通话二级甲等证书时遭遇了些许波折，大学期间，我参加了三次普通话水平考试，前两次虽然我尽心尽力地备考，但最后的结果却不尽如人意。老师和朋友们帮助我排解了不良情绪，我自己也深刻反省，思考缺漏，摸索正确的学习方式。后来，我每天坚持早读，找到了自己发音的缺陷并予以弥补，终于顺利地通过了普通话二级甲等的考试。

一分耕耘，一分收获。从大二开始，我的坚持和努力便慢慢有了成果。我获得了国家励志奖学金以及乡村振兴学院设立的“巴建情 · 巴山行”奖学金。我担任班长，与班委们一起协助老师管理班级，积极鼓励并带领同学们参加学校的各项活动。每天的生活丰富多彩，充满了快乐和幸福。每星期六我还参加乡村振兴学院的课程学习，积极考取包括保育员在内的本专业相关的各项证书。我的成绩也一直名列前茅，让我先后获得了校级三好学生、优秀大学生等荣誉称号。我深知这些荣誉来之不易，是对我过去所有付出与努力的肯定，但这更离不开老师的培养、父母的支持。因此，我更愿意把它当作鞭策我不断前进的动力，让我在生活、学习、工作上，都始终保持砥砺前行的劲头。

时光荏苒，白驹过隙，转眼我就要毕业了。大学时光刻满了青春印记，记录了酸甜苦辣，书写了璀璨荣光，是我这一生中最值得回忆的。回想当初刚踏入大学校门的自己，懵懵懂懂，对未来一无所知，但如今的自己，已经准备好重新出发。在以后的日子里，我仍然希望自己不忘初心，带着乘风破浪、勇往直前的信念，一步步坦荡地走向未来，谱写青春的诗歌，用自己的实际行动回报爱我们的人，也为祖国建设贡献自己的一分力量！

理想其未远，振翅而腾飞

四川国际标榜职业学院◆赵希豪

赵希豪，男，汉族，2001年12月生，中共党员，四川国际标榜职业学院商学院财经系投资与理财专业2019级学生。现任国际生态发展联盟理事，责任管理教育中国学术委员会委员兼学术秘书。获国家奖学金、学院奖学金、笃学奖学金、四川省大学生综合素质A级证书；获亚洲教育论坛责任管理教育建设杰出表现奖、“新道杯”四川高校数智化人才邀请赛一等奖；被授予四川省优秀大学毕业生，校级十佳团员、十佳团干部、三好学生、优秀学生干部、优秀志愿者等荣誉称号。

在2019年的夏天，我带着一颗炽热的心，怀揣梦想和满腔热血来到神往已久的大学——四川国际标榜职业学院。三年的大学生活如白驹过隙，留给我的除了阅历的增长，还有修养的提升。如今，我初心不改，追光而行，理想其未远，振翼而腾飞。

博学慎思，问道求索

作为学生，我牢记学生的学习本职，立足于专业，从不放松对专业知识的学习，连续三年综合成绩位列专业第一，力求不断巩固自身所学，做知行合一的学习者。我期望在四川国际标榜职业学院这育人的殿堂，增强自己的潜力，学会如何做人，学会如何生存。在当前这个竞争激烈的社会里，要成为一名贴合社会需要的优秀大学生，不仅仅要有必备的科学文化技能，更重要的是知道如何将自己所学运用于实践，为社会服务。

学习没有捷径可走，唯有“勤苦”二字。路虽远，仍乐而前行；事虽难，仍不改初心。我一直坚定自己的信念，向成为理想中的模样奋进。伏案时一次次融会贯通，苦思时一次次茅塞顿开，落笔时一次次灵光乍现……这些平淡时光中的精彩片段，都是激励我勇闯难关的精神支柱。我利用闲暇时间考取了中级人力资源管理师、会计师和理财规划师资格证，一步一个脚印地走向自己更大的目标。

岁月不居，时节如流，我们应拥有“只争朝夕，不负韶华”的决心，亦应具备“有一分热，发一分光”的胸怀，哪怕自己的力量如萤火一般微弱，也要专注于自己的事情，把所有的质疑交给时间，相信萤火也能汇聚成火炬。

心之所向，吾之所往

大学不同于高中之处在于它的容错率很高，因而不必害怕失败，多去尝试才能找到自己的兴趣所在。我珍惜每一个锻炼自己的机会。在班里，我积极竞选班委；在学院里，作为学生干部团队中的一员，我积极参与学校的各项活动，勇于挑战，不断突破。

在校期间，我先后担任了校团委组织部副部长、校学生会主席、学生代表大会常务委员会执行委员、校团委副书记、学生组织管理与服务岗指导老师等多个职务，搭建起学校与学生的沟通桥梁，同时也借此锻炼了自己为人处世的能力。工作中，我以“全心全意为同学服务”的宗旨和以身作则的态度，勤恳地做好自己的本职工作，虚心向别人学习，正确对待老师和同学们的批评和建议。

知易行难，躬身实践

作为躬身实践者，我做到了脚踏实地。在兼顾学习和工作的同时，我还注重兴趣爱好的培养和综合能力的提高，并在人际交往和团队协作方面积累了丰富的经验，形成了较好的组织、管理理念，培养出了团队合作精神。我认为实践不仅是检验真理的唯一标准，还是检验理论基础和综合能力的重要途径。

在这样的信念下，2021 年 6 月，我以全球青少年人才代表的身份参加了 2021

年亚洲教育论坛。同年 7 月，我被任命为亚洲教育论坛责任管理与青少年成长教育论坛常务副秘书长职务，并带领团队全程参与了 2021 亚洲教育论坛的组织筹备工作。

“我们只看到了他人前的闪耀光芒，哪得见他背后的心酸泪水。”在一次志愿服务中，从大会前期筹备到大会正式开幕，历时一百多个日夜。在这段时间里，我几乎将除了睡觉、吃饭、学习以外的所有时间全部用于筹备工作，睡前还会一遍又一遍地梳理活动的筹备细节，唯恐有所疏漏。这近乎疯狂的工作状态将我的工作效率提升到了极致，超强的执行力让我掌握了工作和生活的主动权，精确到分钟的计划表让我的行动得以量化。可就算是做了这般精细的规划，我也会有力不从心的时刻。

前期繁复而紧张的筹备工作为论坛的召开奠定了良好的基础。在论坛圆满落幕的那一刻，我有一种前所未有的轻松感，觉得心中沉甸甸的大石终于落了地……回望那段时间的紧张，可以说，我的焦虑程度可以用“头发天天大把大把地掉”来体现了。

在论坛的评价和总结环节中，我作为全球青少年人才代表发挥的积极作用得到了专家们的高度认可，专家们同时充分肯定我校作为职业学院在“立德树人”方面的成就。在同年 9 月，亚洲教育论坛授予我“责任管理教育建设杰出表现奖”，参会的国内外专家学者也高度评价我为“杰出青年的模范先锋”。

克承先志，自强不息

作为青年一代，我树立牢固的精神信仰。打小我就喜欢伏在祖父的膝头，听他讲过去的故事。两代军人，从战火硝烟到和平盛世，时代在变，唯一不变的是流淌在家族血脉中的红色基因。恰逢建党 100 年的重要历史转折点，我作为一名光荣的中共党员，在家人的鼓励下向学校党群工团服务中心无偿捐赠了祖辈当年参加革命战斗时携带的行军壶、冲锋号、煤油灯三样革命物品，为学校党群工团服务中心增添了一抹浓重的革命色彩。

这些记录并见证了祖辈光辉岁月的老物件弥足珍贵。每当站在它们面前，那个波澜壮阔的时代仿佛就会铺陈在我眼前，每一个老物件都在讲述着它背后令人动容的故事，令人追思不已。我随着它们穿越时空隧道，回到炮火纷飞的革命年代，汲取到了强大的精神力量。我希望可以通过捐赠革命物品这一行为让更多的同龄人感受先辈的革命精神，了解革命之路的艰难困苦，明白如今生活的来之不易。山河波澜壮阔，少年仍需前行！

未来不远，未来已来

“往者不可谏，来者犹可追。”在这三年的学习生活中，四川国际标榜职业学院带给我的，有试错的勇气、独立的人格、挑战的力量。

我相信，只有敢于背负自己理想的人，才有机会成为别人理想中的人。我向未来张望的时光，或许孤独而漫长，但坚信努力过后，都是晴朗。终有一日，我可以在湛蓝纯净的天宇下，振翅翱翔。

回首来路漫漫　矢志不改初心

成都农业科技职业学院◆张娇

张娇，女，汉族，2000 年 12 月生，共青团员，成都农业科技职业学院畜牧兽医学院动物医学专业 2019 级学生。获 2020—2021 学年度国家奖学金、2019—2020 学年度国家励志奖学金、四川省大学生综合素质 A 级证书，被评为四川省优秀大学毕业生；获第六届“雄鹰杯”小动物医师技能大赛团体二等奖、第七届四川省“互联网＋”大学生创新创业大赛二等奖、第十六届四川省“挑战杯”大学生课外学术科技作品竞赛三等奖。以第一作者身份发表学术论文 2 篇，主持“农凤鸡二世代矮小基因分子”等 4 项省级大学生创新创业训练计划项目。

三年前的金秋九月，我满怀着对大学的好奇与憧憬，怀揣着小小的动物医学梦，成为成都农业科技职业学院畜牧兽医学院动物医学专业的一名学生。不驰于空想，不骛于虚声。三年来的学习与生活，一千多个日夜的点点滴滴塑造和成就了现在的我。如今，我将要作别母校，去开启新的生活篇章。

不忘初心　无悔选择

在这个广袤的星球上，人类并不是唯一的生命体，也不是唯一具有情感的生灵，人类与各种各样的动物共同生活在地球这个美丽的家园。我很喜欢小动物，从小就立志成为一名呵护它们的白衣天使，为它们的健康保驾护航。正因如此，我在选择大学和填报志愿时，毅然决然地选择了家人和朋友眼中被赋予了“冷门、危险、工作环境差”等标签的动物医学专业。

生活的真谛从来都不在别处，就在日常一点一滴的奋斗里。我深知作为一名动物医学学子的使命，始终将学习作为第一要务。入校以来，我刻苦学习，务实进取，课上认真听讲抓紧每分每秒学习专业知识，课后坚持在图书馆博览群书，不断拓宽知识面。一分耕耘，一分收获，在老师的指导和同学们的帮助下，我取得了专业综合排名第二的成绩。

卡莱尔曾说：“要迎着晨光实干，不要面对晚霞幻想。”我深知实践能力的重要性，因此组织参与了学院各类大型专业技能比赛，如鸡新城疫抗体水平测定、鸡的采血及解剖技能比赛等。这些活动为我提供了一个“课外学习＋实践锻炼＋自我提升”的平台，帮助我将专业知识付诸实践，还极大地激发了我“学专业、爱专业”的热情。此外，参加实践活动不仅夯实了我的理论知识基础，提升了我的专业技能，更重要的是引导我培养出了“复杂的事情简单做，简单的事情认真做，认真的事情重复做”的学习思维。我还积极参加了各类各级创新创业比赛，收获颇丰，提升了创新能力，也为之后的就业奠定了基础。

回首两年多的大学生活，我秉承着“勤奋、俭朴、诚信、敬业”的校训，不断稳步前进，朝着自己的理想奋斗！

求知若渴　勤于实践

我每日往返于宿舍和教学楼之间，每次途经7栋宿舍时，都会驻足在外墙上那一排四川省优秀大学毕业生的照片和简介前。我将他们作为自己的榜样，并暗自下决心：总有一天，我也会像师兄师姐们一样优秀。大学的每时每刻我都没有忘记这个目标。

不积跬步，无以至千里。我在课堂上积极回答老师的问题，虚心向老师请教，积极参与小组探讨，扎实地学习专业知识。在实验室或实训场里，我不放过每一次动手实践的机会。大二上学期时，在专业老师的带领下，我开始进行动物实验，每天除了上课、吃饭、睡觉外的时间基本都泡在实训场，开始真的很艰难，因为没有经验，只能一步一步地摸索，“起最早的床，熬最深的夜，干最脏的活儿”。记得那次做鸡新城疫抗体水平指标检测时，一直失败且找不到原因，困顿消极的情绪笼罩着我。我尝试拨通了学院俞宁老师的电话，老师安慰我说："这很正常，错了我们就从头来过，没什么大不了的，没有谁能一帆风顺。"在老师的安慰、鼓励和指导下，又经历了几次失败后，一切似乎变得得心应手，从设计实验流程、设计免疫流程到后面的采集样本、数据分析、论文总结等都十分顺利。我喜欢参加各种专业技能大赛，因为喜欢赛前和团队成员一起全身心投入备战的状态，喜欢赛场上紧张又刺激的氛围，也喜欢获奖后那种满满的成就感。这些成绩和荣誉的背后，有踏实的付出和永不言败的执着，也离不开同学的支持协作、老师们的悉心指导与学校为我创造的良好平台。

弘扬畜牧精神　助力乡村振兴

习近平总书记强调：乡村振兴是实现中华民族伟大复兴的一项重大任务，农业农村现代化是实施乡村振兴战略的总目标。在"亲农、事农、兴农、敬业、勤业、创业"的学院精神的指导下，2021 年 7 月，我和队友们顶着酷暑，在指导老师的带领下坐了 8 个小时的绿皮火车，到美丽的四川省凉山彝族自治州甘洛县普昌镇开展大学生暑期"三下乡"社会实践活动。在社会实践期间，我们徒步上山，来到农户家中耐心细致地为他们讲解养殖技术，给家禽家畜接种疫苗，帮助当地乡民不断提升疫病防控意识、树立科学养殖观念，用技术助力农户增收增产，为乡村振兴略尽绵薄之力。普昌镇地理位置偏僻，深受环境制约，没有高楼大厦，更没有车水马龙，但有彝族同胞的真诚、热情和淳朴。当地缺水，我们就一桶一桶地从几公里外提回来；天气炎热，我们就直接席地而睡；食物缺乏，我们就坐在路边吃着自带的只能泡得半生不熟的方便面。经过这次实践锻炼，我深深明白了身为农院学子，应该以求真务实、甘于奉献的信念，真正地走入基层、扎根基层，积极投身于乡村振兴，贡献青春力量。

生命不息　奋斗不止

时间从不肯做须臾的停留，回顾已经逝去的两年多的大学时光，其中有许多精彩难忘的时刻，但最让我记忆犹新的还是母亲在车站送我返校的那个画面。当我提着行李过安检时，蓦然回首，看见泪眼婆娑的母亲被攒动的人头渐渐吞没的景象，我才知道自己被母亲如此深深地爱着。正是因为有了家人、师长以及朋友们的鼓励与支持，我才拥有了“志之所趋，无远弗届”的勇气。“我珍惜人生中的每一次相识，天地间的每一份温暖。”为报答这些爱意与期盼，我会继续奋发图强，锐意进取，笑着去迎接一个个充满激情与希望的挑战，让自己变得更加优秀，为自己的明天添彩增辉，以厚劲之心为家乡及祖国的发展尽一份绵薄之力，不负事农初心，不负青春韶华，永担“强国一代”的使命。

努力活成别人的学习榜样

宜宾职业技术学院◆毛建峰

毛建峰，男，彝族，1997年6月生，甘孜藏族自治州九龙县人，中共预备党员，宜宾职业技术学院经贸管理学院电子商务专业2019级学生。曾任院学生会主席，青年马克思主义学习社会长，2019级电子商务专业辅导员助理。获2019—2020学年国家励志奖学金、2020—2021学年国家奖学金、四川省大学生综合素质A级证书，获第十届全国大学生电子商务“创新、创业及创意”挑战赛二等奖、第十一届全国大学生电子商务“创新、创业及创意”挑战赛二等奖、第七届四川省“互联网+”大学生创新创业铜奖，获宜宾市优秀共青团员、宜宾市优秀大学生称号。

目标引导的人生终将到达目标

奥斯特洛夫斯基说过：“生活赋予我们一种巨大的和无限高贵的礼品，这就是青春：充满着力量，充满着期待、志愿，充满着求知和斗争的志向，充满着希望、信心和青春。”是的，正因为青春，我便更明确一个人的成功不是偶然，而是用一滴滴汗水与一次次坚持的努力所铸造的结果。

2019年9月刚踏入大学的时候，我并不憧憬大学安逸舒适的生活，而是对自己未来三年能够在宜宾职业技术学院学到多少、收获多少充满疑惑。

大学的生活真的和想象中的一样，不会像高中一样靠严格的规则来约束学生，更需要学生自律。宜宾职业技术学院的三年学习时光对我而言是很宝贵的，我不能浪费一分一秒，于是开始为自己制订计划，明确方向。拿到国家奖学金是我大一的时候就明确的目标之一。辅导员告诉我们要实现目标就只需要有一个信念："坚持"。我时刻提醒自己要充实地过好每一天，为自己定下的目标努力奋斗。今天，回望走过的路，我已经基本实现了自己的目标；未来，旅途还很长，我会更加坚持不懈地努力。

与书为友　自得幸福

我深知，尽管大学只是现实社会的冰山一角，仍充满无数的竞争，要想在这一个人生小舞台上脱颖而出，就必须做到方方面面都比别人优秀，也必须时时刻刻做好吃苦的准备。我是生长在一个普通农村家庭的孩子，从小就养成了自觉、独立、吃苦的品性，也一直坚信环境只能影响一个人，但不能决定一个人。少一点怨天尤人，多一分自尊自立，通过自己的努力改变现状，这才是积极的人生态度。正因如此，刚步入大学时，我就知道自己努力的方向在哪里。

在大一的学习生活中，图书馆成了我生活的一部分。当时图书馆一楼有一个大学生创新创业咖啡吧，只要没有课我就去那里坐坐，帮帮忙，看看书。李苦禅说"鸟欲高飞先振翅，人求上进先读书"，看书学习确实使我觉醒了许多。在那段时间里，我对黄山谷所说的"三日不读书，便觉语言无味，面目可憎"深有体会。书籍对我来说亦师亦友，武装着我的头脑，引领着我的思想，现如今我所收获的荣誉多半也源于它。

成败得失　寸心自知

成功同时就意味着失去。别的同学在看电影、打游戏、睡觉时，我在忙着准备各种竞赛、考试；别的同学去旅游、逛街的时候，我在忙着学习和学生会工作。长久下来，我偶尔也会失落甚至动摇，也曾想要放弃最初的追求与目标。特别是遭遇一道道专业难题和工作难题，冥思苦想许久仍不得解的时候，我真的会有些绝望与无助。每当这个时候，身边总会有老师和同学们的声音在支持着我，告诉我不要放弃，坚持自己选择的道路，风雨之后的彩虹更加美丽。我特别感谢辅导员尹叶飞老师，他时常找我谈心。我经常用叶老师教导的"努力到无能为力，坚持到感动自己"

来支撑自己。

“不经风雨，不成大树；不受百炼，难以成钢”“要看日出必须守到拂晓”，每每想到师友们的这些教诲时，一股继续奋斗的激情就又被重新点燃。功夫不负有心人，通过自己无数次咬紧牙关的学习、历练，我的综合素质不断得到提升。记得普里尼曾说“在希望与失望的决斗中，如果你用勇气与坚决的双手紧握着，胜利必属于希望”，我明白成功终究是来源于希望与坚持的。

我还记得郭沫若的一句话“读活书，活读书，读书活”，因此在大学这个人生舞台上不想失去锻炼自己的机会，同时也想在能力范围内为母校的建设、发展贡献自己的一份力。于是，我秉承着“奉献学校、服务师友、锻炼自我”的初心，在大一时就积极加入了学生会以及其他学生组织部门，并在部门工作中得到认可，获得优秀干事的称号。当时，我很开心，觉得自己对这个集体的付出得到了肯定与赞扬。此后，我还担任了院学生会主席、青年马克思主义学习社会长、2019 级电子商务专业辅导员助理等职务。任职期间，我认真努力做好每件事，尽职尽责完成老师布置的各项工作任务。

同时，我也积极参加各种竞赛，在 2020 年第十届全国大学生电子商务“创新、创业及创意”挑战赛和 2021 年第十一届全国大学生电子商务“创新、创业及创意”挑战赛中都获得了二等奖。在团体合作中，我明白了与同伴团结协作的重要性。

结语

“但行好事，莫问前程”“忍受别人不能忍受的忍受，才能享受别人不能享受的享受”，这两句话一直是我大学时的座右铭。我想，对于一个人的人生来说，最美好的回忆就是在付出努力的一个个瞬间。

我一定会不断地鞭策自己，时时给自己正能量，充分发挥自己的优点，反思改正自己的缺点，争取在激烈的竞争环境中把握自己，成就梦想。只有立足于今天，才能在今后的学习、工作和生活中，不断完善自己、提高自己。大学所获得的成绩只是自己大学阶段的努力与坚持的证明，当我们走出学校，一切又从零开始。我时时告诫自己，要正确看待这一时的收获并将它放在自我激励的位置上，不骄不躁，始终以乐观向上的态度朝着目标奋斗下去，才能获得更长久的成功。

宝剑锋从磨砺出，梅花香自苦寒来

泸州职业技术学院◆陈茂林

陈茂林，女，汉族，1998年8月生，中共党员，泸州职业技术学院师范学院语文教育专业2017级学生。2018年保留学籍参军服役于中国人民解放军战略支援部队北京某团，2020年退役复学，其间获优秀士兵嘉奖。在校期间，获国家奖学金、第七届中国国际“互联网+”大学生创新创业大赛铜奖、第十七届“挑战杯”全国大学生课外学术科技作品竞赛“黑科技”专项赛“恒星级”作品奖，连续两年获四川省师范生“三笔字”书写能力大赛一等奖、四川省师范生教学能力大赛一等奖、四川省首届“点亮生涯”大学生职业生涯规划大赛“十佳选手”等奖项；获得全国职业院校优秀在校生、四川省优秀大学毕业生等荣誉称号。

宝剑的锐利刀锋是从不断的磨砺中得到的，梅花飘香来自它度过了寒冷的冬季。想要拥有美好，就需要不断努力，克服一切困难。携笔从戎，铸炼铁骨，练就钢铁意志，我宣誓：退役不褪色，退伍不退志，青春不留遗憾。

心怀憧憬，脚踏实地

2017年9月，我心怀期待、喜悦走进大学的校园。我认真地做好一个大学生该做的事，积极地学习、实践、参加活动，每一节课都坐在第一排，每一次实践都争做第一人，因而整个大一学年，我的专业成绩都位居榜首，获评校级三好学生。

大一下学期，我利用课余时间到泸州市周边的小学支教。在支教的半个月里，我学着与学生们相处，探索如何做好一位老师。我会提前为学生准备橡皮、铅笔之类的小礼物；下课了，也会和他们一起玩耍、聊天，走进他们的世界，做一个以心以情带学生的老师。支教的时间有限，每一天与学生的相处，都让我感到很开心。在支教活动中的优秀表现，让我获得了“支教新星”的荣誉称号，但对我而言，重要的是其间所收获的回忆与欢乐。

参军入伍，磨炼意志

2018 年 9 月，我怀揣着对军人的敬意和成为一名军人的理想，在政策的号召下，保留大学学籍应征入伍，服役于中国人民解放军战略支援部队北京某团。部队训练很苦、任务很重，但是我从不畏惧，因为我们排的口号是“像男兵一样打仗”。在零下十度的风雪里，一动不动地站岗 90 分钟，重装 30 公里拉练，高强度的队列训练、体能训练和技能训练，都磨炼出了我坚强、不放弃的意志。

2020 年，新冠肺炎疫情暴发，我在危急时刻主动上交请战书，积极投入疫情防卫战。“军装所代表的不仅是荣耀，更是一种责任和担当，吃苦受累的素质不能丢，掉皮掉肉的牺牲不可惧，冲锋陷阵的勇气不能失。”也正是这句话一直鼓舞着我。汗水的咸，让我收获了过硬的身体素质，实现了从柔弱书生向威武军人的转变；训练的苦，磨炼了我自强不息的意志，实现了从懵懂大学生向坚忍不拔的女军人的蜕变。最终，我凭借过硬的军事素质和专业技术，圆满完成了每一项任务，获得了优秀士兵嘉奖。

坚定信念，不忘初心

2020 年 9 月，我退伍复学，因两年没有进行专业学习，对很多基础知识已经生疏、遗忘，学习专业课程并没有想象中那么轻松。在学习最吃力的时候，我就回想起部队中的体能训练之一 ——吊单杠。入伍时我一次只能吊 14 秒，经过不断的训练、不断的突破，可以吊 32 秒、53 秒……到后来，能坚持 87 秒，很多男兵都不是我的对手。

“学习也能像吊单杠那样，只要坚持，不断练习，也定能实现突破。”从此，我坚持每天早起学习，每次上课都坐在离老师最近的位置，争取缩小和同学们之间的差距。在夜以继日的努力下，也算有所收获，我的专业成绩进入了年级前五名。父母因自己的文化水平不高，所以特别希望我能多读书，我时刻谨记他们的期望，也时刻谨记当初自己在国旗下的誓言——努力学习、敢于攀登，立志为祖国的发展贡献自己的力量。

军营淬炼青春，拼搏成就未来

我将青春最美好的两年献给了部队，但从不后悔，因为部队教会了我拼搏与坚持。现在，我将这份勇于追梦、不畏艰难之心，全部投入了自己的学业中。

细数入校以来获得的大大小小的荣誉，加起来差不多有97项，省级以上荣誉有16项。荣誉是对我能力的认可，但我觉得更重要的是争取荣誉的过程中自己的所学所见。

各类竞赛，是我大学生涯中浓墨重彩的一笔。2020年10月，我参加四川省师范生“三笔字”书写能力大赛荣获一等奖，并加入了四川省硬笔书法协会。这是我退伍后参加的第一个比赛。拿了两年的枪，突然要用笔来“战斗”，对我来说非常不易，但是我从不言弃。书法需勤加练习，别人每天练2个小时，我就练4个小时、6个小时，用时间的积累弥补不足。在2021年9月的四川省师范生“三笔字”书写能力大赛中，我再次荣获一等奖。每一次比赛都是对我师范生技能的考验，也是提升自我的一种途径。

2021年5月，我代表泸州市参加四川省首届“点亮生涯”大学生职业生涯规划大赛荣获十佳选手称号，并受到泸州市的褒奖。在备赛之前，我就仔仔细细地想了好久，毕业以后自己到底要从事什么工作。备赛过程中，我又对自身的优势、劣势、机遇等进行了分析，再次思考未来的就业方向以及自己能为就业做的准备。我知道，自己没有多余的时间迷茫，越努力才能越幸运。

2021年6月，我参加四川省师范生教学能力大赛荣获一等奖，参加四川高校大学生讲思政课比赛荣获二等奖。两个比赛都是在考验我的教学能力。在备赛中，我进一步提高了备课、讲课、语言表达等方面的能力，尤其关注课程、教案设计这一部分。

心存对祖国、社会的感激，我十分热衷于志愿服务。利用寒假和暑假的时间，积极参加社区、乡镇的志愿服务和实践活动，累计时长超过 1200 小时。

“退役不褪色，退伍不退志”的信念、学好专业知识的初心、不甘为人后的志向，让我实现了从后进生向拔尖生的蜕变。如今的我，坚韧自信，在“崇德、博学、尚俭、笃行”的泸州职业技术学院校训的引领下，勇往前行，为梦想拼搏！

青春因拼搏而精彩 梦想因奋斗而伟大

乐山职业技术学院◆蒋露依

蒋露依，女，汉族，2000 年 1 月生，中共预备党员，乐山职业技术学院护理系护理专业 2019 级学生。获国家奖学金、校级二等奖学金；获第十二届四川省“挑战杯”大学生创业计划竞赛铜奖、四川省大学生综合素质 A 级证书；获四川省优秀大学毕业生，乐山市无偿献血服务队先进志愿者，乐山国际半程马拉松赛优秀志愿者，乐山市特殊教育学校优秀支教者，亚洲数学技术国际会议（ATCM）优秀志愿者，校级十佳团员、十佳学习标兵、优秀青年志愿者等荣誉称号。累计荣获省级奖励 3 项、市级奖励 5 项、院级奖励 12 项、国家专业技能证书 4 项。

在三年大学时光里，我明确了自己的人生目标，并不断激励自己向上，不断完善自己，做到了全面发展。

辛勤耕耘，争当专业学习“排头兵”

入校时，我深知大学生的首要任务是学习，因此不断加强自己对专业课程的学习，并在大三时获得了国家奖学金及校级二等奖学金。对我来说，每一分付出都会有所收获。在校期间，我考取了护士执业资格证书、育婴师资格证书。在参与志愿服务期间，了解到我国老龄化趋势明显，为更好地为老人提供志愿服务，我考取了老年照护职业技能等级证书。

在思想上，我主动学习党的各种理论知识，在实践中提升自我，并于2020年3月向党组织递交了入党申请书。在党组织的培养下，我提高了思想理论水平，树立了“四个意识”，坚定了“四个自信”，做到了“两个维护”，坚持全心全意为人民服务，目前已成为一名预备党员。全方面发展的我，于2020年6月获得了四川省大学生综合素质A级证书。

知行合一，争做核心价值观“践行者”

进入大学后，我加入了青年志愿者协会，用行动传播爱心；积极践行社会主义核心价值观，不忘初心，用自己的所学服务老师和同学们，感召更多的青年加入志愿者行列；用自己的爱心、耐心、责任心服务广大人民，回馈社会，践行奉献、友爱、互助、进步的志愿服务精神。

1. 发扬志愿心，助力新时代

作为一名新时代的医护生，我努力将自己的所学回馈社会，积极参加社区志愿服务，包括居民健康义诊、社区卫生打扫、周末陪伴老人等。我参加了亚洲数学技术国际会议(ATCM)、第七届四川国际旅游交易博览会、乐山国际半程马拉松赛等大型活动的志愿服务工作，获评多项活动的优秀志愿者称号。同时，我定期前往乐山市特殊教育学校支教，获评优秀支教者。暑假期间，我组织团队到都江堰康养中心开展义诊活动。此活动获得本系暑期社会实践三等奖，团队获评校级暑期社会实践优秀团队，我也被为2020年度校级暑期社会实践优秀个人。

2. 服务树品牌，走好志愿路

在校期间，我担任校青年志愿者协会医学系、护理系分会理事长，策划、组织了各类志愿服务活动，带领志愿者到社区、养老院等地开展志愿服务。在此期间，医学系、护理系的“志愿四川”志愿者注册人数达到2296名，累计服务时长17621小时，开展志愿服务157次，参与志愿服务人员2517人次。医学系青年志愿者分会获2019年校级志愿服务先进集体；个人获评校级十佳团员、优秀学生干部、优秀志愿者。

我带领志愿者队伍，创新志愿者工作，通过定期的专业知识培训及志愿服务精神培养，形成了长效的志愿者培训模式。我们积极开展“一对一”志愿服务，先后针对白塔街社区和苏稽镇的空巢老人建立起“一个志愿者服务一位空巢老人”的志愿服务计划；在乐山市市中区等地建立长期志愿服务基地开展志愿服务活动；每年暑假前往乐山市犍为县开展以健康宣传、义诊为主的暑期“三下乡”社会实践活动。

同时，我还注重打造医学系、护理系特色志愿服务项目，树立志愿服务品牌，带领我系青年志愿者到嘉州社会福利院、颐年养老院、顺江养老院、三康养老院等地，给老人带去关爱与温暖，弘扬了尊老爱老的传统美德。

3. 青春红十字，无悔志愿行

作为乐山职业技术学院红十字骨干志愿者，我积极发扬红十字精神，利用世界红十字日、世界急救日、世界献血者日等重要时间节点开展“三救三献”宣传活动。我还联系乐山市中心血站入校开展无偿献血活动，2020 年共计献血量达 18.32 万毫升。因为这项活动，乐山职业技术学院获评 2018—2019 年度全国无偿献血促进奖特别奖，我个人获 2018—2020 年度乐山市无偿献血服务队先进志愿者。

4. 志愿报家乡，同心抗疫情

2020 年新冠肺炎疫情来袭，我在新闻中看到国家疫情防控的需求，便号召医学系、护理系青年志愿者参与到家乡新冠肺炎疫情的抗击工作中。173 名志愿者身穿防护服现身各个疫情防控“卡口”不辞辛劳地开展登记、排查等工作，累计志愿服务 15515.5 小时。其中 6 名志愿者收到家乡政府的感谢信，25 名志愿者受到当地媒体报道，40 名志愿者收到当地政府颁发的荣誉证书，另有 40 名志愿者荣获校级“抗击新冠肺炎疫情优秀志愿者”的称号。

勇立潮头，敢为创新创业“追梦人”

为全方面发展，提升自身的创新能力，我和团队发起“叮当宠物保险”项目。这个项目源于我与团队成员时常看见路边被遗弃的流浪小动物，想为“减少遗弃动物”“让流浪动物病有所医”做力所能及的事。该项目在第十二届四川省“挑战杯”大学生创业计划竞赛中获铜奖，在学校第三届“互联网 +”创新创业大赛中获三等奖，在第十七届“梦想青春”科技文化创新创业大赛中获二等奖。

大学是我人生中最重要的一个阶段，我坚信：脚踏实地做好每一件事，理想终会因为奋斗而实现，青春终会因为拼搏变得精彩！

感恩资助　励志青春

四川商务职业学院◆郑韩

郑韩，女，汉族，2001 年 3 月生，共青团员，四川商务职业学院经营管理系连锁经营与管理专业 2019 级学生。获国家奖学金，国家励志奖学金，校级社会实践优秀报告二等奖，校级“盒马杯”商品促销大赛最佳陈列奖、最佳创意奖；获四川省优秀大学毕业生，校级优秀共青团干部、三好学生、暑期社会实践活动先进个人等荣誉称号。

青春是一场奇妙的追梦之旅，每一名追梦者都渴望梦想成真，我也在日复一日的梦想追逐中不断成长。三年的大学时光如白驹过隙，转瞬即逝，它对我而言更是一场充实而精彩的逐梦之旅。

克服困难，敢于有梦

2019 年 8 月的那天，手捧入学通知书的我心情复杂，喜忧参半。对出生于农村贫困家庭的我来说，《入学须知》上的学费和生活费标准是给家里出的一个大难题。虽然妈妈也想让我去外面增长见识，学习更多知识，认识更多老师和同学，但因为高昂的学费和生活费，家人显得有些为难了。另外，父母还认为读一所专科学校没有出息。眼看我的大学梦要泡汤了，但我好不容易考上心仪的大学，觉得机会就在眼前，确实不想浪费这样的一个宝贵机会，一家人因此感到困惑、焦虑。就在我们一筹莫展时，一直对口帮扶我们家庭的驻村干部告诉我妈妈说：“孩子现在应该去上大学。多读书，多积累文化知识对她未来就业有帮助。我也了解你们家庭的情况，学费问题嘛，也不用担心，国家政策很好，现在可以去当地资助中心给孩子办理助学贷款……”于是，妈妈听从了驻村干部的建议，果断去给我办了助学贷款，入学那一年的学费有了着落。心里暗自庆幸的同时，我还是隐隐担忧，因为知道后续的生活费和学费对于我那贫寒的家庭来说不是一个小数目。

心怀感恩　勇于追梦

不管如何，我还是带着喜悦而又忐忑的心情进入了梦寐以求的大学。在办理新生入学手续时，我填写了家庭资料。当学生处负责资助的老师看到我的情况后对我说：“同学，留个电话吧。以后学校有勤工助学岗位时我们就联系你，这样可以补贴一下你的生活费。”

开学没过多久，这位老师果然就主动打电话问我忙不忙，需不需要到学生处从事兼职助理的工作。我欣喜若狂，赶到学生处办公室后，就在老师的指导下开始了紧张又忙碌的工作。因为高中老师教了我一些基础的办公软件的操作方法，我很快就适应了学生处的工作。

在入学教育阶段，我特别认真地听了老师对资助政策的详细讲解，随后，便怀着忐忑的心情递交了申请书。经过评议小组的调查和评议，我很幸运地被认定为贫困生并且获得了学校最高级别的助学金。入学前的那一丝忧虑随着这个结果的公示，也减轻了很多。我知道，我终于有了顺利完成学业的机会了。在这里，我要特别感谢国家的资助政策给予我们这些贫困大学生来之不易的求学机会，为我们带来了曙光。我决心在大学阶段努力学习，以不辜负国家对我们的期望，争取有一天能有机会、有能力用自己的行动去回馈社会，帮助更多需要帮助的人。

不负韶华，勤于圆梦

学习的后顾之忧基本得到解决后，我迫不及待地想要融入丰富多彩的大学生活中。于是，我加入了学校勤工助学队，参与竞选班级的团支书，加入系学生会组织部，加入学校艺语书法社，还利用空闲时间积极开展社会实践……各种会议、活动将我的空余时间占得满满当当的。我也在参与、组织和总结这些活动的过程中，不断地汲取营养，滋养梦想，畅想着有一天自己也能去帮助别人。

2020 年，一场影响了全世界的疫情来得猝不及防，虽然国家以强有力的防控措施很快控制住了疫情的蔓延，但为了安全，我们不得不在家进行一个学期的网课学习。突然的自由，让我很迷茫。刚刚适应了大学生活，却突然又不能回到校园，让我觉得仿佛有些虚度光阴。短暂的迷茫后，我认识到：上网课，考验的不仅仅是我们的学习能力，更是我们的自律性。在大家最放松的时候，我不能放纵自己，不能在学习上落下！同时我也要提醒班级同学，不能落下学习。

为此，我给自己制定了居家版课程表，也与妈妈谈到自己的学习安排。妈妈对我说："家里的电饭煲坏了一直没用，要不明天上街买个新的吧！这样，你就在家做饭不用去地里帮忙了，把家里打理好就行，农忙的时候再叫你。你要好好读书，读书是唯一的出路，学有所成才能改变现状。"听了妈妈的话，我心里感到高兴的同时也有点难受。从她的话里，我感受到了她的遗憾、她的希望、她的寄托。

此后的学习中，我更加努力，认真地上好每一节网课，并协助各位任课老师做好考勤等学生工作，受到老师和同学们的好评。同时，我还用自己的热情感染同学，用班级评比激励同学，用自己的行动"卷"起同学。一分耕耘，一分收获，2020 年，我的学习成绩不断提升，并成为班级唯一一个国家励志奖学金获得者。

宝剑锋从磨砺出，梅花香自苦寒来。此后，我没有自满，而是再接再厉，一如既往地搞好工作和学习。努力和收获成正比，2021 年，我获得了国家奖学金、四川省优秀大学毕业生等荣誉。这是对我大学三年努力的肯定，也是我通过奋斗交给社会以及帮助过我的人的一份答卷。

路漫漫其修远兮，我将不忘初心，砥砺前行，认清未来路，不忘来时路，在追逐梦想的奋斗中实现人生价值、感恩伟大时代，用青春书写无愧于时代的壮美诗篇。

若无春华，何来秋实

广安职业技术学院◆白红利

白红利，女，汉族，2001年3月生，中共预备党员，广安职业技术学院智能制造与汽车工程学院工业机器人技术专业2019级学生。获国家奖学金、国家励志奖学金、校级二等奖学金，获全国职业院校自动化产线装调虚拟仿真技能大赛（高职组）一等奖、四川省职业院校技能大赛（高职组）工业机器人技术应用赛项二等奖，获四川省优秀毕业生、自贡市优秀志愿服务者、校级三好学生等荣誉称号。

时光荏苒，三年大学时光已将结束。蓦然回首，这三年我虽没有创造出轰轰烈烈的战果，仍取得了许多不可磨灭的成绩。在广安职业技术学院校训“思源、追寻、致远”的熏陶下，我成了一个目标坚定、方向明确的人；在老师们的教导下，我掌握了扎实的专业技能，积累了丰富的实践经验；在学校的培养下，我更加明确了自己的人生目标与前进方向。

目标坚定、方向明确

学生的职责是什么呢？顾名思义，它就是学习。歌德曾说过：人不光是靠他生来就拥有一切，而是靠他从学习中所得到的一切来造就自己。还记得刚踏进广安职业技术学院的大门时，我只是一个通过单招考试进校的“中等生”，或许可能连“中等生”都算不上。众所周知，参加单招考试的学生在成绩上往往不是很“美好”，我也如此。但在进入大学之后，我的一切都在潜移默化中发生了改变。当看见清晨便悄悄起床学习的学姐们、夜幕降临还不肯离开图书馆的同学们、奋笔疾书到凌晨的室友们，我很受触动，幡然醒悟，为以前浪费时光而感到羞愧，再也不敢懈怠。

很庆幸，我遇到了一群对的人、努力的人、有追求的人。在这种积极向上的学习氛围的熏陶下，我严格要求自己，提前做好了学习计划及职业规划，每学期定一个小目标，每学年定一个大目标。凭借细化目标和对知识的不断钻研，我的专业知识积累不断增加，技能水平不断提高，专业成绩及综合素质常年保持在年级前列。课余时间，我参加了党校培训，通过学习党的理论知识，不断强化理想信念，坚持向优秀共产党员看齐，也顺利被培养为中共预备党员。通过三年的不懈努力，我获得了国家奖学金、国家励志奖学金、校级二等奖学金等。回首过去，我感谢曾经那个下定决心奋发努力的自己。

拓宽知识、加强实践

实践是检验真理的唯一标准。当我们牢固掌握专业知识和技能后，应把所学的理论知识充分运用到我们的生活实践中，力求理论和实践的统一。

刚进入大学的第一学年，看到学长学姐参加技能大赛，我很向往。在大二那年，通过同学的推荐，我如愿获得工业机器人技术应用赛的选拔机会。当时报名的同学很多，需要通过小型比赛来确定最终集训成员。相比他人，我的实操经验相对薄弱，再加上太紧张，我是唯一一个把时间用完才完成任务的选手，但值得庆幸的是，最后我通过了此次选拔加入了集训队伍。在集训期间，老师把工业机器人作为集成应用比赛的主站，就表明负责机器人的同学需要更加丰富的联调经验和更加缜密的项目思维。针对自己实操经验不足以及项目思维不够发散的问题，在每次分组练习时，我总会向老师和其他队员虚心请教，并对常见问题进行归纳总结，以弥补自己的短板和不足。集训期间，我过的都是“797”的生活，每天寝室、食堂、实训室“三点一线”，甚至晚上睡觉，梦到的都是程序和编程思路。有一次，我在梦中有了新的编程思路，居然一下从床上跳了起来并迅速将思路写在了本子上。当时室友还以为我魔怔了，把她们吓了一跳。经过了那段忙碌而又充实的生活，我们的团队不负众望，先后获得了四川省职业院校技能大赛（高职组）工业机器人技术应用赛项二等奖、全国职业院校自动化产线装调虚拟仿真技能大赛（高职组）一等奖。通过这段历练，我更加确信，漫漫人生路，多些知识和技能傍身总归是对自己的发展有重要意义的。

充实合理、丰富多彩

我的大学生活不仅仅是忙碌而又紧张的，也是井然有序、丰富多彩的。课余时间，我热衷于公益事业，希望通过志愿服务实现人生价值。在2019年寒假期间，新冠肺炎疫情暴发。我得知家乡需要疫情防控志愿者时，第一时间向村党组织提出了申请，成为一名疫情防控志愿者，每天负责在村口对出入人员进行信息询问、体温检测并做好登记。虽然这份工作较为辛苦且有风险，但能为社会、为家乡做出贡献，我便无悔无怨。回到学校后，我又多次参加志愿服务活动，认识了一群可亲可爱、志同道合的小伙伴，为校园生活增添了一抹别样的色彩。

有同学说当了班委就没有时间学习了，我认为两者并不冲突，当班委甚至让我受益良多。比如，成为学习委员之后，我在服务同学时，努力做好了师生沟通的桥梁。通过沟通交流，我也学习到了不同的思维方法，而且发现一次次的工作总结和反思让自己变得更加严谨。这些对于我的学习来说都有莫大益处。正因学习生活自律、有规划，我有了足够的时间参与课外活动，综合素质得以不断提高。因此，在校期间，我荣获了宿舍风采大赛一等奖、“青春防艾·校园我行”微电影大赛三等奖、三好学生、优秀学生干部、优秀毕业生等荣誉。我再次确信，付出与收获是成正比的。

若无春华，何来秋实？只有付出了，才会收获丰硕的果实。拥有清晰的目标、规律的生活、计划性的学习，前进的道路上一定会充满光明。

青春只有一次，别让自己过得不精彩

四川铁道职业学院◆张钰姚

张钰姚，女，汉族，2000 年 11 月生，共青团员，四川铁道职业学院铁道工电学院铁道供电技术专业 2019 级学生。在校期间，获国家奖学金 1 次、校级一等奖学金 4 次；获全国职业院校“捷安杯”铁道牵引变电技能竞赛二等奖、全国大学生职业生涯规划大赛一等奖、四川省大学生综合素质 A 级证书、四川省优秀大学毕业生等荣誉。

我来自一个农村家庭，从小在农村长大，所以深知农村生活的不易，也了解劳动人民的艰辛。都说“穷人家的孩子早当家”，我也不例外。我从小帮家里干活，虽然吃了很多苦，也觉得很累，但艰苦的环境并没有消磨我奋发图强的意志，相反，让我锻炼出了坚强乐观的品性和不屈不挠的韧劲。

困苦磨砺人生，奋发铸就成功

升入大学之后，我便开始为自己的生活做规划。相比同龄人，我没有显赫的家庭背景，也没有富足的生活条件，但并没有因此放弃，因为始终坚信只有靠双手，才能实现自己的梦想。在两年多的大学生活里，自立自强、活出精彩一直是我奋斗的目标。我很喜欢自己的专业，也从来没有松懈过，课前做好预习，课中做好笔记，课后仔细钻研，专业成绩排名一直稳定在年级前三，连续四学期获得校级一等奖学金。在实训课程中，我能做到学以致用，将理论应用到实践中去，并且能做到勤加练习、熟练操作，掌握技巧。在这两年来的实训课程考试中，我也一直保持着专业第一名。

在大二，我积极报名参加了本专业相关的比赛——全国职业院校“捷安杯”铁道牵引变电技能竞赛。我深知这是铁道供电技术专业的特色竞赛，含金量很高，十分锻炼人。为了参加竞赛，我入校后就开始准备，在前期的学习中发现自己的理论知识基础相对薄弱，为此，开始有针对性地强化训练，搜索了历届的技能竞赛题进行练习，遇到不会的就去请教专业老师。就这样，经过了三个月，通过老师们的评估筛选，最终，我从100多位报名人员中脱颖而出成为6人团队中的一员，接受为期一个月的封闭式训练。虽然我已经获得了参赛的资格，但依然不敢松懈，因为团队成员都十分优秀，和他们在一起比赛，当然要充分发挥自己的优势。在集训的这一个月里，我们没有周末，休息时间也需要进行理论题的练习，训练时要对比赛实操项目进行一遍一遍的演练，从中发现问题，还要预测比赛中可能会遇到的突发情况，并想出解决方法。虽然每天的训练枯燥乏味，但是我对这个比赛的兴趣却是有增无减，还在一次次的反复练习中渐渐培养出了吃苦耐劳、刻苦钻研、精益求精的“工匠精神”。在最后不到半个月的备战冲刺阶段，指导老师对我们提出了更高更严格的要求——“理论必须达到满分，完成项目的时间要更短，操作方法要标准、完美”。因此，我们开展了针对性的训练。在此期间，我也充分发挥了自己的专业能力，解决了训练中遇到的一些问题，完善了之前的操作方案，缩短了操作时间。经过最后的备战冲刺，我们终于迎来了决赛。到郑州后，我们在比赛的四天的时间里，与来自全国各职业院校同专业学生进行了理论、实操全方位的比拼，终于不负众望，取得了理论满分、实操第二的好成绩。

除此之外，在校期间，我还通过参加各种各样的知识竞赛来丰富自己的大学生活，先后获得四史知识竞赛团体第二、宪法知识竞赛团体第一、健康知识竞赛团体第一、全国大学生职业生涯规划大赛一等奖。在不断的学习中，我渐渐明白了自立自强才是最重要的。

提高自我价值，热心帮助他人

在生活上，我虽然过得很拮据，但并没有放弃对生活的乐观和坚持，相信自己有能力改变家庭环境，减轻父母的经济负担。在校期间，我利用自己的一技之长做了一些小生意，赚取生活费。寒暑假期间，我也会去做一些兼职来补贴家用，勤工俭学加上自己获得的奖学金，我已经为家里节省了很多开支。当然，对于身边有困难的人，我也会尽己所能地给予帮助。我加入了青年志愿者协会，利用周末到敬老院和幼儿园去做志愿服务，如打扫卫生、陪老人聊天、帮幼儿园老师做教具等。此外，我连续三年参加春运志愿服务，作为春运期间的列车乘务员，维持好乘车秩序，让旅客安全地上下车。在2021年春运志愿服务期间，发生了一件令我印象深刻的事情。那是我跑的第二趟车，由于人多，列车采取的是以卧代座的方式，而我要做的就是对乘客进行安全宣传教育。在列车到站之前，我提前在车厢内告知了旅客下车的位置和方向，考虑到人多，还来回通知了三次。开车之后，有一位我值乘车厢的旅客告诉车长没人通知她下车，因此我被车长严厉地训斥了一番。当时我心里真的十分委屈，找到车厢内的旅客作证，在和大家说明原委之后，大家都很热情地帮我向车长证明，还不断地安慰我，让我不要着急，说都听到了我的通知。看到车厢内的旅客这么热情，我心里十分感动。后来，那位坐过站的旅客发现自己之前走错车厢了，一直在其他车厢，所以才错过了下车。她还专门来找我道歉。虽然遭遇了这样一个误会，但事后我却十分开心自己参加了这次志愿服务，不仅源于误会接触后的释然，更多的是因为被人尊重和理解的暖心。我真的很庆幸自己可以成为一名志愿者，不仅回馈了社会，自己也能在实践当中收获成长，体会到作为一名志愿者的责任。

在大学三年里，我经历过挫折，获得过荣誉，感受过悲伤，也体会过欣喜，正是这些点滴的经历汇聚成了我精彩的大学生活。我只是一名普通的大学生，只有在困难中不断地磨炼自己，才能在人才济济的大学校园中发光、发亮！

退伍不褪色，永远做人民的子弟兵

四川艺术职业学院◆胡佳贤

胡佳贤，男，汉族，1997年10月生，中共预备党员，四川艺术职业学院艺术设计系环境艺术设计专业2019级学生。获2020—2021年度国家奖学金、四川省大学生综合素质A级证书、2020年献身国防纪念章；获四川省2020年中华经典诵写讲演系列活动“写经典”优秀奖、“蚕丛杯”四川省家庭农场品牌创新创意设计大赛暨四川省大学生农业创意设计大赛二等奖、2020年上海交通大学李政道科学与艺术作品大奖赛优秀奖、“智汇巴蜀”成渝地区双城经济圈第二届大学生模拟求职招聘大赛成都赛区复赛优秀奖，获四川省2020年度省直机关优秀共青团员、2021年四川省逐梦计划大学生社会实践活动优秀实习生、四川省优秀大学毕业生等荣誉称号。

疫情防控，争做先锋

我是一名残疾军人，2019年9月退出现役，退役后按照定下的目标快速返校复学，第一时间提交入党申请书，积极向党组织靠拢，同时成为大学生志愿服务组织中的一员。本以为我会顺利地按照计划开启校园生活，但是一场疫情改变了我的人生轨迹。2020年年初暴发的新冠肺炎疫情，让全球都看到了中国人民的团结，看到了中国共产党和当代中国的力量。一线医务人员和后勤工作人员的行动更是让人感动。

我曾参加玉泉志愿服务队，投入疫情防控、宣传、劝导、关卡驻守、疫苗接种等工作中去。在此期间，我看到了不断有大学生、初高中生甚至是小学生积极报名参加疫情防控志愿服务工作。在他们的脸庞上，我看到了可贵的中国精神、中华民族强大的凝聚力。特别是在我参加的疫苗接种志愿服务活动中，因为接种的人多，每天要完成3000剂的疫苗接种量，所有的工作人员都非常辛苦，做登记的人员写到手抽筋，做引导的说到嘴唇干裂，做后勤的干到精疲力竭……但为了保证疫苗接种工作顺利进行，没有一个人抱怨，老人为新人做榜样，新人顶住压力埋头工作，大家拧成一股绳，用实际行动践行着基层工作人员的责任和担当。

作为一名退役军人、青年志愿者，我也第一时间献出了自己的微薄之力。自新冠肺炎疫情暴发以来，我多次申请加入学校或社区的一线防疫队伍，投入疫情防控的各个环节，听从指挥，服从命令，坚守在自己的岗位上。除了参加疫情防控志愿服务外，我还参加了“爱在社区”关爱少年儿童活动、无偿献血活动现场服务等各类志愿服务活动，累计志愿服务时长达到200余小时。

立足基层，支持乡村

2021年暑假期间，我通过四川省“逐梦计划”大学生社会实践活动进入家乡环安办，成为一名基层工作人员，主要工作是：农村道路交通安全管理信息系统和生产风险隐患排查治理系统的数据录入，环保安全相关会议的后勤保障，路查路检记录等资料信息的核对整理、打印装订，协助其他部门，于值班室应急值班，完成领导安排的其他事项等。因为部门的特殊性，炎热的七八月份，我们常常在38摄氏度以上高温天气里，去水源地、屠宰场、污水处理厂、废品回收站、水涝隐患点、菜市场等地排查环境问题及安全隐患。基层工作繁杂，但都与人民群众密切相关，我们中有人中暑，有人受伤，但没有人退缩。仍然记得在一次下乡巡查中，因为意外导致腰伤复发，再加上有些中暑的症状，身体逐渐吃不消，但我默不作声，喝着藿香正气液，带着护腰，咬紧牙关坚守在自己的岗位上。因为我知道大家都以维护乡镇环境安全为己任，一直乐此不疲地为此奔波。在这些基层工作中，我收获的不仅仅是志愿服务证书，更多的是为家乡建设出力的喜悦。我也深刻明白了“绿水青山，就是金山银山”这句话的价值，更明白了要将这句话落到实处是多么不容易，需要无数基层人员付出辛勤的汗水。

除此之外，我还发挥了自己的专业特长，为当地青年之家建设和相关志愿宣传提供了设计建议，并在团委的推荐下参加“法治绵竹”logo的设计，为绵竹市建设贡献了自己的微薄之力。我也积极参加了绵竹市政府组织的“弘扬廉洁文化，传播风清气正”主题书画比赛，为营造风清气正的良好舆论环境出力。

一代人有一代人的“长征”，习近平总书记说：“未来属于青年，希望寄予青年……新时代的中国青年要以实现中华民族伟大复兴为己任，增强做中国人的志气、骨气、底气，不负时代，不负韶华，不负党和人民的殷切期望！”我们要成为新时代的新青年，就要传承红色精神，牢记青年人的使命与担当，不论平淡、曲折，还是严峻、困苦，用信仰和理想垒砌每一块柱石，用奉献和付出夯实基础，用青春与热情建成“广厦千万间”，为人民做实事、干真事，为中华民族的伟大复兴贡献我们青年的青春力量！

不忘初心　砥砺前行

四川科技职业学院◆王一任

王一任，男，汉族，1999年8月生，中共党员，四川科技职业学院互联网+学院软件技术专业2019级学生。获2020—2021年度国家奖学金、2019—2020年度国家励志奖学金、四川省大学生综合素质A级证书、校级青年“五四”奖章；获全国（学术）论文大赛四川省赛一等奖、第十届全国大学生电子商务“创新、创意及创业”挑战赛四川赛区二等奖、第十一届全国大学生电子商务“创新、创意及创业”挑战赛四川赛区二等奖、第十六届四川省“挑战杯”大学生课外学术科技作品竞赛三等奖；获评四川省优秀大学毕业生，校级优秀志愿者、校级优秀共青团干部等荣誉称号。

我从小就梦想成为一个学识渊博的人。在大学这个充满机遇和挑战的平台，我不断探索，严格要求自己，勇攀新的高峰，立志为祖国发展贡献自己的一分力量。

积极进取　执着追求

在思想方面，我积极向党组织靠拢，认真学习党的理论尤其是习近平新时代中国特色社会主义思想，自觉用党的思想精华武装头脑、指导实践，勇担新时代青年使命。入校后，我就向党组织递交了入党申请书，并顺利通过党组织的考察被确定为入党积极分子。在校参加党课培训期间，我认真学习了马克思列宁主义、毛泽东思想、邓小平理论、“三个代表”重要思想、科学发展观、习近平新时代中国特色社会主义思想，深入了解了中国共产党波澜壮阔的百年征程，端正了入党动机。培训结束后，我获得了“优秀学员”的称号。在党组织的引导、支部党员的帮助以及严格的自我要求下，我光荣地成为一名共产党员，自入党的那一天起，便清楚地认识到：行为上入党，一生一次；思想上入党，一生一世。我要继承和发扬“坚持真理、坚守理想，践行初心、担当使命，不怕牺牲、英勇斗争，对党忠诚、不负人民”的伟大建党精神，在日常学习生活中发挥模范带头作用，为班级建设、学校建设、家乡建设、祖国建设贡献自己的力量。

主动服务　勇于担当

2020年新冠肺炎疫情暴发后，我第一时间响应党组织的号召，积极参加社区疫情防控工作，担任志愿者协助做好人员登记、健康监测、政策宣讲、信息摸排、秩序引导、楼道消杀、物资配送等工作。

按照工作安排，我每天会到居民群众中宣讲防疫知识，提醒大家尤其是老人及儿童等重点人群正确佩戴口罩；主动了解群众的需求和期盼，并及时向社区反映，搭建起了群众与社区沟通的桥梁；每天“全副武装”，爬楼梯，穿小巷，完成环境消杀任务；将防疫物资和群众所需的大大小小的物品，一样不落地送到他们的手中……虽然这些是微不足道的小事，但我可以通过这些事情服务社区居民，向他们传递爱与希望。我的服务得到了社区领导和居民的认可和高度赞扬，我还被评为攀枝花市抗疫志愿者。

勤奋努力　刻苦钻研

学习是人生的重要组成部分。为了能够拥有一个精彩的人生，从进入大学开始，我就严格要求自己，认真听课做好笔记，打好专业基础。当遇到难题时，我会虚心向老师和同学请教，到图书馆查阅资料。在学好课本知识的同时，我还经常参加科技、人文、社科等方面的讲座，学习多领域、跨专业的知识，不断拓展自己的视野。

由于担任团总支副书记、班长等职务，我必须要统筹好学习与工作的关系，时刻提醒并要求自己绝不能因为工作而落下学习。我把其他同学打游戏、逛论坛的时间，花在自习、查阅资料、刷题上面，因此我的成绩一直名列前茅，并获得了

2019—2020 年度国家励志奖学金、2020—2021 年度国家奖学金。不仅如此，我还不断拓展综合技能，增强自身核心竞争力，积极参加各类比赛，并取得了多种证书，如 Adobe 产品工程师、国家二级足球裁判、E 级足球教练员等证书。

善于沟通　尽职尽责

担任学院团总支学生副书记期间，我将“把学院青年学子放在第一位”的服务理念贯穿工作始终。我协助院团委老师做好各类台账，与院团委老师及学生团支书一起策划、组织各类丰富多彩的团员活动；主动与团员谈心，关注团员的思想、心理、行为等，帮助部分差点陷入网贷陷阱的同学走出困境。我有力汇聚了学院的优秀青年力量，为学院及学校改革发展贡献了自己的力量。我积极组织学院青年参与各类“第二课堂”活动，力劝有志青年积累参赛经验，且取得了良好成绩，学院获第十三、十四届校田径运动会优秀组织奖，获校 2020 年征文比赛“先进单位”称号、2021 年阅读推广活动“先进单位”称号等各类荣誉 20 余项。通过大家的不懈努力，2020 年我院学生会获“优秀学生会”“成都市优秀学生会”的称号，2021 年学院团支部获校“红旗团总支”的称号。同时，我个人也有幸获得了校级青年“五四”奖章、校级优秀共青团干部的荣誉称号。

脚踏实地　追求梦想

习近平总书记曾强调：“发展循环经济，是走新型工业化道路的重要载体。”我积极响应号召，于 2021 年成立环保科技有限公司。公司取得了绿色环保处理服务企业资质认证证书，主要着眼于环保固废回收、再生资源回收、环境污染治理等领域，业务包含旧衣服回收再生、粉碎处理，废纸回收打包，废金属回收、清理等，致力于合理利用废旧资源，实现再生资源的循环利用，从而减少能源消耗，减少纺织类垃圾焚烧产生的有害气体排放，减轻固废填埋对土地造成的污染，对建设美丽中国宜居环境具有重大的意义。公司目前有 7 名员工，计划未来招募部分残疾人，解决他们的就业问题，引导他们自立自强，为社会稳定和改善民生做贡献。

回首走过的路，我心存感恩。那些鲜活的悲喜与哀乐，那些闪烁的泪光与汗水，点染了我不悔的逐梦征途。我将会继续向着梦想砥砺前行，不忘初心。

路漫漫其修远兮，吾将上下而求索

四川文化产业职业学院◆刘思怡

刘思怡，女，汉族，2000年7月生，共青团员，四川文化产业职业学院艺术设计学院艺术设计专业2019级学生。获国家奖学金、校级二等奖学金；获“未来设计师”全国高校数字艺术设计大赛全国一等奖、四川省大学生环保科普创意大赛三等奖、BICC中英国际创意大赛铜奖、第五届国际环保公益设计大赛银奖、2021圆点国际大学生设计优秀奖、第七届四川省“互联网+”大学生创新创业大赛铜奖、四川文化产业职业学院首届“学府文产杯”一等奖；获四川省优秀大学毕业生，全国大学生生态环境保护竞赛优秀志愿者，校级三好学生、新冠肺炎疫情防控优秀志愿者等荣誉称号。

得知高考成绩的那一瞬间，我激动又迷茫，反复地问自己：“准备好了吗？”但我无法给自己肯定的答案。

九月，我带着家人沉甸甸的爱和期盼踏入了大学校园。身边没有了老师和家长的叮嘱，没有了必须不分昼夜埋身书海的紧张的学习氛围，我开始变得懒散，靠不停地刷剧来消磨空闲时间。这样的状态持续了很长一段时间后，我开始忐忑，产生了自我怀疑：难道大学三年都要这样浑浑噩噩地过下去吗？就这样放任自己随波逐流了吗？后来，通过向专业老师和辅导员请教，我重新对自己的专业和大学有了认识，捡起了高中时“寒窗苦读、拼搏百天”的初心。我逐渐走出迷茫，开始为成为更好的自己而奋斗。在“以德育人，以文化人”的校训指引下，我脚踏实地，刻苦钻研专业知识，学习专业技能，积极参与各类比赛。我广泛阅读各类人文艺术类书籍来拓展专业知识面，通过平时不懈地学习，实现了自我提升。我尊敬师长、团结同学，积极在班级中建言献策，做一些力所能及的事。最终，我以 92.36 分的综合测评成绩排名专业第一。

我发生转变是从加入学院艺术设计专业工作室开始的。在收到工作室的邀请前，经常会听到周围的同学在讨论到底需不需要加入社团，我想了很久，还是决定加入工作室，因为追星星不如成为像星星一样的人，我想成为学姐学长那样的人。面试的时候，我带着坚定的眼神对着面试我的学长说：“我想要关掉心中那台‘电视机’，不想让网络游戏和综艺节目充斥我的大学生活。”有好几次，因为生活学习的琐事，我和工作室伙伴意见不一致，乃至发生争执，这让我萌生退意，甚至怀疑自己当初的选择是否正确。但最终我没有退缩，好胜心驱动着我，让我坚持到了最后。在大二的下学期，我成为工作室的学生负责人，有条不紊地管理着工作室的一切，带领学弟学妹们不断进步。设计专业并没有限制我对创新创业的热爱与投入。2020 年，我作为核心成员参与校级绵竹年画非遗产品开发，带领团队参与学院与雅安市雨城区合作开展的文创项目“明月涧”；2021 年，我作为负责人带领团队申请了大学生创业项目，同时也在着手做非遗项目“景泰蓝”。我曾获得“未来设计师”全国高校数字艺术设计大赛全国一等奖、四川省大学生环保科普创意大赛三等奖、第七届四川省“互联网 +”大学生创新创业大赛铜奖、四川文化产业职业学院首届“学府文产杯”一等奖，并先后获得校二等奖学金、国家奖学金，被评为校级三好学生、四川省优秀大学毕业生等。

任何成绩的取得都不是一帆风顺的，需要经历坎坷和锤炼，但是既然选择了远方，便只顾风雨兼程。这一路走来，每当我坚持不下去时，总会有人将我拉出黑暗，引导我，鼓励我。回首三年，感谢迷茫之时得遇恩师，感谢比赛之路良友相伴，是你们让我在迷雾中看到光亮，让我在有限的三年中体验到多种可能！达成目标过程中的所感所得也将成为让我受用终身的财富。

大学三年似弹指一挥间，从刚入校时的徘徊和迷茫，到现在即将走上工作岗位的从容和坦然，我站在大学生活的尾声，回顾此间点点滴滴，那一幕幕昔日的画面，亦仿佛发生在昨日，清晰可见，有渴望，有追求，有成功，也有失败。但不可否认的是，三年来孜孜不倦地自我挑战、自我充实，为实现人生的价值打下了坚实的基础。教诲如春风，师恩似海深，我将一直铭记老师们对我的悉心教导。我也非常感谢同学们的包容与帮助。未来会怎样，要用力走下去才知道，我希望能早日变成更喜欢的自己。愿我们热爱的所有得以保留，愿我们所有的热爱永不熄灭。

砥砺行矢志不渝　展宏图不负初心

四川财经职业学院◆贾庆林

贾庆林，男，汉族，2000年1月生，中共预备党员，四川财经职业学院金融学院投资与理财专业2019级学生。获国家奖学金1次、校级一等奖学金4次、四川省大学生综合素质A级证书；获第六届全国大学生金融创新大赛高职组互联网金融创新与运营管理赛项团体一等奖、第八届全国证券投资模拟实训大赛西部赛区团体二等奖、校级“喜迎建党100周年”征文比赛三等奖；获四川省优秀大学毕业生，校级优秀共青团员、优秀学生干部标兵、感动财院人物、三好学生标兵、优秀中期实习生、创三好积极分子等荣誉称号。

子曰：“志于道，据于德，依于仁，游于艺。”君子应有志干道，立身以德，怀仁者之心，精技近乎艺。这是我迈入大学时树立的人生理想，也是我用宝贵的三年光阴践行的人生目标。

志存高远，用奋斗谱写青春之歌

习近平总书记曾说：“人的一生只有一次青春。现在，青春是用来奋斗的；将来，青春是用来回忆的。”为了不因虚度年华而悔恨，不因碌碌无为而羞愧，我时刻牢记学习永远是主旋律、耕耘是收获的前奏曲。大学伊始，我便决心为实现自己的梦想而努力读书，为青年的责任担当而不懈奋斗。在校期间，我全面发展，综合成绩全年级排名第一，智育成绩全年级排名第二，学期最高平均绩点达 4.31，连续 4 次获得校级一等奖学金并荣获四川省大学生综合素质 A 级证书，被评为四川省优秀大学毕业生，荣获校级优秀学生干部标兵、三好学生标兵、感动财院人物等称号。

思想上，我也毫不松懈，积极向党组织靠拢。2019 年入学伊始，我便积极递交了入党申请书，在党组织的考验与帮助下，2021 年成为一名中共预备党员，决心为党和人民的事业奉献自己，燃烧自己。

立身以德，用信念铸就美好品格

德者，本也。我虽来自单亲家庭，却阳光开朗、进取积极。我爱好广泛，擅长游泳，因为游泳不仅可以强身健体，更可以在危急时刻助人化险为夷。在 2017 年到 2021 年的暑假，我在江油市足迹泳训班担任了游泳主教练一职，并全面负责游泳培训班的大小事务。历时 43 天，111 人的泳训班最终以 95% 的考核通过率完美收官，我帮助更多的人为自己的生命加上了一重“保险”。2020 年暑期，正在教授游泳课的我突然发现一名小女孩不慎误入深水区。在这千钧一发的时刻，我立即跃入水中拉了她一把，将她托出水面，帮她顺利脱险，挽救了一条鲜活的生命。这件事让我更加清楚地知道承担社会责任的重要，也更加坚定了可以通过自己小小的力量做出不平凡的事情的决心。于是，在 2020 的冬天我考取了游泳救生员五级证书，期待自己在为生命护航的路上有所作为。

作为一名中共预备党员，我不断提高自己的思想认识，树立了良好的人生观和价值观。2021 年 3 月，我主动参加青年马克思主义者培养工程班学习调研活动，前往邛崃市参观红军长征纪念馆。重走长征路，我深受鼓舞。我为长征精神而感动，更决心不忘来时路，不忘初心，艰苦奋斗，不骄不躁，砥砺前行。

仁以达人，用奉献服务班级集体

身为班长，我工作认真负责，积极协助老师开展各项班级活动，坚持“想同学之所想，急同学之所急”。我的工作热情和成效受到了同学们的认可，在大家的共同努力下，我们班集体先后拿下了校级先进班集体、迎新晚会一等奖等 10 项集体荣誉。

我曾多次参与校内外的志愿服务工作。2020 年年初，新冠肺炎疫情突如其来，我毫不犹豫地报名参加社区疫情防控，在凛冽寒风中测温消毒、发放物资，夜以继日地统计信息、排查疫情。2021 年五一劳动节，我又投入到石羊客运站的志愿服务工作当中。当天，我从早 7 点到晚上 6 点整整工作了 11 个小时，完成了近五千次引导工作，解决了旅客近百个疑问，还帮助一个走丢的孩子找到了他的父母。身体虽然极度疲惫，孩子父母语无伦次的声声感谢却让我如沐春风。为群众服务，让我充分体会到了基层工作者无私奉献的精神，也磨炼了自己的意志，锤炼了自己吃苦耐劳的品格，感受到了“小我”融入“大我”的意义。

精技乎艺，用实践促全面发展

一专多能，是学校对学生的要求，也是我奋进的目标。我谨遵母校“精业致能，理财至诚”的校训，发扬宁静致远、脚踏实地的精神，积极提升自己的专业能力，考取了助理会计师资格证、证券从业资格证等系列专业证书，并参与了大量专业实践工作。2020 年，我参与完成了四川省财政厅第三方绩效评价社会服务项目，最终本项目在财政厅项目评审时成绩排名第一。2021 年，我参与了成都市产业发展引导基金、双创基金及四川省现代农业投资项目。这些实践锻炼让我对数据分析工作有了更深入、全面的认识，个人的数据分析能力也突飞猛进。出色的专业能力让我收获了沉甸甸的荣誉，我荣获了第六届全国大学生金融创新大赛高职组互联网金融创新与运营管理赛项团体一等奖、第八届全国证券投资模拟实训大赛西部赛区团体二等奖等奖项。

于高山之巅，方见大河奔涌；于群峰之上，更觉长风浩荡。荣誉的获得离不开自己的辛勤付出，更离不开学院的培养以及老师和同学们的支持帮助。我心中感激长存，也决心将这份感激化为回馈社会的力量。非学无以广才，非志无以成学。我将始终保有自己的赤子之心，积跬步而行千里路，在人生路上继续逐梦前行。

学到要处，思到远处

四川长江职业学院◆黄桂芳

黄桂芳，女，汉族，2001年12月生，中共预备党员，四川长江职业学院教育与设计学院幼儿健康与发展专业2019级学生。获国家奖学金1次、国家励志奖学金1次、校级学习奖学金2次、四川省大学生综合素质A级证书；获第十五届"当代杯"全国幼儿教师职业技能大赛教案组二等奖，第十六届"当代杯"全国幼儿教师职业技能大赛手工组三等奖；获"五四自强之星"等荣誉称号。

思到远处，成为有理想的青年

中国共产党创始人之一李大钊先生曾经说过："以青春之我，创建青春之家庭，青春之国家，青春之民族。"从小到大，长辈们一次又一次地告诉我，没有共产党就没有新中国。在中国共产党波澜壮阔的百年征程中，我深刻领悟到了中国共产党人的精神内核。党的十九大报告指出："青年兴则国家兴，青年强则国家强。青年一代有理想、有本领、有担当，国家就有前途，民族就有希望。"我们青年一代生在国旗下，长在春风里，成为一个有理想有信念的时代新青年应该是我们的目标。入学以来，加入中国共产党一直都是激励我不断前行的信念。我通过参加学校团校、党校培训，系统地学习了马克思列宁主义、毛泽东思想、邓小平理论、"三个代表"重要思想、科学发展观、习近平新时代中国特色社会主义思想，不断提高自身理论素养。如今，我已是一名中共预备党员，时刻以一名优秀党员的标准严格要求自己，立志为实现第二个百年奋斗目标贡献自己的力量。

学到要处，成为有纪律的青年

梦想从学习开始，事业靠本领成就。习近平总书记曾指出：“善于学习，就是善于进步。”大学第一课，辅导员就告诉我们要在大学提高自己持续学习的能力、终身学习的能力，让学习成为我们未来前行的动力。学到要处，除了要培养自己对专业的热爱，更要在专业学习中持之以恒。因此，在日常专业学习中，一方面我始终保持对所学专业的热爱，另一方面通过有计划地细分学期目标，形成日计划、周计划、月计划以实现学年整体目标并订立下一阶段学习目标。我扎实上好每一堂专业基础课和幼儿技能实操课，让学习成为一种习惯。正是这样的态度让我始终保持专业学习成绩第一，并且在老师的指导下在各项专业技能比赛中获得佳绩。

做到实处，成为有道德的青年

纸上得来终觉浅，绝知此事要躬行。在校期间，我积极参加学生工作，力求让自己成为一个发光发热的青年。学生干部是连接老师与学生的纽带，担任学生干部于我而言不仅仅是一个角色的转变，更代表了一份责任。日常的学生工作需要投入更多的细心与耐心，辅导员也给予了我许多工作上的指导和生活上的关心。校外实践方面，我利用寒暑假参加学校“三下乡”社会实践活动，关注乡村儿童教育，利用所学所长帮助农村留守儿童健康成长。作为一名青年志愿者，我还积极参加校外各种志愿者活动，在儿童福利院和小朋友们游戏，在养老院与老年人闲话家常，在青龙湖进行公益环保宣传等。不管是校内学生工作实践还是校外公益实践，都让我受益匪浅。因此，我也常常在思考，作为一名学生干部、一名中共预备党员、一名未来的人民教师，如何才能尽自己的绵薄之力为更多学弟学妹们做指引、为幼儿教育事业做贡献，成为一个无愧于时代的新青年。

悟到远处，成为有文化的青年

作为青年大学生，要担当起时代赋予我们的使命与责任，就必须在大学学习阶段，走好每一步，扣好每一粒扣子，去追求更有高度、更有境界、更有意义的人生。作为一名即将踏入社会的青年，在今后的学习生活中，我将不忘初心，牢记使命，以更高涨的热爱与激情迎接人生的各项挑战，将我的教育梦与中国梦结合起来，将个人发展同民族复兴伟业结合起来，无愧于新时代青年的身份，无愧于学校和老师对我的培养，无愧于即将成为人民教师的殊荣。

路漫漫其修远兮，吾将上下而求索。虽然路途艰辛，但沿途风景很美，而我担任的每个角色也终会成为我人生前行道路上的明灯。作为新时代青年，我将积极向优秀看齐、向先进看齐，在积极改变自己的同时影响他人；作为一名未来的幼儿教师，我将以身作则，坚持终身学习，把爱心献给孩子，把诚心献给家长，把信心献给自己，实现教书育人的伟大梦想。

无奋斗　不青春

——热爱体育的人，眼里都会发光

四川卫生康复职业学院◆邓玉凤

邓玉凤，女，汉族，共青团员，2001年1月生，四川卫生康复职业学院教育体育学院休闲体育专业2019级学生。获国家奖学金、“中国大学生自强之星”奖学金、校级甲等奖学金；获四川省“挑战杯”大学生创业计划竞赛铜奖、四川省“互联网+”大学生创新创业大赛银奖、全国大学生瑜伽锦标赛最佳技术奖、四川省健美健身锦标赛一等奖、四川省健身气功锦标赛一等奖、自贡市定向越野锦公开赛第一名；获中国高校乡村振兴杰出青年、四川省定向越野锦标赛“优秀运动员”、自贡市第十四届运动会游泳比赛“优秀裁判员”等荣誉称号。

“砰！砰！”是发令枪的声音，也是青春奋斗的指令。从十二岁接触专业体育训练起，我心里那颗热爱体育的种子就开始萌芽。

不忘初心，坚定追求

九年的时间，三千多个日夜，我热爱体育的心从未改变。体育训练虽然很苦很累，但我从未想过放弃。因为我始终明白，学无止境，胜无侥幸。著名的体育教育家马约翰先生曾说：“体育是培养健全人格的最好工具。”感谢挥洒过汗水的青春，感谢成功带来的乐观和自信，也感谢失败带来的坚韧和不屈动力。体育运动不仅让我拥有了健康的体魄，更让我学会了团结合作，让我变得积极乐观、自信向上。我被赋予了坚韧不屈的能量，也懂得了坚持和奋斗的力量。

进入大学以来，我深知思想是行动的指南，只有树立正确的世界观、人生观、价值观才能步入人生的正轨。因此在入学之初我就积极递交了入党申请书，并有幸参加了党校的学习。在党校学习中我认真学习了党的发展历史，深刻领悟了党的使命，树立了坚定的共产主义信念。虽然我深知现在的自己离优秀共产党员的标准还有一定距离，但我会一直努力，不断提升自己。我坚信总有一天自己会成为一名光荣的共产党员，为共产主义事业终生奋斗。

立足专业，重思好学

进入大学之后，我意识到自己的文化成绩不是很理想，为了弥补这一不足，一直把学习放在首位，积极投入各门基础课和专业课的学习中。在每一个学习阶段，我都给自己制定了明确的学习目标，并时刻提醒自己端正学习态度。课前，认真预习;课上，认真听讲，积极与老师配合；课后，勤于思考，及时且高质量地完成老师布置的各项作业，遇到疑难问题，认真向老师和同学请教，或者通过互联网查阅相关资料，充实自己的知识库。宝剑锋从磨砺出，梅花香自苦寒来。经过不断努力，曾经文化课成绩不佳的我在2020—2021学年获得国家奖学金、“中国大学生自强之星”奖学金、校级甲等奖学金等。这几次获奖再一次让我深刻地体会到：人生一定要有明确的目标，持续地奋斗，成功才会真正属于你。

我深知作为一名优秀大学生，要做到全面发展，社会实践是必不可少的一部分，一定要将书本上的理论知识与实践工作相结合。2020年的暑假，我被学院派遣到成都玛雅瑜伽实习。在实习过程中，我虚心求教，积极主动地承担相应工作。这次实习收获满满，我获得了“特优实习生”的称号，不仅进一步加深了对所学专业理论知识的理解，更对今后的专业发展方向和目标有了更清晰的规划。

投身志愿，乐于奉献

我性格开朗，朴素节俭，严于律己，宽以待人。在生活上，我主动关心同学，帮助同学解决问题，善于沟通，建立了很好的人际关系，获得了大家的支持和认可。学习之余，我还有广泛的兴趣爱好，经常参与一些社会活动，为学院和班级争得荣誉。我在社会实践和团体协作方面积累了许多经验，形成了较好的组织管理理念，具备了较强的团队合作精神与社交能力。

我有一颗火热的公益之心，也致力于践公益之行。进入大学后，我先后担任了班级就业委员、文体部副部长、体育社副社长，在老师们的带领下积极参加各级各类活动。例如，在自贡市卫健系统运动会中全程协助老师们完成裁判工作；担任自贡市“巾帼学堂·紫薇绽放”家庭健康生活大讲堂助教；引导社区群众通过练习瑜伽缓解身体不适，提高健康意识；参加瑜伽比赛表演时，协助老师编排瑜伽体式，督促和带领瑜伽专项学生进行专业训练。在老师和同学的信任和支持下，我还担任了瑜伽二课堂的助教老师，指导二课堂学生参加校园风采节表演，获得全校师生的好评。这些志愿服务工作不仅锻炼了我的能力，同时提升了我的综合素质，让我体会到了奉献的快乐。

在两年多的大学学习生活中，我一直在挖掘自己的潜能，不断充实、完善自己。用青春描绘着梦想，用努力和拼搏续写着人生的华美篇章。今后的人生道路仍将充满挑战，但我会把过去取得的成绩化为动力，披荆斩棘，再创佳绩，做一个眼里有光、步履坚定的“体育人”。

少立凌云志　奋斗正当时

四川汽车职业技术学院◆姚森刚

姚森刚，男，汉族，2001年5月生，中共预备党员，四川汽车职业技术学院现代机电工程学院新能源汽车技术专业2019级学生。获2019—2020年度国家励志奖学金、2020—2021年度国家奖学金；获第四届“四川工匠杯”职业技能大赛新能源汽车智能化技术赛项三等奖、四川省“互联网+”大学生创新创业大赛银奖、首届四川省中华职业教育创新创业大赛二等奖；获四川省优秀大学毕业生，校级优秀毕业生、优秀学生干部、三好学生等荣誉称号。

人生没有坦途，奋斗成就美好。我一直把“志当存高远”作为座右铭，驱动自己不断前行，立长志，下苦功，认真学习，刻苦钻研，努力实践，端正自己三观，提升综合能力，塑造良好的个人形象。

求学方知才识浅，立志更要存高远

我是一名来自农村的学生，和其他同学相比，无论是家庭环境还是综合能力都与其他同学有很大差距。刚进入大学时我性格内向，非常不自信，当听到老师和同学谈论自己不知道、不了解的知识或话题时，常常感到不知所措。很长一段时间，我非常迷茫，但也深信大学会为我提供一个磨炼自己、提升自己的良好平台，在意识到自己存在积累不足、阅历不够、眼界不宽等问题之后，便暗下决心努力克服自己的缺点。我深知想要出人头地、建功立业，必须珍惜时光、发愤图强，培养积极向上的生活态度，养成良好的求知习惯，打破思维中的藩篱与阻碍，大胆走出不自信的“围城”，不断地完善和提升自己。

天行健，君子以自强不息。我很幸运，在大学这段人生最美好的时光遇见了诲人不倦的老师、乐于助人的同学，他们和我风雨同行，帮我克服困难。我也一直提醒自己，大家都在关心我、帮助我，必须抓住机会，顺势而为，敢于面对困难，勇于付出汗水，用自己的努力与付出，提升自己的综合能力。

汇涓细流成江海，功不唐捐日日新

一寸光阴一寸金，时间对待每一个人都是公平的，在同等的时间里，唯有刻苦努力，才能取得更好成绩。在大学期间，我始终坚持日积跬步、点滴涓汇，珍惜时光，不断成长。在两年的学习生活中，我严格要求自己，尽可能让自己的每一天都过得充实，迈出的每一步都坚实有力，不断追求进步。在老师和同学的帮助下，我在思想、学习、工作等各个方面均取得了良好的成绩，也获得了很多荣誉。

学习是成长进步的关键。课堂内，我努力学习课程专业知识，为今后打下坚实基础；课堂外，我坚持利用课余时间在图书馆自习，周末也不例外。我深知，想要获得成功，就必须付出比别人更多的努力。因此，当别人在睡觉、上网或逛街时，我还是选择在实训室里训练，提高自己的技术水平。学习是一方面，实践锻炼也是很重要的一方面。大学期间，我非常注重知识和技能的同步提升，积极参加校内外举行的各类比赛，提高自己的实践技能，先后获得校级体育科技艺术系列活动三等奖、校级“互联网 +”大学生创新创业大赛培训“优秀学员”、四川省“互联网 +”大学生创新创业大赛银奖（团体）、首届四川省中华职业教育创新创业大赛二等奖等荣誉。

大一期末我取得了年级第一的好成绩，因而成为班级的学习标兵，还担任了班级学习委员。任职期间，我积极配合老师开展工作，竭尽所能为班级同学服务。对同学们存在疑问、难以理解的知识，我会主动向授课老师请教，再为同学们释疑解难。在大二专业技能学习期间，我利用课余时间与基础薄弱的同学一起进行专业技能的训练，共享实训资源，示范正确操作，帮助很多同学提升了技能水平，起到了很好的带头作用。两年努力，终有收获，我在学习和工作上都取得了较好的成绩，先后荣获国家励志奖学金，校级优秀班干部、三好学生、军训优秀学员等荣誉。

结合实践练技能，专心致志增本领

大学既是一个知识积累的过程，也是一个学以致用、学用相长的阶段。为了实现品德与技艺同步提升，理论和实践融合运用，在实践中领悟知识，在实践中掌握技能，巩固自己所学，最终达到校训“厚德强技，理实交融”的要求，我报名参加了新能源汽车竞赛队。经过层层选拔，我顺利成为新能源汽车竞赛队正式成员。进入竞赛队后，为清晰了解新能源汽车与传统汽车之间的差别，我们首先学习了新能源汽车电路识图和车辆结构组成。在学习过程中，我碰到了不少难题，有时为了寻找故障原因，一直研究到深夜。在此期间，指导老师耐心讲解，手把手地教我们，帮助我们一步一步攻克难题。我们在不停地失败中总结了经验，夯实了专业知识基础，获益匪浅。通过在竞赛队的学习，我对新能源汽车技术有了更深入的了解，也积累了扎实的专业知识。

艰苦努力终有得，竞赛场上放光彩

机会总是留给有准备的人。2020 年暑假，指导老师通知我代表学校参加“四川工匠杯”职业技能大赛。时间紧，任务重，我立即回到了竞赛队开始了赛前集训，为比赛做准备。在一个多月的集训中，整个团队遇到了诸多问题，新的设备、新的规则、新的技术都是巨大的挑战。比赛项目分为动力电池 PACK 装调和智能小车装配测试两项。学校没有配备相同型号的设备，在想方设法找到设备后，因为陌生，我们却无从下手。为此，学校聘请专家为我们提供详细指导。我们在专家的指导下，夜以继日全力备战。指导老师也不辞辛劳，每天陪我们到凌晨，与我们共同奋战。最终，我们团队过关斩将，从四川省 28 支队伍中脱颖而出，荣获第四届“四川工匠杯”职业技能大赛新能源汽车智能化技术赛项三等奖。这次竞赛也让我感受到，付出才有回报，刻苦努力是成长成才的唯一途径。这次获奖也为我的人生经历添上了精彩的一笔。

立志奋斗是一个艰难的过程，其间，我也会感到疲惫，但是回望自己走过的路，幸福感、成就感油然而生。不仅如此，我也认识到，并不是所有的追逐都是为了获得一个令人满意的结果，只要过程中尽心尽力，便能问心无愧。

路漫漫其修远兮，吾将上下而求索。获得国家奖学金，是我求学生涯中至关重要的荣誉，既是对我学习、工作成绩的肯定，更是对我创造未来莫大的激励。我会始终保持良好的状态，充分发挥自身优势，不骄不躁，跬步前行，努力为家乡、为社会、为国家贡献自己的力量。

苔花的追梦之旅

巴中职业技术学院◆刘美伶

刘美伶，女，汉族，2001年2月生，中共预备党员，巴中职业技术学院教育学院小学教育专业2019级学生。获2019—2020学年国家励志奖学金、2020—2021学年国家奖学金，获“外研社·国才杯”四川省大学生英语挑战赛阅读大赛优胜奖、四川高校大学生讲思政课公开课展示活动三等奖、智慧中国杯大学生学习“全国两会”知识竞赛一等奖、“新时代·新青年”四川省大学生庆祝中国共产党成立100周年文化艺术展演活动硬笔书法大赛三等奖，获四川省综合素质A级证书、四川省第十二届大学生书法大赛获入展证书，获评四川省优秀大学生。

我是一个极其平凡的女孩，有着平凡的出身、平凡的长相，过着平凡的生活。我特别喜欢袁枚的那首诗《苔》，感觉那在墙角生长、毫不起眼的苔藓，像极了我，即使平凡，心中的坚持与梦想也永不磨灭，立志要焕发出青春独有的光彩。

2019年9月，我怀揣着家人的期望以及自己对梦想的热忱来到了巴中职业技术学院，开启了追梦之旅。在追逐梦想的旅途中，我提升了思想认识，端正了学习态度，积累了工作经验。小苔米一般的我，渐渐有了蜕变的底气和自信。

向往光，靠近党

我出生于一个普通的农村家庭。外公最爱回忆他年少时的经历，提得最多的就是他出生于饥荒年代，当时大家不关心能不能挣到钱，而是关心能不能吃饱饭，能不能活下来。外公常常教育我："正是因为有一心为民的中国共产党带领广大人民群众接续奋斗，如今我们才过上了富足的生活，获得了更多的安全感和幸福感。你一定要好好学习，毕业以后好好工作，争取入党。"在外公的影响下，我一直向往加入中国共产党。大一上学期我便向党组织递交了入党申请书，并在党课学习中对党的路线、方针、政策有了更深入的领会，深刻理解了党全心全意为人民服务的宗旨。思想上的进步指引了我在学习与实践中的投入，让我的专业学习能力获得了极大提升。2021 年 6 月，我被党组织发展成为一名中共预备党员。获得这个光荣的身份后，我更加严格地要求自己、规范自己，立志投身教育事业，以报效祖国，报效人民！

承师恩，坚持修

在学校学习的两年多时间里，我在老师的孜孜教诲中感受到他们从心底里流露出的对学生的真情、对教育的热忱。我也因此对"学为人师，行为世范"的内涵有了更深刻的理解，也更加笃定要修养身心，继续行走在追寻前辈师友足迹的道路上。

为了成为一名教师，我勤奋苦学，努力钻研专业知识。我首先把注意力集中在中小学教师资格考试上。在第一次备考时，由于工作与学习的双重压力，我未能通过笔试。后来在辅导员的指导下，我懂得了如何平衡学习与工作。在第二次备考时，我利用寒假的时间学习网课，每天刷题，熟记知识点。2021 年 5 月，我顺利通过了中小学教师资格考试。我想，这是对勤奋者和坚持者最好的嘉奖。我在不懈的奋斗中，也更加理解了"一分耕耘，一分收获"这句话的深意。

为了提升自己的专业素养，我踊跃参加各类与专业相关的竞赛。2020 年 5 月，我代表学校参加"外研社・国才杯"四川省大学生英语挑战赛初赛。在初步了解了比赛规则后，我的心便开始忐忑起来。比赛时需在电脑上作答，并且答题时间限定为一个半小时，我打字的速度非常慢，这让我压力倍增。为了取得好成绩，我制订了一个备赛计划表，要求自己一定要严格执行计划。我每天早上 6 点就起床记单词、听录音，每晚会在睡前听一篇英语阅读短文。每到周末，我都会早早地到英语老师的办公室打字练题。时间在我不断的练习与积累中悄然流逝，尽管比赛结果并没有达到我的期望，但是我在失败中发现了自身的不足，总结了经验。

作为一名师范生，我深知写一手漂亮的字的重要性。在反复的书法临摹中，我感受到了“举头望明月，低头思故乡”中李白的思乡情愫，体会到了“采菊东篱下，悠然见南山”中陶渊明的闲适惬意，也领悟到了“长风破浪会有时，直挂云帆济沧海”中杜甫的豪迈。通过向书法老师的请教以及日复一日的坚持，我从书法“门外汉”成长了起来，能独立创作作品，还形成了自己的风格。2021年，我获得了“新时代·新青年”四川省大学生庆祝中国共产党成立100周年文化艺术展演活动硬笔书法大赛三等奖、四川省第十二届大学生书法大赛入展证书。这些荣誉成为我学习历程中不懈努力的见证，也成为我迈向下一段新征程的助推器。

不辜负，能担当

由于我在军训中的出色表现，大家推选我担任班级班长的职务。我始终全心全意为班集体服务，虽然偶尔会因为粗心而导致工作失误，有时候会深感无暇兼顾繁重的课业任务和学生工作，甚至在同学们不配合时，会怀疑自己的能力，想要放弃，可我的辅导员总是给我鼓励和支持。在她耐心的指导下，我逐渐学会了沉着冷静、耐心细致地处理各种繁杂的事务。很快，我便能够在后期的班级管理中做到得心应手，成了辅导员得力的小助手。我坚持以身作则，为同学们树立良好的榜样。虽然在班级管理过程中投入了大量精力，也牺牲了很多学习时间，但我也有不一样的收获：我在协调班级工作中提高了组织和管理能力，在策划组织活动中提高了表达能力和人际交往能力，在处理各种繁杂的问题中学会了换位思考和理解包容。这一切都是我的宝贵财富。

为了积累社会经验，我积极参加学校组织的社会实践活动。我通过竞选成为教育学院志愿服务分会纪检部部长，任职期间，组织部门成员开展了走进巴中市敬老院和孤儿院的志愿服务活动。在与孤儿院孩子们嬉戏的过程中，他们脸上洋溢的灿烂笑容，他们的天真无邪、无忧无虑，让我仿佛寻到了那封存已久的儿时回忆，也让我清楚地看到了这份工作的巨大价值。2020年7月，学校组织我们到苏州勤工俭学。简陋的住宿环境、流水线上的枯燥工作以及当地的饮食习惯，我适应起来都异常艰难，第一次体验到了生活的艰辛、挣钱的不易。为了不辜负父母的期待与支持，我咬牙坚持了下来，并圆满地完成了学校交付的社会实践任务。我会永远铭记那些让我明白了父母不易的瞬间，那些我默默流泪想要放弃的夜晚，那个给我留下深刻印象的假期……

即使人生的旅途布满荆棘，追梦的历程百转千回，但我坚信风雨过后彩虹现，坚信不放弃梦，脚下才生风，更坚信只要坚持，平凡也能铸就伟大！“苔花如米小，也学牡丹开。”祝愿平凡如我的同辈，努力向阳，以青春之我，追求青春之梦，创造青春之国，绽放青春之花！

青春向党，我辈向前，勇当新时代“拓荒牛”

四川希望汽车职业学院◆蔡运超

蔡运超，男，汉族，2001年3月生，中共党员，四川希望汽车职业学院汽车高新技术系新能源汽车技术专业2019级学生，曾任院团委学生副书记、院团委办公室主任、班级班长。获国家奖学金、国家励志奖学金、学院一等综合奖学金、四川省大学生综合素质A级证书；获评四川省优秀共青团员，四川省优秀大学毕业生，资阳市第二届大学生社团禁毒文化节优秀工作人员，学院优秀志愿者、优秀学生干部、向上向善好青年等荣誉称号。

自进入四川希望汽车职业学院以来，我一直认真学习，团结同学，尊敬师长，并且积极参加学校的各种活动，不断增强自身的综合能力。我从小学起就在班级里担任班干部，尽己所能帮助身边的同学解决生活和学习中遇到的困难，同时也十分注意自己的言行举止。加入了团委这个服务性的组织后，我始终秉承着全心全意为同学服务的宗旨，努力工作，不断进步，在各个方面都严格要求自己，注重自己的道德修养及专业技能，努力做一个拥有优良品质和高尚情操的人。

立场坚定思想积极，不断提高政治素养

进入大学后，我一直努力向党组织靠拢。坚持学习每期“青年大学习”的内容，深入了解马克思列宁主义、毛泽东思想、邓小平理论、“三个代表”重要思想、科

学发展观、习近平新时代中国特色社会主义思想，在“学习强国”平台的积分已经达到 28400 分。我参加了学校的“青年马克思主义者培养工程”培训班并顺利结业，其间参加“匠心新时代·青年说辉煌”演讲比赛获得了一等奖。除此之外，我积极参加学校的业余党校培训班，成为一名光荣的入党积极分子。通过这两次集体学习，我的沟通能力和团队协作能力得到了显著的提升，思想理论基础更加扎实。我也把自己在培训中学到的先进的工作方法和工作理念运用到团委与班级的工作中，为班级、学生组织献出了自己的一分力量，从而真正地做到了为同学服务。通过不断努力，2020 年 12 月我成为中国共产党预备党员。此后，我更加严格地要求自己，从身边的一点一滴做起，并于 2021 年 12 月成为一名正式的中共党员。

认真学习刻苦钻研，努力工作带头实践

在刚踏进大学校园的时候，我和大多数同学一样，对大学自主的学习和生活模式感到不适应，对未来究竟会走向何方无比迷茫。幸运的是，学校组织的国家奖学金答辩为我指明了前进的方向，辅导员的班会指导和学长学姐们的经验交流，让我深切感受到自己不能就这样浑浑度日。于是，我立下了一个“两年奋斗目标”——获得国家奖学金。在“感恩、阳光、严谨、责任”八字校训的鞭策下，我带着对学习浓厚的兴趣，开始了自己的奋斗之路。我认为学习态度端正，不逃课、不迟到、不早退，认真做好课前预习、课后笔记整理和课后复习是学好知识的必要条件。通过不懈努力，我取得了较好的成绩，在校期间我一直是全班乃至全系的第一名。与此同时，我也深知要想变得“优秀”必须学习更多的知识。所以在加强专业学习的同时，我还不断吸收其他课外知识。

在担任院团委办公室干事一职时，我积极参与各项活动的策划、筹办工作。在此期间，我也提升了人际交流和实践能力。在学院第二次团员代表大会上，我当选院团委学生副书记同时兼任院团委办公室主任。身兼两职的我明白自己肩上的担子很重，积极配合团委书记以及团委指导老师进行学院的团学改革，收集学院所有团学相关的工作及活动信息并整理成新闻稿报送团市委。自学院团学改革以来，我累计为团市委供稿 23 次，共 130 余篇。在学习和工作之余，我也努力提升各方面的技能，如办公软件的应用、文件撰写等。我深谙学生干部是要为广大青年同学服务的，要

及时向学校反映学生的真实想法及意见，在学校和学生中间起到桥梁作用。我也按此积极履行自己的义务，为维护广大同学的权益付出自己的努力。

主动作为，团结同学，争做时代先锋

我团结同学，特别喜欢和同学交流，积极帮助有需要的同学解决学习和生活中遇到的困难。我认为帮助他人解决问题也是对自己能力的一种锻炼，还能使自己收获难得的友谊。也正是因为有了同学们的认可与支持，我才能带领新能源汽车技术专业 1904 班获得了学院“先进班集体”的荣誉称号。

青春是用来奋斗的。全面建设社会主义现代化国家需要更多的青年来勇挑重担、勇克难关。青年们要以青春之我、奋斗之我，为祖国建设添砖加瓦，为民族复兴铺路架桥。我在今后的学习和工作中也会更加努力，实事求是，戒骄戒躁，努力改正自己的缺点，始终保持先锋带头的作用，脚踏实地、积极进取，力争在今后的各项工作中取得新的成绩。我还将坚持勤奋努力、踏实工作的优良作风，在工作上学骨干，在政治上求先进，在生活中求积极，认真做好组织交代的每一件事，带着激情和责任感对待一切工作，不辜负组织对自己的期望。

征途漫漫，唯有奋斗，我将以永不懈怠的精神状态、一往无前的奋斗姿态，乘势而上，再接再厉，勇当新时代“拓荒牛”。

当你奔跑时，整个世界都会为你照亮

四川电子机械职业技术学院◆李霖

李霖，男，汉族，1998年8月生，中共预备党员，四川电子机械职业技术学院经济管理系会计专业2019级学生。2016年9月参军入伍，2019年9月回到学校学习。获国家奖学金1次、国家励志奖学金1次，参与省级以上专业技能竞赛4次。

人仿若向日葵，盛开是对理想无尽的仰望，致力于向阳生长与阳光对接，热烈且美好，执着且坚定。我特别喜欢一句话："你想拥有你从未拥有过的东西，那么必须去做你从未做过的事情。"有所期盼，有所追求，才能有所收获。

做一个执着追求的人

二九之年，我迈入军营，褪去青涩，练就坚定意志。我感慨磨砺的三年，认为军营带给我的不仅仅是思想宽度的增加，也让我探寻到了不一样的生活深度。重新回到熟悉却又陌生的校园，带着不一样的心情，我仿佛看到了别样风景。时间悄然流逝，而我也在成长、蜕变。在军营中形成的规整的作息及严谨的作风让时间变得宽裕，让条理变得清晰，让坚定成为常态。现在，哪怕面对窘境，只要回想当兵的岁月，我便不觉得累。

春夏秋冬，晨曦前在操场的一小段时光，是我一天奋斗开启的总纲；夜幕降临，一盏灯光下沙沙的书写声，便是一天积淀下的最好礼物；闲暇时分，图书馆、教学楼便是最好的去处。一天大概也就这样，我的重心在学习和团学工作中来回切换。合理恰当的时间安排，便是对我最大的考验。我可以是不断学习掌握专业知识向自学本科发起冲锋的“小骑兵”，也可以是撰写一个又一个活动方案的“指挥家”。

我用尽全力去追逐，用一个又一个周末去扩充自己。我的同学问我：“为什么这么拼？”因为我梦想的人生还没有实现，怎敢休憩？

我感恩能有这样一次重回校园的机会。这两年大学时光，我收获了三十多项荣誉，也不再迷茫，相信自己会变得更好。

做一个敢于拼搏的人

2019年的冬天，新冠肺炎疫情席卷全球，也影响了我的大学生活。在期待开启校园生活的漫漫时光里，网课成为我们2019级大学生学习生活的重要组成部分，“家里蹲”的学习模式成为对我们自律性的巨大考验。没有昼伏夜出，没有“躺平”的青春，生活的主基调是到点起床、准时上课、课后总结。我拓展专业技能的脚步从未停下……

其间听闻，新一届专业竞赛将要展开，有意参赛的学生要通过网上报名、学院集中培训，在充分自学后参与选拔考核。我明白，这是一次难得的机会，便毫不犹豫地报了名。由于接触专业学习不久，理论知识储备不足，同期有较多高年级的学长学姐参见选拔，我知道自己处于明显的劣势。因此，我自学高年级课程，实操不足就反复观看相关资料、不断练习，由易到难，厘清竞赛涉及的所有知识点，挑灯夜战，不断积累。在备赛的同时，我还报名了专业技能考试，结合相通的理论知识点，以规律的作息高效地复习备考。最终，我被选拔为校参赛选手。此后，我又在比赛中获得了团体行业赛全国一等奖，还顺利考取了专业技能证书。

这是我大学专业技能竞赛的第一次“航行”，给了我不断进取的无限动力。后来，我又参加了4次专业比赛，都取得了较好的成绩。这段充实而又充满荆棘的路，让我在专业上不断成长、不断突破。“我把荆棘当作铺满鲜花的原野，人间便没有什么能将我折磨。”我将继续秉承信念，扬帆起航，不辜负老师和学校的培育之恩。

做一个敢于担当的人

遭遇新冠肺炎疫情的第一年，我们的生活发生了很大改变，但我也看到了人性的善，医护人员奋战一线，大家众志成城共抗疫情。那一年，我也响应政府号召，投身乡村防疫工作。作为一名当代大学生，作为一名退役军人，我知道国家需要我们每一个人去守护，有些事情值得我们去做。消毒、登记、宣传便是我的核心工作。在防疫的过程中，我明白不是所有看起来简单的工作做起来就会真的很简单。特别是在农村防疫工作宣传上，要让我所工作的村的村民人人都懂、都会、都有防疫意识，我就要做足功课。对我而言，每一件有意义的事情，都值得我拼尽全力去对待。

2020年的夏天，第四届绵阳职业技能大赛在我院隆重举行。在这次志愿活动中，我担任一个项目准备工作的学生负责人，在前期凑备、物资搬运、人员调配上都学到了很多，虽然感到十分劳累，但看着行业精英在比赛场上挥洒自己的汗水，我感到十分开心。

诸如此类的社会实践，我还参加了很多，每一次参与都是对生活不一样的体验，每一次参与都是对人生的“校色”。在实践中成长，在成长中积累，也许这就是青春的意义。

人生的航线还很长很长，在漫漫旅途中我们会遇到很多未知。驶向终点的小船，定会经历一波波艰难，但要相信，当在黑暗中不知方向时，整个世界都会为你点亮一座灯塔。

漫漫道路，随志而行

四川护理职业学院◆唐心欣

唐心欣，女，汉族，2001 年 9 月生，中共预备党员，四川护理职业学院康复技术系康复治疗技术专业 2019 级学生。获 2020—2021 学年国家奖学金、2019—2020 学年校级奖学金、四川省大学生综合素质 A 级证书；获四川省职业院校技能大赛（高职组）康复技能赛项理论分赛一等奖、四川省职业院校技能大赛（高职组）康复技能赛项康复治疗分赛二等奖、学院“锐进杯”康复技能大赛团体一等奖；获评四川省普通高校优秀毕业生，校级优秀学生干部、优秀共青团员。

“路漫漫其修远兮，吾将上下而求索。”新的起点，新的征程，再苦再累，只要坚持往前走，属于自己的独特风景就会出现。没有谁的人生是一帆风顺的，每个人都会遭遇生命中的挫折，只要坚定自己的选择，那就无怨无悔。我们要感谢挫折给予我们的磨炼，相信所有的努力最后都会有所回报。

初见康复，何其有幸

我第一次接触康复医学科还是在 2019 年 2 月。爷爷告诉我们他感觉自己的右手合不拢，没有力气，夹菜都夹不起来。这让当时的我茫然、好奇，同时也让我感觉到害怕、不知所措。第二天，我们带着爷爷来到了当地的人民医院进行检查。经过问诊、检查，医生初步诊断爷爷患上了“脑梗死”，并建议爷爷在康复医学科住院进行全面的康复治疗。

康复医学科到底是什么呢？我的脑中满是疑问。我们为爷爷办理了入院。这里的康复医学科占据两层楼，一层是康复医学临床治疗区域，另一层是现代康复手法治疗以及传统康复治疗区域。待完善相关检查后，爷爷便接受了一系列的治疗。康复医生首先采用药物进行溶栓处理，缓解爷爷的不良症状。康复治疗师通过进一步的评估，针对目前的功能障碍，对爷爷进行了针灸治疗以及右手手指的功能锻炼。锻炼后，康复治疗师给了我们一个小球，让爷爷经常捏着玩，说可以锻炼手指关节的活动度、灵敏度，还能预防肌肉萎缩，并提醒我们康复是个漫长的过程，仅仅通过康复治疗师单方面的努力是不够的，还需要患者及其家属主动配合康复治疗，主动参与进来，才能够达到事半功倍的效果。就这样，经过十多天的功能锻炼和治疗后，爷爷的手指功能也得到了很大程度的恢复，他也能够使用筷子吃饭了。

让患者改善原有的功能障碍，使其更好地回归生活、回归家庭、回归社会，可能这就是康复医学科存在的意义吧。经过爷爷此次的住院康复治疗，我对康复治疗师这个职业有了新的认识，产生了深厚的兴趣。初见康复，何其有幸。

努力奔赴，康复征程

填报高考志愿的时候，我心中就出现了一个选择，那就是报考康复治疗技术专业。收到录取通知书时，心情是无比的激动，我成功地被四川护理职业学院康复治疗技术专业录取。就这样，我开始了漫漫成长路。那时候的我立下目标，一定要学好专业知识，提升自己，坚持自己的专业道路。因此，每一门课，我都认认真真地听老师讲，跟着老师的思路走，做好笔记，积极思考老师提出的问题，面对自己不懂的问题及时寻求老师的帮助，并用最快的速度解决。渐渐地我懂得了如何抓住重点内容进行针对性的学习。通过勤奋刻苦的学习，我的专业课成绩一直保持在年级第一名，很庆幸自己的努力没有白费。

2020 年寒假之前，学院发出了举办“锐进杯”康复技能大赛的通知。我自然是积极组队报名参加。我知道仅仅是理论成绩好并不能成为一名合格的康复治疗师，所以在寒假期间，坚持每天刷题，还到当地的乡镇医院进行了为期两周的见习，争取做到理论联系实践，提升自己的临床思维能力。开学后，学院举行了理论测试，很荣幸我们团队以第一名的成绩进入了技能大赛的决赛。此后，我们每天都在积极地准备技能大赛的相关内容。经过大家的努力，我们获得了团队一等奖以及操作一等奖。这让我更加明确，康复治疗师是一个注重团队合作的职业，有一个好的团队才能实现康复治疗的最大价值。

2021 年 4 月 2 日，奶奶因为脑出血被送往当地医院的卒中中心进行治疗。得知这个消息后，我的心情是沉重且害怕的，但作为正在康复治疗技术专业学习的医学生，我深知脑卒中是康复治疗中较常见的病种，经过临床治疗、康复治疗师的早期干预，以及患者自身积极的功能训练，患者会很快康复。我立马买了车票赶到奶奶所在的医院。看到奶奶的症状，我不再手足无措。我尝试运用所学知识为奶奶进行康复手法治疗，并教给爸爸相关的操作方法以及注意事项。经过三周多的住院时间，奶奶恢复非常好，已经可以在扶拐的帮助下完成步行，虽然步态不怎么好，但是日常生活可以自理，能完成简单的社会活动。从爷爷生病时的迷茫到现在有了自己的想法，能够针对问题采取相应的治疗方法，我相信在奔赴康复治疗师的道路上，自己会不断成长。

插上翅膀，勇敢飞翔

因为在学院“锐进杯”康复技能大赛中的优异表现，我们团队被学校领导、老师们推选为四川省职业院校技能大赛(高职组)的参赛选手。经过一个多月的备战，我们不断完善自己专业技能上的不足，不断地提高临床思维能力。一分耕耘，一分收获，最终我荣获了四川省职业院校技能大赛（高职组）康复技能赛项理论分赛一等奖、四川省职业院校技能大赛（高职组）康复技能赛项康复治疗分赛二等奖。这些成绩都是对自己努力奋进的肯定，让我坚信熬过的夜、流过的汗水都不会白白浪费。

大学期间踏实走过的每一步，将使我在今后的成长道路上保持奋斗的热情，继续让康复治疗专业发光发热。漫漫人生路，既然选择了远方，便只顾风雨兼程！

不驰于空想，不骛于虚声

成都工业职业技术学院◆何志爽

何志爽，男，汉族，共青团员，成都工业职业技术学院轨道交通学院铁道交通运营管理专业 2019 级学生。获国家奖学金、国家励志奖学金；获第七届四川省“互联网 +”大学生创新创业大赛金奖、铜奖；获四川省优秀大学毕业生，校级优秀干部、创三好积极分子、社会实践先进个人等荣誉称号。

康德曾说过：“我已经给自己选定了道路，我将坚定不移。既然我已经踏上了这条道路，那么，任何东西都不应妨碍我沿着这条路走下去。”一直以来，我都将这句话作为座右铭。我深知大学不像高中一样靠严苛的教条来迫使自己学习，考验的是一个人的毅力与恒心。学无止境，我始终保持努力学习的劲头，第一学年我的成绩从年级第六提升到了年级第二。学有余力之时，我还积极参加学院的各种活动和各项比赛，收获颇多。

以青协之身份回报社会

时光飞逝，岁月如梭，在不知不觉中，我加入青年志愿者协会（后简称青协）已快两年。在这两年中，这个组织带给我很多，有个人能力的提高，有团队合作的快乐，有无比珍贵的友情。无数的闪光点交织在一起汇聚成灿烂的光源，点亮了我的青春。从刚刚开始的普通一员，到最后成为青协服务部部长，我感到无比自豪。

作为一名志愿者，我在助人的同时，也在“自助”。在其他生命活出色彩的同时，志愿者也能从中得到思想上的升华，深刻地领会到生命的含义。有人说，志愿者是赠人玫瑰，手留余香。的确，加入青协的两年时光中，我受益匪浅。我积极参加团市委、学校及学院组织的各项活动，从参加成都市兴隆湖马拉松志愿活动、肺结核宣传活动、校运动会志愿活动，到组织奥北环保回收志愿活动等。记得2021年3月，我与其他志愿者走进回龙社区开展志愿服务活动，慰问社区百岁老人和残障人士。在活动中，我帮助服务对象打扫卫生、整理房间，和他们谈心聊天，关切地问他们的身体状况。看着他们的笑颜，我感受到了用志愿者身份回报社会所获取的精神力量。志愿者，已不再是简简单单的一个称号，而是一种荣誉、一种社会责任。

“奉献、友爱、互助、进步”的志愿者精神代表的是青年志愿者的使命，更应该成为当代大学生的行动指南，以彰显我们青年大学生的时代风貌和精神面貌。时间推进，青春奋进，大学生志愿者仍在继续前行。

以创新之大赛磨砺自我

郭沫若说：“读活书，活读书，读书活。”在大学这个人生舞台上，我也不想失去锻炼自己的机会，于是主动参加了“果仁儿香——电动坚果夹市场引领者”和“麦克斯韦——新能源汽车防护装备缔造者”这两个创新创业项目，并参加了“互联网+”大学生创新创业大赛。比赛让我的大学生活有了新的飞跃。

在“麦克斯韦——新能源汽车防护装备缔造者”项目中，由于欠缺策划营销等方面的专业知识，如何进行产品的宣传成为我们遇到的最主要的难题。通过学习相关知识、询问指导老师，我们意识到要先进行市场背景调查、现有产品SWOT分析，确定目标群体，再选择产品宣传方式，编制产品推广上市行动计划表等。于是我们进行了文献查阅、数据收集、数据计算及其分析，最后确定了举办产品展示会、制作短视频进行产品推广、运用网络宣传及销售的方式。

而在“果仁儿香——电动坚果夹市场引领者”项目中，最棘手的问题则是如何设计电动坚果夹外形和内部机动装置，让其保持美观的同时操作更便捷。通过查阅相关资料，我们首先绘制了三维设计图，初步设计好坚果夹的外形，再对外观原材料进行分析，使产品的整体功能和层次感达到更好的效果。而对内部机动装置的设计，我们则先确定好收壳盒、固定齿板、前护板、后护板、活动齿板、电机安装座等装置部件，通过专业老师的指导，组装装置并对其进行多次试验和调整，以确保装置的实用性。

无论是哪一个创新创业项目都凝聚了整个团队的心血。我们通过协作与钻研克服了一个又一个困难，在最繁忙的时候从早上9点到达图文大厦开始工作，直到晚上10点才回到寝室。为了节约时间，大家都不约而同地尽量压缩吃饭和休息的时间。团队成员相互磨合，学会倾听他人的意见和分享自己的看法，每个人都尽自己最大的努力做好每一步。虽然忙碌、辛苦，但大家都乐在其中。在项目研究过程中，我也深深感受到团队合作的重要性和必要性，最终我们的“麦克斯韦——新能源汽车防护装备缔造者”项目荣获第七届四川省“互联网+”大学生创新创业大赛金奖，“果仁儿香——电动坚果夹市场引领者”项目则荣获铜奖。

其实，每一个伟大的成就都是这样通过“平凡”的一步一步实现的。作为当代朝气蓬勃的大学生，我们正处于创新创业的黄金时期，应顺应时代的发展，着眼于社会的需求，以学习推动创新创业，以创新创业促进学习，将“开明开放，创新创业，自强不息，奋力崛起”的精神融入创新创业的实践中去，推动社会进步，做一个合格的社会主义接班人。

“月满则亏，水满则溢。”我不会沉浸于现在的小小成就之中，而是会坚定共产主义信念，认清自己的职业取向，合理规划大学生涯，珍惜学习机遇，珍惜青春，不断增强知识更新的紧迫感，心无旁骛，刻苦钻研，练就过硬本领，勇敢肩负起时代赋予的重任。

青年是祖国的栋梁，是国家的根基，作为青年一代的大学生要有理想、有本领、有担当。青春气贯长虹，勇锐盖过怯弱，进取压倒苟安，风华正茂的我们更应该拼搏，因为唯有奋斗，唯有前行，才能书写更美丽的人生华章！

改变的确很难，但结果值得冒险

四川西南航空职业学院◆毛雨思

毛雨思，女，汉族，2001年1月生，共青团员，四川西南航空职业学院空港管理学院航空物流专业2020级学生。学习成绩优异，始终位列专业总成绩前三，获2021学年度国家奖学金；获全国大学生关务技能大赛二等奖，四川省教育厅职业技能大赛关务技能赛项二等奖，全国大学生职业发展大赛优秀奖，校级第七届“互联网+”创新创业大赛一等奖、第三届天府杯创业大赛优秀奖、科大讯飞第一届职业生涯规划大赛第二名等奖项；获评校级学习标兵、优秀大学生等荣誉称号。在校期间获得了全国计算机二级证书、SYB创业培训合格证书、普通话二级甲等证书、咏春中级格斗证书等。

改变自己，以积极的心态面对一切，才能在困境中寻到突破，才能找到提升自己、发展自己的更好途径。“改变”使我拥有了一个不悔的青春，也让我踏出了舒适圈，走向了更高更大的舞台。

端正思想，坚定信仰

金秋九月，我怀揣着对未来的憧憬，踏入了大学的校门。入校后，我积极向党组织靠拢，于2020年12月向党组织递交了入党申请书。在党校学习期间，我认真学习党的理论、方针、政策，深刻领悟并践行党全心全意为人们服务的宗旨。我一直以一名党员的标准严格要求自己，认真学习，服务班级，服务同学，积极参加学院举办的“党史我来讲，红色照我心”演讲比赛、建党100周年主题征文及合唱比赛，学院党支部主办的“红色之旅——参观黄继光纪念馆”活动。在参加活动的过程中，我了解了许多革命先辈的光荣事迹，明白了党员的责任和意义，更加坚定了入党的决心。

刻苦学习，努力奋斗

我来自四川省的一个小县城。高中时期，我和学校里的其他同学一样，每天过着教室寝室“两点一线”的生活，从未想过自己以后要做什么，也没想过未来会是什么样。直到有一次回家，我看见了母亲两鬓的白发和父亲布满茧疤的双手。这些都是他们为了这个家、为了我而辛苦付出的印记。我暗自下决心，要改变自己！

我不断探索，不断深入了解和认识自己，不断明确自己的方向和目标。爱默生曾经说过：“凡事欲其成功，必要付出代价：奋斗。”进入大学后，我坚持奋斗，牢记“完善自我，创造生活”的校训，课上认真听讲，空闲时间经常去图书馆查阅资料充实大脑、开阔视野、丰富知识。作为一名学生，我深知学习是学生的天职，大学生涯是一段需要刻苦奋斗、努力钻研、不懈探索的求学之旅。功夫不负有心人，在老师的指导和自己的不断努力下，大学期间我的学习成绩一直名列前茅，综合成绩优异。我还被评为校级学习标兵，同时考取了全国计算机二级证书、普通话二级甲等证书等。

我知道学习是一条艰辛的路，但我不会放弃。我们要明确时代赋予我们的使命，并为之不懈奋斗，始终以刚毅坚卓的精神，在成长的道路上前进。

真诚服务，提高素质

入校后我成功竞选班级班长一职。担任班长期间，我一直秉承认真负责、脚踏实地的工作原则，协助老师完成相应的学生工作，帮助同学解决日常生活中的困难，架起了老师与学生之间沟通的桥梁。此外我还设计了具有特色的班级活动，帮助提升班级凝聚力，如拔河比赛、羽毛球比赛、“谁是K歌之王”活动、新年晚会等。我还同时担任学院学生会组织部部长。任职期间，我积极带领部门成员完成部门的本职工作，协助老师完成相关工作。在我和每一位部门成员的不懈努力下，组织部荣获学院“优秀部门”称号。

也许有人认为，参加学生工作会影响学习。但我认为，学习和工作并不是对立的，我们完全可以兼顾二者，并在自己的努力下出色地完成学习和工作任务。要实现这一目标，需要有不怕苦不怕累的精神，要学会调整自己的状态，对工作和生活进行合理高效的安排。在担任学生干部的这段时间里，我遇到了各种大大小小的事情，我的随机应变能力、沟通能力和人际交往能力得到了大幅度的提升。除了积极参加学生工作，我也积极参加志愿活动，如疫情防控志愿活动、樱花节旅游文化志愿活动、植树节社区服务活动等，真诚服务他人，也体会到了帮助他人的满足感。

逐梦前行，点亮韶华

曾经的我是一个默默无闻的内向小女生，感谢这个和平的时代让我接受教育，感谢四川西南航空职业学院的培养，也感谢我自己迈出了第一步，改变了自己腼腆的性格。现在的我有勇气去接受挑战，也能坦然面对失利。

“青春虚度无所成，白首衔悲亦何及。”现在这个时代是奋斗者的时代，更是追梦者的时代。作为新时代青年，我深知过去的成绩仅仅只能代表过去，只是青春部分美好的体现，未来的道路漫长且崎岖。我会怀揣心中的梦，将奋斗作为青春的底色，争做风华少年，谱写青春壮歌！

感谢领导、老师的厚爱与同学们的信任，我坚信我在未来能成就更好的自己。未来可期，奋勇前行！

立志在坚不在锐，成功在久不在速

成都工贸职业技术学院◆邓粤洋

邓粤洋，男，汉族，2001年11月生，共青团员，成都工贸职业技术学院轨道交通学院城市轨道交通车辆技术专业2019级学生。获2020—2021学年国家奖学金、四川省大学生综合素质A级证书，获2020年四川省“挑战杯”大学生创业计划竞赛铜奖、2021年四川省职业院校技能大赛（高职组）轨道车辆技术赛项二等奖、2021年第七届四川省“互联网+”大学生创新创业大赛铜奖、2021年十三届全国交通运输行业职业技能大赛“华川杯”四川省选拔赛城市轨道交通列车司机（学生组）三等奖，获校级卓越学生、优秀团干部等荣誉称号。

我坚信不去追逐，永远不会拥有；不往前行，永远在原地停留。做一个决定或许并不难，难的是付诸行动并坚持到底。所以我一直用积极的心态、饱满的热情和高度的责任心去面对每一天。当我越过山峰后，时光告诉我，持之以恒地努力就是成功。

梦想开始，启航新征程

2019年9月，我怀揣梦想，踏进了成都工贸职业技术学院的校园。初次相遇，我就被志愿者的热情服务、老师的耐心讲解、辅导员的亲切关怀深深感染。记得我快要完成报到手续的时候，辅导员递给我一个时光胶囊，让我在纸条上写下想对三年后的自己说的话，毕业后再打开看。我思索了一下，写下了：“Keep on going, Never give up!”

全新的大学生活一直提醒着我，这里拥有无限的可能，因为一切都是从零开始的。虽然我的高考成绩并不优异，但我相信笨鸟先飞，勤能补拙。在课程学习上，我坚持课前预习、课后复习的学习方法。做“教室里面最早开灯的人，最晚关灯的人”成为我的坚持。成都工贸职业技术学院的小湖边，总是有我“八百标兵奔北坡，炮兵并排北边跑，炮兵怕把标兵碰，标兵怕碰炮兵炮”的绕口令练习声和“Life is a journey to experience to learn and to enjoy”的英语晨读声。

我一直觉得，能够钻研自己喜欢的专业是一件非常幸运的事。我始终坚持以一颗热忱的心和脚踏实地的态度寻求更好的学习方法，孜孜不倦地学习专业知识。无论是课堂上的第一排，还是节假日的图书馆都留下了我追逐梦想的身影。我见过清晨6点的晨曦，也见过深夜11点星辰。正是因为这样的坚持和努力，我的专业成绩一直保持专业第一，获得2次校级奖学金、4次院级专业奖学金，顺利通过计算机二级考试、英语四级考试。

风华正茂，做时代先锋

在校园里，我的身边出现了这样一些人，舍身跳入沱江河救人的温璧鸿同学、志愿服务时长满500小时的潘沁同学、加入蓉耀青年团的刘瑾瑞同学、参加第五届全国高校大学生讲思政课公开课荣获全国二等奖的黄廷荣同学等。对照优秀同学身上的闪光点，我不断反思自我，追求那个更好的自己。

新时代的青年应树立远大理想，勇担时代责任，争做时代先锋。为了提升自己的综合素质，也为了加强班风学风建设、服务同学，从大一开始我就主动请缨担任班级学习委员。为了担任好学习委员的职务，我努力学好专业知识，让学业成绩名列前茅。在为班级同学们树立良好榜样的同时，我也关注每一位同学的学习。考勤，记录作业提交情况，帮助老师做好作业通知，构建师生联动的桥梁，这些看似基础的工作，给我带来的却是耐心的培养、组织能力的提升。

2020年新冠肺炎疫情暴发。抗疫期间，我们不仅见证了“90后”“00后”年轻医护人员逆行出征、主动应战的勇气和付出，也看到了青年志愿者在每一处防疫卡点、服务点无私奉献的身影。这一场没有旁观者的全民行动，给大家带去了温暖和希望。作为青年一代中的一员，我也想与他们并肩抗击疫情，于是积极报名成为疫情防控志愿者，在社区、商场等人员密集场所检查健康码、测量体温、宣传防疫知识，志愿服务时长达到了 100 小时。我也因此被共青团资中县委授予“优秀志愿者”称号。青年志存高远，就能激发奋进潜力。作为一名新时代的大学生，不论在学校还是在社会，我都将继续践行和弘扬“奉献、友爱、互助、进步”的志愿者精神，在实践中“受教育、长才干、做贡献”，以奋斗、奉献描绘出彩青春。

勤学苦练，做技术能手

“朝乾夕惕，孜孜求技”八个鲜红的大字在教室黑板上方格外醒目。初入大学的我并不懂其中的含义，直到看到张易、罗淼、林雨等学校优秀学子的事迹以及他们在国家级甚至世界级技能大赛中斩获的优异成绩，了解到他们专注专一、务实肯干、坚持不懈、精益求精、追求卓越的精神时，备受鼓舞，开始明白作为一名高职院校的学生应该成为什么样子、可以成为什么样子。从此，“工匠精神”这四个字便牢牢地镌刻在我的心中，我也想像他们一样刻苦、坚持、突破。

纸上得来终觉浅，绝知此事要躬行。怀着对加入专业集训队的期待，我脚踏实地地努力学习专业知识，提高自己的动手操作能力。终于，功夫不负有心人，在大一下学期，我加入了轨道车辆专业技能集训队。除了正常的学习外，集训队每天还得训练 4 至 5 个小时。其间，充满了对专业技术的一步步探索，对操作流程的一点点完善，同时也有失败。虽然辛苦，但立志将工匠精神融入血液的我从未放弃，终于成功将车辆电气控制柜的接线时间由原来的 59 分钟缩减到 25 分钟，也具备了代表学校参加比赛的水平。但这远远不够，备赛的前几周，为了不辜负长久的付出，我主动加大训练量，全身心投入，经常凌晨才回到寝室。

最后，我以优异的成绩代表学校参加了 2021 年四川省职业院校技能大赛（高职组）轨道车辆技术赛项和 2021 年十三届全国交通运输行业职业技能大赛“华川杯”四川省选拔赛城市轨道交通列车司机（学生组）比赛，均取得了不错的成绩。正是这一次次的实践，让我学会了努力与付出。经历了“衣带渐宽终不悔，为伊消得人憔悴”的青灯黄卷后，我终于得来了那份“蓦然回首，那人却在灯火阑珊处”的悦然欣喜。

责任担当，扬帆再出发

“新竹高于旧竹枝，全凭老干为扶持。”成长路上，总有人为你点亮前行的灯，使你不畏困难，勇往直前。感谢成都工贸职业技术学院，这里有温柔博学的良师，也有与我并肩作战的伙伴。在不远的未来，我将在成都铁路局开启人生的新征程，也将一直秉承“厚德致远，精能兴业”的校训，以百倍的信心和万分的努力去迎接更大的挑战。汗水浇灌的结果，无论是失败还是成功，都鞭策着我一步步向前，永不停息。

精诚所至　金石为开

四川应用技术职业学院◆张焱梅

张焱梅，女，汉族，2000年12月生，中共预备党员，四川应用技术职业学院民族教育学院小学教育专业2019级学生。获国家奖学金、国家励志奖学金、四川省大学生综合素质A级证书，获2021年智汇巴蜀·成渝地区双城经济圈第二届大学生模拟求职招聘大赛四川赛区川西区域赛三等奖、2021年凉山州首届“点亮生涯”大中专院校学生职业规划大赛二等奖，获四川省优秀大学毕业生、校级三好学生、优秀学生干部、优秀共青团员、十佳共青团员标兵等荣誉称号。

循梦而行，向阳而生

告别了中学时代，我迈进大学校门，人生翻开了新的一页，进入了全新的阶段。对我来说，来到这个人生地不熟的陌生城市，内心更多的是好奇和迷茫。在大学里，每个人都是值得我学习的老师，每个地方都是可用于学习的课堂，每一分钟都可以成为学习的时间。当然，大学不仅仅只是学习的地方，还是提升综合素质的地方。

作为班长，我认真勤恳地做好自己的本职工作，虚心向别人学习，以全心全意为同学服务的宗旨和热心诚恳、乐观向上的工作态度认真做好每一件事情。我多次组织同学参加班级和学院的大型活动；积极参加学院组织的讲课、书法、教案设计等技能大赛；积极配合团支书组织的各项团日活动，开展“青春无悔，强国有我”“传百年薪火，谱青春华章”等主题团课。我发挥好润滑剂的作用，统筹并协调各位班委的工作，与他们团结起来建设班集体，以饱满的热情和不懈的努力完成了班级的各项工作。

初心如磐，奋楫笃行

离开了父母的怀抱，我渐渐学会了独立生活，培育起了自信、自律、自立、自强的精神，勇于应对在校园乃至和社会中面临的挑战。我大胆实践，不断地积累生活经验。

对于学习，我从不懈怠。努力学习专业知识，不断提升自己的专业素养。课前，认真预习将要学习的知识，用笔标出自己一时不能理解的地方；课堂上，虚心聆听老师的教诲，认真做笔记；课后，细心地整理课堂笔记，认真完成老师布置的作业，进行必要的复习与巩固。本着以“学习为中心全面发展”的原则，在努力学好基础课和专业课的同时，我还利用业余时间学习书本以外的东西，努力增强自己的实践能力，丰富知识面。我利用课余和周末时间勤工俭学，在减轻父亲经济负担的同时，也锻炼了自己的社会实践能力。

进校后，我鼓起勇气去参加校团委举行的纳新活动，经过笔试、面试等环节，成为学校团学组织——监察处的干事。此后，我认真完成日常工作，培养了高度的责任感。大二时，我成为监察处主席，顺利举办素质拓展比赛、辩论赛、羽毛球比赛、乒乓球比赛、西昌马拉松志愿者服务等活动，大局意识得到了极大提升，自己的管理与协调能力也得到了锤炼。这两年的磨炼使我更加恪守自己的职责。我努力发挥模范带头作用，诚恳负责，尽最大的努力干好各项工作，得到了学院领导、老师和同学们的好评。

在大学里，我体会最深的是要提升自学和实践的能力。在这三年中，我努力地提高自己的自学能力，在实践中检验所学并不断弥补缺漏。信心在我面对挑战时给予我希望，恒心使我即使在遭遇挫败时亦能坚持理想，决心则是我克服困难不断前进的内在动力。

博观约取，厚积薄发

2021年1月，我报名参加凉山州首届“点亮生涯”大中专院校学生职业规划大赛，明确了自身的职业规划。经过初赛、复赛的层层选拔，我脱颖而出，代表学校去参加州赛。临近比赛时，我的心里还是有些忐忑，因为这是我第一次参加大型比赛，但到真正比赛时我战胜了自己。功夫不负有心人，我最终获得了该项赛事的二等奖。同年5月，我又参加智汇巴蜀·成渝地区双城经济圈第二届大学生模拟求职招聘大赛四川赛区川西区域赛荣获了三等奖。

这两个比赛让我对专业知识更加了解，也更好地认识了自己及自己所处的环境，让我能理性地思考自己的未来，科学地规划自己的生涯蓝图，让自己的生活变得更加充实，更加有意义！

大一时，我就向党组织递交了入党申请书，积极向党组织靠拢。我利用课余时间进一步深入了解党的基本知识，认真学习了马克思列宁主义、毛泽东思想、邓小平理论、“三个代表”重要思想、科学发展观和习近平新时代中国特色社会主义思想，个人理论水平得到了提高。在学习、工作中，我时时刻刻以高标准、严要求规范自身，及时向党组织做思想汇报，以优异的成绩完成入党积极分子的培训与考察。2021年，恰逢建党一百周年，我很荣幸地成为一名中共预备党员。以后，我将时刻端正自己的态度，为成为一名优秀党员而不断努力，在严格要求自己的同时，不断鼓励和动员身边的同学努力学习、积极参加活动，把个人发展与国家前途紧紧地联系在一起。

乘风破浪，砥砺前行

人生如登山，难免面对峰峦险阻、山路崎岖，但总有方法使你一览众山小，那就是：一步一个脚印踏实地攀登。前途虽远，扶摇可接。我相信只要我们心怀梦想，锲而不舍，就一定能成功开启属于自己的大门！

我时常问自己：“我究竟有什么优势，可以让我立足于这个社会？”我深知只有掌握扎实的专业知识，广泛学习新技能，才能在今后日趋激烈的社会竞争中脱颖而出。因此，我将不断地挑战自我、充实自我，不浮躁不虚华，志存高远，脚踏实地地走好通向未来的每一步阶梯，在实践中不断实现人生的价值，赋予人生与众不同的意义！

感谢四川应用技术职业学院给予我的一切，我将不负母校重托，以一名新时代大学生党员的标准严格要求自己，守本分，怀揣感恩之心，迈向新辉煌！

志存高远，为理想努力奋斗

阿坝职业学院◆李琼

李琼，女，汉族，2001 年 3 月生，共青团员，阿坝职业学院经管系旅游管理专业 2020 级学生。获国家奖学金、第十六届四川省“挑战杯”大学生课外学术科技作品竞赛三等奖、阿坝州第二届“岷众动力”创新创业大赛一等奖、阿坝州第一届“岷众动力”创新创业大赛二等奖。

高中时，面对病痛的折磨，让自己坚持下去的唯一信念就是考上理想的大学，实现自己的理想。在追梦的路上，我曾被狠狠地绊倒，但是即使在自己最灰头土脸的日子里，我也从未想过放弃。经过长时间的抉择，在复读和入读阿坝职业学院之间，我选择了后者。

大学对我来说是充满挑战的。进入阿坝职业学院，我并没有感到失落，更多的是对自己内心的审问：在这里我要怎么去证明自己？怎么实现自己的理想？大学的同学来自各个地方，身上都有属于自己的闪光点，我清楚地知道自己在高中忽略了许多学习课本知识之外的东西。于是，我选择竞选班级宣传委员，根据自己的爱好加入了校学生会学习部、校礼仪队，每天很忙碌却充实而快乐。随着和学生会同学交往的加深，我越能发现自己的不足。我不断地出错，不断地总结，不断地锻炼自己，跌跌撞撞地成长着。

进入大学后，我先向优秀的学长学姐求取经验，请教他们如何度过自己的大学生活、拥有什么理想、如何处理曾经遇到的困惑等问题。我努力扩大自己的交际圈，和自信、自立的人做朋友，将优秀的人士作为自己的榜样，虚心学习他们的成功之道，用他人的奋斗经历来勉励自己，时刻注意弥补自己的缺漏。我结合自己的情况充分吸纳进步的经验，规划自己的大学生涯，在学习、生活、处世等各方面严格要求自己，时常与身边的优秀同学做比较，再自我反省、自我提升。

作为一名来自贫困山区的学生，我在生活阅历、工作能力等方面与很多同学存在差距。我刚跨入大学时，胆小、自卑、缺乏自信，不善言谈。大学给了我一个很好的成长平台，我就应该充实地去过好每一天，树立正确的价值观，积极培养自己的兴趣爱好，敢于面对自己的缺点和不足。逆水行舟不进则退，如果甘于落后，仍活在对过去的缅怀中，那么颓废自卑的心态将永远困扰我。我坚信只要自己肯努力，任何差距都可以缩短。

付出总会有回报。经过学习，我在大学参加的第一个比赛——阿坝州第一届“岷众众力”创新创业大赛中获得了二等奖。这对我来讲，无疑是最大的鼓励，也给我的 2021 年画上了圆满的句号。

追求进步是有惯性的，在得到了一些鼓励和肯定之后，我的信心更强了。所以，我抓住了所有能锻炼自己的机会。在 2021 年 4 月，我在阿坝职业学院第二届“民族团结杯”田径运动会的跳高项目中获得了第五名，虽不是特别好的成绩，但这是我成功挑战自我的证明。

我热爱自己的祖国，拥护中国共产党的领导，坚持四项基本原则，大学期间始终坚持政治理论的学习，深入学习了马克思列宁主义、毛泽东思想、邓小平理论、“三个代表”重要思想、科学发展观和习近平新时代中国特色社会主义思想。在日常生活中，我严格规范自己的言行举止，积极参加实践工作，正确贯彻执行党的路线、方针、政策和组织的决定，努力提高自己的道德修养。因此，我被评为校级优秀团员。

在学习方面，我做到了上课认真听课，刻苦钻研，勤奋努力，积极思考。并且，我也经常去图书馆自习，获取课本之外的知识，开阔眼界。在实践工作方面，我积极参加校内外各种竞赛，努力提高自己，注重全面发展。2021 年 6 月，我所在团队的作品在第十六届四川省“挑战杯”大学生课外学术科技作品竞赛中获三等奖；2021 年 9 月，我作为志愿者参加四川省文化和旅游发展大会，协助九寨沟鲁能希尔顿度假酒店完成工作；2021 年 10 月，我竞选成为校学生会学习部部长，2021 年 11 月经过学生代表大会选举，成为阿坝职业学院主席团的一员。

我以饱满的热情迎接生活中的每一个挑战，尊敬师长，团结同学，也努力用自己积极向上的心态去影响周围的同学。我深知自己和其他优秀同学之间的差距，在不放松学习、工作的同时，充分利用空暇时间进行勤工俭学，曾做过电信营业厅工作人员、酒店前台、餐厅服务员等兼职。我苦过、累过、哭过，除了赚到了一部分生活费，为家里减轻了负担外，更多的是积累了丰富的实践经验。我热爱生活，热爱奋斗，热爱苦中的乐趣。

时光荏苒，转眼间我已经是大二的学生了。回顾过去一年多的大学生活，我严格要求自己，积极进取，在老师和同学的鼓舞、帮助下，于学习、思想、工作等各个方面均取得了优异的成绩，学到了许多东西，也成长了许多。点点滴滴无不记录着自己的成长，我觉得自己没有虚度时光，迈出的每一步都坚实而有力。我为自己在学业上取得的成绩感到高兴，为自己能从工作和实践中得到锻炼感到欣慰，但也知道以后的路还很长。我将以更大的热忱不断为更高更远的目标而继续努力。

心之所向，一苇以航

德阳城市轨道交通职业学院◆赵子泉

赵子泉，男，汉族，2001年1月生，共青团员，德阳城市轨道交通职业学院城市轨道交通车辆技术专业2020级学生。获国家奖学金、校董事会奖学金，获第五届全国大学生预防艾滋病知识竞赛二等奖、世界读书日艺术活动展一等奖、大学生工会权益手抄报大赛一等奖、建党一百周年朗诵比赛二等奖，获校级“四有”优秀士兵、优秀志愿者、优秀团员等荣誉称号。参与大学生网络党校培训、“青马工程”大学生骨干班培训。

2018年的夏天，我收到了改变我一生的两份通知书——德阳城市轨道交通职业学院录取通知书和入伍通知书。经过深思熟虑，我决定保留学籍，脱下校服换上军装，响应祖国号召，投身强军伟业，吹响红色号角，为国防事业奉献一份青春力量。

锤炼

两年的军旅生涯对我千锤百炼，锻造了我钢铁般的意志，铸就了我坚定的信念，使我更加坚毅勇敢。同龄人的十七岁，上学读书享受花季；我的十七岁，站岗执勤武装奔袭。同学说我没了青春，我认为自己只是将青春融入军营，以一个军人的身份致敬青春。

作为新时代的军人，我始终坚持听党的话、跟党走，担起卫国戍边之责，扛起保家卫国之旗，以忠诚信仰、扎实本领、军人血性、高尚品德来要求自身，坚定强军信念，牢记强军目标，投身国防事业，争做“四有”优秀军人。终于，在2020年我入选全军首批“四有”优秀士兵并获得嘉奖。“有灵魂、有本事、有血性、有品德”这十二个字是习近平主席在全军政治工作会议上鲜明指出的新时代优秀革命军人的标准，这十二个字早已融入了我的血液，镌刻在我的骨子里。

胸怀报国志，青春勇担当。我将不负先辈，以我之热血，固我之中华，担当时代重任，书写无悔青春。

追梦

昔日从军报国，今朝卸甲复学；退伍不褪色，卸甲不卸志。2020年9月我选择退役复学，回到了德阳城市轨道交通职业学院的怀抱，开始了我的大学梦。

心怀不惧，方能翱翔于天际。退役复学后，我面临的最大的困难就是学习，但是经过部队的锤炼，没有什么困难是克服不了的，世上无难事只怕有心人。入学第一天我就根据目标给自己制订了一套学习计划，寻找适合自己的学习方法，律己修身。我在课前提前进入教室占前排的位置，课后到图书馆复习直到图书馆准备关门才离开，熄灯前还要思考总结当天的所作、所为、所见、所获。不积跬步，无以至千里；不积小流，无以成江海。通过一点一滴的积累、日复一日的练习，我厚积而薄发，以优异的成绩居班级第一、专业第一，荣获国家奖学金、校董事会奖学金，给自己递交了一份满意的答卷。

党旗所指，青年所向；认真学习，踏实工作。在第一学年，我积极向党组织靠拢，提交了入党申请书，完成了大学生网络党校培训，成为一名光荣的入党积极分子。2021年，恰逢建党100周年，在7月1日观看了庆祝中国共产党成立100周年大会的直播后，我向学院投稿了一篇个人感想。那篇文章被发布在了学院的微信公众号上。思政老师还将文章投稿到四川省教育厅，最后文章被“四川教育发布”收录。

入学至今，我一直担任辅导员助理一职，协助辅导员掌握学生学习情况，了解学生思想状况。我也根据自己了解的情况努力帮助有需要的同学，也因此在学院的五四评优中获得了“优秀团员”的称号。我还参加了学院实训楼的勤工俭学，主要工作是对实训楼的实训设备进行日常的维护与保养；在校国旗护卫队中担任作训部部长兼教官一职，指导国旗护卫队训练；同时积极参加学院举办的各类活动，在活动中多次获奖。我不仅自己坚持日常的体育锻炼，还带动同学们一起锻炼，提高同学们的积极性，发扬“四有”优秀军人的精神。一直以来，我努力用有限的时间学习更多知识，充实自己的知识储备，不断地激励和鞭策自己，不断地完善自我，不断前进。

立德

国无德不兴，人无德不立，人应追求知识和美德，应静以修身，俭以养德，应保有精神的明月清泉，守护心灵的空间。

青年志愿者，彰显出我们当代青年的时代风貌、担当意识、精神状态。关爱留守儿童、关爱孤寡老人、清洁社区、便民助民等一个个志愿服务活动看似是一件小事，却平凡而又伟大。他们让留守儿童茁壮成长，让孤寡老人感受到温暖，让社区美景常在，让身边的人脸上都挂满了笑容。新时代的大学生，更应积极参与各类志愿活动，服务人民，奉献社会。

身为青年大学生中的一员，我积极深入志愿服务一线，在“志愿四川”和“中国红十字志愿者”中均有相应的志愿时长。2021年暑假，我还参与了四川省教育厅开展的“小我融入大我，青春献给祖国”党史学习教育实践活动，深入留守儿童当中，担当起代理家长的角色，关心他们的生活，和他们一起做游戏，指导他们学习，引导他们健康成长，帮助他们树立正确的人生观、价值观。我正用实际行动奉献国家、服务社会，用实际行动诠释当代青年的责任与担当，让爱心的火炬不断传递。

鸿鹄展翅，志在蓝天。让我们在人生这段旅程中，志存高远，以梦为马，心怀不惧，向着心中的目标努力前进，为实现中华民族伟大复兴的中国梦不懈奋斗。

努力的日子会发光

德阳科贸职业学院◆牟瑞荣

牟瑞荣，女，汉族，2001年9月生，共青团员，德阳科贸职业学院医学与健康学院护理专业2020级学生。获2020—2021学年国家奖学金、2021年大学生中毒应对科普竞赛活动一等奖、校公寓文化节二等奖，获国际青年志愿者帮扶行动——爱心铸就凉山营养早餐活动“最佳志愿者”称号。

盛夏的梧桐永远茂盛，头顶的骄阳永远热烈，校园里的读书声永远清朗，努力的日子永远发光。你不妨大胆一点，攀一座山，追一个梦。“十年寒窗磨一剑，只待今朝问鼎时。”

刚步入大学，一切都是那么新鲜，我迫切地想要融入其中。在这里，许许多多努力的人在尽力地向前奔跑，并获得了一定的成功。而我也时常在想如何让自己的大学生活不那么迷茫，如何追上他们的脚步，成为他们中的一员。最终，我告诉自己，与其羡慕别人，不如展开实际行动。我本想抓住竞选班委这个难得的机会，但因为内心的胆怯，在自我介绍时扭扭捏捏，说到最后没了底气，最终主动放弃了这次竞选。我知道这是怯懦的表现，当时特想找个洞钻进去，那感觉直到现在还记忆尤深。后来，我想加入学生会，填写申请书的同时，内心也在纠结着，想要丰富自己的校园生活，让自己的大学变得有意义，又想吃喝玩乐地过完整个大学，到最后也没递上那份精心准备的申请书。

我自己关上了一道门，但上帝却给我打开了一扇窗。我遇到了学校社团招新。因为不想再让内心的怯懦击碎自己所憧憬的梦想，我加入了英语社团。之后，无论社团开展什么样的活动，我都积极参加。学校筹备建党一百周年庆祝活动时，要求英语社团出一个节目，我踊跃报名。最终，我和我的社友以两人英语相声的节目，代表我们社团进入了全校节目初选。这是我第一次登上属于我自己的舞台，灯光打在我的身上，台下观众都注视着我们，虽然观众不多，但我内心非常满足。我下定决心，一定要经常站在这样的舞台上。我不是天生的主角，但相信只要足够努力，我也能做那耀眼的恒星，散发光芒。

我更加努力，尽一切力量去学习，去奋斗。新学期学院学生会招新，我内心又开始纠结，于是向父亲寻求建议。他说："为什么不去？你要相信自己，你就是最棒的！就算最后结果不太理想，这机会也是难得的，总能够有所收获……"得到父亲的肯定后，我感觉充满了力量。我竞选的是宣传部部长。在面试过程中我拿出了最好的状态，仿佛自信两个大字就写在脸上。整个面试过程中我看到了老师对我的肯定。后来，老师单独找我谈话，问我是否愿意担任学生会主席一职时。我感觉大脑几乎都要停止运转了，一片空白，不知道自己能否胜任。老师说让我先试试，给我一个月的试用期。就这样，我开始处理学院学生会主席的工作，越来越严格地要求自己。在学生会的时光让我很享受，生活一下子变得更加充实，我开始慢慢明白自己真正想要的生活是什么样的。

我是一名学生，所以也一直重点关注学业。上课前我会起早抢第一排，也逐渐养成了课前预习、课后复习、认真做笔记的习惯。作为一名护理专业的学生，除了学好专业理论知识以外，我也抓紧一切机会努力磨炼自己的专业技能。实训课上，我会积极配合老师的教学工作，做模特，做示范。有时候课上需要抓青蛙、抓小鼠，女同学们吓得不敢睁眼，我便自告奋勇地去抓全班实训用的青蛙、小鼠，即使被小鼠咬破了手，也没有退缩，带领着惧怕仓鼠、青蛙的同学做完了实验。最近网上流行一个词"内卷"，意思是同行间竞相付出更多努力以争夺有限资源。在我看来，那些优秀的人不是"内卷"，而是"努力"，努力使优秀的人越发闪亮，使安于现状的人黯然失色。这是用奋斗塑造自我，让人生更为开阔。就这样，我"内卷"着，各项成绩也跻身年级前列。我抓住了学习的每一分钟，不辜负自己内心的期望。

在发展学业之外，我也试着为社会贡献一点力量。因此，参加志愿者活动成为我大学生活中最有意义的事情之一。一路走来，我将课本知识带到实践中，既锻炼了自己，又为他人奉献了爱心。让我印象最深的是为一位老奶奶量血压。开始操作时，我紧张到手心全是汗，赶紧在自己的衣服上擦干，手却抖得愈加厉害，内心越来越急躁。老奶奶好像看出了我内心的窘迫，便安慰我说："不用紧张，把我当作你的奶奶，做错了没关系的，我愿意陪你多试几次。你也还在学习，好多事情需要实践。"老奶奶的一番话，让我心潮起伏、百感交集。她耐心地等我做完，没有一丝抱怨，让我感受到了无比的温暖。这件事情以后，我决定必须努力学习课本知识，努力练习专业操作，争取下一次做得更好！我将以自己的微薄之力，为社会做贡献，用爱心体现青春最美的样子。

目前的我，有清晰的目标，有想要实现的梦想，不再迷茫。我希望用我现在的努力换未来的繁花满地。我们与其一直羡慕别人的成功，不如立刻行动，戒掉懒惰，戒掉拖沓，朝着自己心中向往的方向，去奋斗，去努力，去坚持，终有一天，也会拥有让别人羡慕的光芒万丈。所以，我会无所畏惧。梦想引领着我在黑夜中前行，伴我穿越汪洋与山陵。我努力奔跑在追梦的路上，一往直前，相信自己一定会赢。

如果你觉得生活烦闷，那就跑起来！因为会有风。如果你觉得日子黑暗无光，那就努力吧！因为努力的日子会发光！

砥砺前行　逐梦青春

眉山药科职业学院◆许可

许可，男，汉族，2000年12月生，共青团员，眉山药科职业学院护理学院2020级学生。获国家奖学金、四川省大学生综合素质A级证书；获第十一届全国大学生电子商务“创新、创意及创业”挑战赛四川赛区一等奖；获四川省“逐梦计划”大学生社会实践活动优秀实习生，四川省青年志愿者协会优秀志愿者，校级优秀团学干部、三好学生、优秀干部等荣誉称号。

如果有人问我，大学给予了你什么？我会说大学给予我的不仅仅是知识，还有交流能力、合作能力、创新能力和妥协能力的提升。

接到眉山药科职业学院录取通知书的那个暑假，我跟着爷爷去了乡下。炎炎烈日中面朝黄土背朝天的生活更加坚定了我要走出去的信念。我的家庭条件并不优渥，父母微薄的收入不仅要维持全家基本的生活，还要供三个孩子读书。我深知父母的不易，所以更珍惜这来之不易的大学生活。于是，进入大学校园的那一刻，我便告诫自己：哪怕最后的结果不尽如人意，也要用十倍的努力去搏一下自己的未来！

投身实践，展示学生精神风貌

在大一至大二期间，我一直任职于学院团委宣传部。在老师的带领和同学们的帮助下，我对团队合作以及责任心的意义和重要性有了更深入的理解。在团委宣传部的学习让我拥有了更多的经验，明白了作为一个学生干部的责任，培养出了为同学服务的奉献精神。步入大二，我成长为一个负责人，能带领团队完成相关工作。学院团委的队伍建设一直秉持着“传帮带”的传统，作为学长的我们要培养新人良好的学习态度并为他们提供学习和生活上的帮助。我积极地投身社会调研，参与了“兴文县麒麟苗族乡实地农民调查研究”“兴文县麒麟苗族乡海纳村苗乡雾米稻鱼发展项目”的社会调研活动，并凭借自己的浅薄知识提出相应的建议。在暑假期间，我分别在宜宾市兴文县莲花镇长岭村村委会、兴文县麒麟苗族乡政府进行了为期一个月的实习，并参与了当地的人大换届选举工作。参与社会实践活动，使我得到了极大的锻炼及丰富的收获。我也希望更多的大学生朋友们能够参与其中，向社会传递出新青年的正能量。

作为祖国的未来与希望，大学生承担着时代使命，其中有很多人自愿选择服务者这一角色，投身于志愿活动。步入大学后，我就加入了志愿者的行列。我先后参与了新型冠状病毒预防宣传、留守儿童之家志愿服务、护理学院舞蹈大赛志愿服务、疫苗接种志愿服务、乡村振兴宣讲志愿服务、普通话宣传志愿服务等活动。在此过程中我不仅体会到了服务他人的愉悦，也收获了很多友谊。我认为大学生志愿服务活动不仅可以使自己保持积极乐观、奉献社会的良好心态，更重要的是能让我们从中收获友谊、学会感恩、领悟人生。在以后的工作与学习中，我会一如既往地参与志愿服务活动，服务社会。

积极进取，展示学子严谨治学

作为一名大学生，我始终没有忘记要以学业为重。在不断丰富课外活动经历的同时，我始终将学习放在首要位置，平时认真学习专业知识，积极地探讨学术问题。在大一期间，我曾陷入学习困境，迷茫，懈怠。经过老师的教导，我重整旗鼓，对自己提出了更高的要求。我积极地利用学校图书馆的电子资源，聆听名师的讲座，阅读学术专著与专业论文，与老师、学长学姐、同学探讨专业问题。经过努力，我的专业水平得到了显著提升，学年成绩始终保持在年级前列。

大学生是当代科技创新的主体，我也深深地感受到了创新的重要性。撰写文章、网评和新闻稿是一名大学生基本能力的体现，因此我通过大量的阅读和写作来提升自己。截至目前，我先后发表校级新闻稿 6 篇、搜狐网网评 7 篇、宜宾市政府时事评论文章 2 篇。与此同时，在 2021 年，我还积极地组队参加第十一届全国大学生电子商务“创新、创意及创业”挑战赛。通过团队的刻苦钻研与老师的细心指导，我们不断地完善自己的参赛作品，最终获得了该项比赛四川赛区一等奖。

砥砺前行，扬帆起航

“我这个人走得很慢，但是我从不后退。”一个人人生中最美好的回忆就是在自己付出努力的每个瞬间。成绩的提升是对过往努力的认可，只有时刻鞭策自己，才不会落后。因此，我时时告诫自己，要充分发挥自己的优点，反思且改正自己的缺点，才能在激烈的竞争环境中把握时机，实现梦想。在今后的学习、工作和生活中，我将继续立足于当下，不断完善自己的规划，提高自己的素养，始终保持乐观向上的态度，不骄不躁，朝着目标奋斗，成就美好的未来。

如切如磋，如琢如磨

天府新区航空旅游职业学院◆闫贝妮

闫贝妮，女，汉族，2002年8月生，共青团员，天府新区航空旅游职业学院空中乘务专业2020级学生。曾荣获国家奖学金1次、校级绘画比赛优秀奖，获校级优秀学生、优秀学生干部等荣誉称号。

百尔所思，不如行之

清醒，是一种细小而有耐性的英雄主义。但遗憾的是我起初并没有保持清醒的头脑，而是选择了和大多数人不同的道路。我也曾荒废过一段日子，没有目标，每天过着机械的生活。小学时候的我默默无闻，初中的我成绩也一直徘徊在中下游，每天面对的只有紧张的学习、老师的批评、父母的叹息……那时候的我认为自己是一块暗淡无光的石头，不管再怎么努力都无济于事，于是便逃走了。

再次踏入校园的我，多少有些无措。大学没有用外在的严格约束和管教来督促学生学习，取而代之的是让学生自律，考验的是学生的毅力与决心。但我所体验到的大学生活不同。我每天过着安逸舒坦的生活，这种生活让我逐渐麻木、浑浑噩噩、不思进取。我问自己：大学难道不该是一个风雅的、聚集天下才识的圣地吗？父母曾告诉我大学的美好与自由，说大学是实现自己抱负的平台。“天行健，君子以自强不息”这句话让我幡然醒悟，告诉自己是时候脱离这个麻痹人的精神、名为享乐生活的泥潭了。

我曾害怕自己不是一颗明珠，不敢去刻苦雕琢，却又有几分相信自己是明珠，只要比他人多吃几分苦，也能迸发出点点星光。翻开书的一瞬间，我心中便打起了退堂鼓，害怕努力白费，害怕失败后成为大家的笑柄，但下一秒又鼓足了勇气。“三分天注定，七分靠打拼”，我开始认真学习每日的功课，尽管进程缓慢，但依旧坚持。我开始去图书馆，试图用书中的知识、风雅去洗涤我的杂念。这让我觉得意义非凡，仿佛这才是我大学全新的开始。就在一切逐渐步入正轨时，“内卷”一词的出现打乱了我的思绪。也许是因为每天上课的积极踊跃，抑或是每日在教室漫长的自习，我身边出现了一些流言蜚语。面对那些异样的目光，我动摇了，甚至开始怀疑这样努力学习的行为是不是不太“合群”。

猛虎独行，牛羊成群

当时周围人都沉溺于游戏、追剧中，努力学习的我简直就是他们眼中“离经叛道”的存在。但身处校园，不就应该努力学习吗？为什么我要因为流言而放弃正确的事情呢？我谢绝那些劝我好好享受当下的朋友，开始一个人在空荡荡的教室学习，为了挤压更多学习时间而飞速地吃饭。于我而言，孤独与喧嚣都难以忍受，但如果一定要选择，我宁可选择孤独。就这样，我在部分人鄙夷的神色里度过了大半个学期。

大半个学期的努力，终于要在学期结束的这几日迎来最终的检验。我在一众同学叫喊知识点太多太难的声音中认真复习。偶尔也会有同学来询问我解题方法，我才知道原来在不经意之间，我已经成为班上学习的标杆。功夫不负有心人，在第一学期的期末考试中，我考取了全班第一。得知这个消息的一瞬间，百般滋味涌上心头。我没有被孤单击垮，也没有被流言击溃，开始相信兴许自己也是一颗即将发光的原石。这份好成绩，让我觉得所有努力都是值得的，并且激励我朝着更远大的目标去奋斗。

前途似海，来日方长

我开始更加努力地学习。对我来说，学习不再是一种束缚，反而是一种享受。辅导员告知我们，大二学年，我们就可以参加国家奖学金的评选了，但要申请国家奖学金，至少得在系里排名前 20。我本来认为人外有人，天外有天，系中应该还有别的比我考得更好的人，我应该挤不进系里前 20 了。但下一刻，辅导员居然说我是系第一，让我好好把握机会，提交申请。当时，我恨不得向全世界宣布这一喜讯，但更令人惊喜的是，最终我获得了这份奖学金。

在校园里，我积极参加学院组织的各类活动；在班级里，真心实意地为同学们服务。为了成就更好的自己，我还制订了计划，培养出了画画、写毛笔字等兴趣爱好。学习之余，我不忘提高自己的思想水平。因一直渴望成为一名光荣的共产党员，我积极地向党组织靠拢，如今成为入党积极分子。

人生好似一艘船，不经历点儿海啸与风暴，如何能说自己见过汪洋。回首过去，我会感谢自己所经历的一切，其间的流言、质疑，已然成为航行路上漫天的浪花、骇人的惊雷。没有谁能永远一帆风顺，就像千年前第一群出海的水手们，他们克服恐惧，突破自我，破冰前行，才拥有了财富和经验。我相信，在克服种种困难后，我也能收获一路走来的美好，以及突破逆境的最珍贵的回忆。

强行者有志

西昌民族幼儿师范高等专科学校◆胡依

胡依，女，汉族，2000年2月生，共青团员，西昌民族幼儿师范高等专科学校小学教育系小学教育专业2019级学生。获2021—2022学年国家奖学金、校级一等奖学金；作品《平行的认识》在首届成渝地区小学教育联盟师范生微课大赛中荣获三等奖、项目“索玛花开生活用品设计库”在第七届“互联网+”大学生创新创业大赛校级选拔赛中获金奖；获第一届校园文化艺术节“井上添花”涂鸦比赛三等奖、第一届校园文化艺术节美术书法作品展三等奖；获四川省优秀毕业生，校级优秀毕业生、优秀团员等荣誉称号。

三年前，我带着对人民教师这个职业的憧憬来到西昌民族幼儿师范高等专科学校，成为一名师范生。时间如白驹过隙，在即将告别母校走向新的工作和学习岗位之际，回首三年的大学生活，我可以自豪地说：“我没有因为碌碌无为而感到悔恨。”

孜孜不倦　学而不厌

2019年是我人生中值得铭记的一年，因为这一年我开启了在人民教师这条道路上奋斗的征程。刚来到学校的时候，我对这所学校的一切都十分好奇，但同时也深感不安，对大学生活的不安、对同学室友关系的不安、对身在异地的不安。

我是一个自卑且敏感的女孩，会对未知感到害怕。大学里的一切都是崭新的，这让我有了从头再来的机会。刚开学不久，系里就举办了一次演讲比赛，辅导员鼓励我们积极参与。很幸运，我被班级推选了出来。在辅导员的指导下，我一遍遍修改演讲稿，演讲稿越来越完善，我也越来越自信。为了在系部比赛中取得更好的成绩，我把演讲稿背了一遍又一遍，认真挑选配乐，细心制作背景 PPT，甚至在心里模拟了忘词的情景。最终，我在演讲比赛中获得了第二名的好名次。“不登高山，不知天之高也；不临深溪，不知地之厚也。”不鼓起勇气去尝试，又哪会有胜利的喜悦。演讲比赛的成功让我发现，当勇敢地迈出第一步后，走到第一百步便不再困难。

好的开端是成功的一半，我逐渐克服了自己内心的恐惧，对自己有了自信。三年的大学之路，不仅让我学会了承担责任，更让我有了走向目标的勇气。回味三年忙碌的学习生活，我曾在夜晚十二点的教室录过课，也曾打着灯敲着键盘在寝室写过教案，还见过清晨月亮若隐若现的模样。在不断激励自我、挑战自我、充实自我的过程中，我渐渐变为自己梦想的样子，也一步步成为学弟学妹眼里的“学霸”，学习成绩名列年级前茅，成功拿下国家奖学金和校级一等奖学金。

能改变自己的从来都不是别人，而是自己。西昌民族幼儿师范高等专科学校给了我飞向梦想的翅膀，让我有条件为之付出努力，乘风破浪，飞向诗意的远方。

力学笃行　躬身实践

学高为师，身正为范。作为未来的人民教师，我必须有广博的科学文化知识和过硬的教师专业技能。我坚信：耳闻之不如目见之，目见之不如足践之。

大二的盛夏，我们参加了学校组织的见习活动。我满怀激动与欣喜地跟随带队老师到达了安宁镇小学。孩子们活泼可爱地在操场上放肆奔跑，大胆的孩子跑过来问我们：“你们是过来干什么的呢？”胆小的孩子带着好奇悄悄看我们。当我走进教室，听着孩子们喊着“老师好”“老师这是我做的”，被邀请一起做手工，被孩子们赠送美术课他们自己做的小灯笼……我的心情是难以言表的。但是这次的见习也让我发现了自己与优秀教师之间的差距，并以此自勉。

念念不忘，必有回响；不忘初心，方得始终。我没有过人的天赋，但敢于试错，不管成功与否我都会竭尽全力。我深知自己的缺点并愿意为之努力。我知道自己的语言表达能力弱、普通话水平不高，所以积极参加学校的演讲比赛和诗歌朗诵比赛；

我知道自己欠缺领导能力，所以去竞选学委，在学生工作中学会担当；我知道自己不会处理人际关系，所以加入各级学生组织锻炼自己的沟通协调能力。我也曾因为组织不好活动而自责，也曾因为屡屡过不了普通话水平测试而烦躁，也曾因为自己的“差一点点”而崩溃大哭，所幸，泥泞的道路才会留下脚步，曾经的失败才成就了现在向阳奔跑的我。

三年中，我不断充实教师专业知识，积极参加学校举办的各类教师技能比赛，用知识和汗水让自己越来越好。

不忘初心　投身教育

作为未来的人民教师，我的心底有着自己的渴望。很庆幸在别人对未来充满迷茫的时候，我已经早早地确定了人生的目标——做照亮他人的人民教师。

人生路漫漫必定波折不断，每一次的尝试并不是都会得到回报。很感激指导老师在我参加成渝地区小学教育联盟师范生微课大赛时，不厌其烦地为我的作品提出改进意见；很感激辅导员在我因无缘奖学金及各项荣誉而情绪低落时给予我的关怀；很感激我的西幼小伙伴们，在参加校园文化艺术节“井上添花”涂鸦比赛中陪我打着手电、拿着画笔一点点勾勒我们的绘画作品。进入西幼求学尽管山重水复，但各位良师对我如沐春风的照顾、披荆斩棘的护卫，让我更加坚定了学而为师的初心。

三年的大学生涯，足以让我成长为一名阳光少年。但是什么让我有了这样的成长？是晨光熹微的温柔，是烈日炎炎的热情，抑或是追梦路上面朝太阳时的心无阻、脚不停？杲杲日光，明暖可爱，我在西幼的阳光里望着远处的太阳，心里就有了抬手去抓的渴望。

三年时光转瞬即逝，而我们还有很多事情要做。成长就是一段永不停止的征途，而我为人师的初心，母校“明道、立德、育爱、奉献”的校训，会让我走的每一步都真真切切、实实在在。

立鸿鹄志，做奋斗者

达州中医药职业学院◆赵婉君

赵婉君，女，汉族，2002年6月生，共青团员，达州中医药职业学院中医学专业2020级学生。获国家奖学金，校级三好学生、“三下乡”社会实践“先进个人”等荣誉。

习近平总书记指出：“有信念、有梦想、有奋斗、有奉献的人生，才是有意义的人生。”2020年10月，我来到达州中医药职业学院，对大学宽松自主的学习模式充满了好奇和向往，但也对陌生的环境感到无所适从。新学期伊始，枯燥的学习和乏味的生活使得我没有方向，对未来感到迷茫。幸运的是，在专业课老师的悉心教导下，我对所学专业有了期待与向往；朋友间的促膝谈心以及家人的暖心关怀，让我摆正了自己心态，更加明确了前进的目标。

天道酬勤，勤能补拙

学习是当代青年人的首要任务，也是一种责任、一种精神追求、一种生活方式。作为一名青年学生，我深知学习是学生的天职；作为一名在校大学生，我更深知大学是一段需要不断努力钻研和不懈探索的旅程。在学习的道路上，成功不能一蹴而就，依靠的是日积月累。正如曾国藩曾在自己的随笔中写道：“天下之事，有其功必有其效；功未至而求效之遽臻，则妄矣。”天下的事情下足功夫去做才会有效果，功夫没下足就想有好效果是不切实际的，学习也没有任何捷径可走。因此，我在学习中始终秉持着认真、踏实、勤奋的态度，在攀登知识的高峰中一步一个脚印。

习近平总书记考察中国科学技术大学时指出：“年青人在学校这一步很重要，要心无旁骛，静下心来刻苦学习，既要读‘有字之书’，又要读‘无字之书’，努力练好人生与事业的基本功。”医学生最终的目标应该是救死扶伤。为了达到这一目标，医学生应该具备扎实的医学基础知识、熟练掌握临床技能，培养出临床思维，尽自己所学所能，完成公共卫生事业赋予我们的责任与义务，除人类之病痛，助健康之完美。因此，在紧张忙碌的学习生活中，我做到了功在课前、效在课中、思在课后，极大地提高了学习效率。同时，我积极拓宽专业知识面，优化知识结构，培养自己全方位思考的能力。

虽然学习是一段漫长的征程，但是我也懂得劳逸结合的必要性。人就像一台机器，如果经常超负荷运转，很容易损坏。孔子在《礼记》中的“文武之道，一张一弛”，就是强调生活和工作要张弛有度，有节奏地进行。如果人的大脑像闹钟发条一样绷得太紧，反而更容易感到疲劳。所以我合理安排每天的时间，提高学习效率，力争达到事半功倍的效果。

坚定信念，勇往直前

我觉得一个人的思想和自己的人生经历是密不可分的。除了思维方式外，道德修养水平和思想认识深度也是衡量一个人的重要因素。成为入党积极分子后，我坚持以习近平新时代中国特色社会主义思想为指导，认真学习党的路线、方针、政策。我知道要想成为一名合格的共产党员，需要在生活中严格要求自己。我通过“学习强国”等平台加强理论学习，通过收看新闻、阅读理论书籍来了解国家的发展趋势，做到与时俱进。在日常生活中，我养成了良好的生活习惯，热心帮助并鼓励有困难的同学，积极组织并参加有意义的活动，在班级里起到了模范带头作用。

为巩固所学知识，我还利用课余时间积极参加校内外的各种志愿者活动，秉承着“奉献、友爱、互助、进步”的志愿者精神，积极投身于志愿服务：参加社区疫情防控活动，进行疫苗接种登记与排查；参与“暖冬行·我能行”志愿活动，为空巢老人送上暖心祝福，提供符合自己专业特色的医疗志愿服务；参加暑期“三下乡”社会实践活动，与老师同学们下基层实践，为农民群众服务；参与学院春季开学志愿活动，协助同学们安全返校等。在各种活动中的所见所闻增强了我的社会责任感和历史使命感。

在其位，尽其职，胜其任

学习之余，我还担任班级副团支书、寝室长。我始终以“协助老师，服务同学”为宗旨，尽心尽力处理各项班级事务和学生工作。同时，我在工作中始终保持着严谨认真的工作态度，脚踏实地、勤恳积极地做好自己的本职工作。在担任副团支书期间，我以身作则，严格要求自己，认真完成学院下达的各项任务，全心全意为同学们服务，赢得了老师和同学们的一致好评。作为寝室长，我安排大家一起打扫卫生、整理垃圾，共同保持洁净的寝室环境。寝室氛围和谐，大家关系融洽，互相学习，共同进步。在期末考试中，每位室友都取得了很好的成绩。

读书不觉已春深，一寸光阴一寸金。大学时光似弹指一挥间，不知不觉已经过去了两年，大学生活不仅使我的能力得到了锻炼，还拓宽了我的学习视野。衷心感谢美丽的达州中医药职业学院，更要感谢传授知识的老师们和给我帮助的同学们，你们成就了我美好的大学生活，让我找到了人生的前进方向。未来的日子，不论是学习、工作，还是生活，我一定会坚持良好的习惯，充分发挥优点，及时改正不足，朝着自己的目标不懈奋斗。

逐风破浪，精诚报国

南充科技职业学院◆唐欢

唐欢，男，汉族，2001年7月生，共青团员，南充科技职业学院工程与应用技术学院新能源汽车技术专业2019级学生。获国家奖学金1次、国家励志奖学金1次，获机械行业职业教育技能大赛“行云新能杯”汽车智能网联技术技能应用赛项二等奖、四川省职业院校技能大赛新能源汽车技术与服务赛项二等奖、四川省交通运输行业职业技能大赛新能源汽车关键技术赛项三等奖、四川省大学生机器人大赛“创新创业大赛”优胜奖。

回首

2022年3月，三年的大学生活即将结束，站在大学生活的尾声回首之前的点点滴滴，仿佛发生在昨日。如果没有那些小小的契机，现在的我又是什么样？

三年前我还是一名中职生，中考失利后和大多数人一样准备经过三年的中专学习然后进入社会。中职三年里，我的生活很简单，白天上课、做好该做的事，晚上和室友打游戏放松一番，重复，重复，再重复，生活圈小到似乎没有超过学校范围。但生活真的该这样吗？我的心里好像有另一个自己，他会在通宵打完游戏或者躺在床上刷了一天视频后，跳出来质问我：这是你想要的生活吗？其实以前我也想过改变自己，也有为了在实践中学点知识和同学一起在维修店实习的经历，但是后面觉得时间不多便放弃了。曾经，我也有很多冲动的想法，但总是认为会因为一些不可抗拒的原因而失败，往往还没有开始就已经放弃。渐渐地，我觉得曾经那份单纯的冲动离自己越来越遥远。我常常想：为什么我明明最害怕的是失败，但到头来却因为“错过”，连失败的机会都没有？

转折

2019 年，在中职即将毕业之际，我听见了大学单招的信息。这次我没有只停留在“想”，而是打算放手一搏，下定决心无论结局如何，一定要全力以赴，不再给自己找那些所谓的借口。在中职最后的半年，因为有了一个明确的方向，我的生活忙碌且充实。虽然有时很累也很枯燥，但我明白这是唯一的机会。如孟子所说“故天将降大任于斯人也，必先苦其心志，劳其筋骨，饿其体肤，空乏其身，行拂乱其所为，所以动心忍性，增益其所不能”，我也只有这样才能在逆境中突出重围。

2019 年的暑假，接到班主任打来的电话，听到自己被南充科技职业学院录取的消息时，我真的是欣喜若狂，感慨这半年的努力是正确的。

开端

我开始了三年的大学生涯，一切都在有条不紊地进行中。南充科技职业学院是一个全新的学校，我们是第一届学子。我充满信心地开始不断挑战与尝试，但是现实十分残酷。我作为一名中职上来的学生，比普高生少了很多基础知识，在大学学习上十分困难。虽然比别人付出了更多的努力，但是期末成绩还是给了我重重一击。我深刻认识到自己和那些优秀同学的差距，于是从第二学期开始便调整自己的学习方法，向那些优秀的同学请教，并注重不断提高自己的综合素质。

大一的第二学期，学校举办了第一次校内的技能竞赛。我想这是展现和考验自己的机会，便报名了一个专业竞赛，并在报名后为了准备比赛而忙碌起来。这次比赛中，我获得了二等奖，也是我第一次获得奖项！当站在奖台上领奖的时候，我很高兴，因为没想到原来自己也可以做到。在专业上找到了优势后，我对省赛便多了一分期望，想着去挑战更大的舞台，于是在上大二不久听见了省赛报名的信息后，便和几个朋友一起组队。记得当时我们学校报名参赛的同学坐满了一个教室，听见比赛规则和内容后，有很多人就放弃了，但我们没有犹豫。最后报名的时候，学校就只剩下包括我们队在内的两支队伍。因为离正式比赛时间不远了，加之以前从来没有接触过创新创业赛项，我抓紧时间和队友一起商讨方案计划，很多时候不经意间就到深夜。大家拼尽全力，虽然很累，但是始终没有放弃。经过一个月的努力准备后，我们在老师的带领下到成都西南石油大学参加比赛。第一轮比赛按计划有条不紊地进行后，我们获得了一个不错的成绩，大家心情都挺不错的。在第二轮比赛中，我们给评委讲解了项目方案，但是没有得到评委的认可，成绩可想而知。我们也不气馁，虽然没有获奖，但是毕竟参加过也努力过，没有输给“错过”。比赛结束后，我们做了总结，将经历经验沉淀下来，为下一次的比赛做好准备。

突破

在习近平总书记对职业教育工作作出重要指示，提出重视技能人才工作后，四川省委省政府出台《关于加强技能人才队伍建设大力培养高素质产业大军的意见》，一个个竞赛如期而至。凭借之前比赛的经验，经过了学校的层层筛选，我们获得了四川省职业院校技能大赛的参赛资格，便又开始全力以赴为参赛做准备。

我的指导老师曾经多次参加比赛，对于比赛十分了解，常常陪着我们一起训练到半夜，向我们提出问题并指导我们解决问题。离比赛只有一个月时间了，我们为了将所有精力投入进去，几乎赛前的每一天都是在实训室度过的。比赛的前一周我们还参加了针对性的赛前培训。其间，通过和其他队伍的交流，我发现我们的项目还存在很多问题。因为时间所剩无几，我很着急，想方设法挤出时间解决问题，将能做到的尽量做到完善。比赛如约而至，我们带着学校、老师的期望和全国的优秀同学一起竞赛。虽然比赛中出现了一点小问题，但我们不负所望，获得了二等奖。我想这便是这段时间努力的收获，并为此感到十分满足。在获得老师的肯定后，我们团队自然而然要参加接下来的省赛——四川省交通运输行业职业技能大赛。我们回到学校紧张备赛一个月，在这次比赛中平稳发挥，获得三等奖的优异成绩。

延续

两次比赛，前后几个月的时间，让我对竞赛对自己有了全新的认识。我本是普通人，但我做到了，站在省赛国赛的舞台上，因为我没有只是停留在“想”上，而是去做了。一个人的优秀，对于国家、社会、学校而言是远远不够的。生活处处是精彩，这些精彩等着我们去发现、挖掘、追求。大三的学生本该出去参加实习，但很幸运，我留校实习的申请得到了批准。我将像我的指导老师一样带领学弟学妹们参加比赛，会将这份感动一直延续下去。

生如逆旅，一苇以航

资阳环境科技职业学院◆张宇

张宇，女，汉族，2000年9月生，共青团员，资阳环境科技职业学院环境工程系环境监测技术专业2019级学生。获国家奖学金、四川省大学生综合素质A级证书；获第四届全国大学生环保知识竞赛三等奖、四川省大学生计算机设计大赛暨“华迪杯”第14届中国大学生计算机设计大赛二等奖、2020年全国大学生职业发展大赛校级选拔赛优秀奖、2020年度全国大学生语言文字能力竞技活动优秀奖、2021年大学生基本技能大赛写作技能赛项校级选拔赛优秀奖；获第四届全国大学生环保知识竞赛“优秀志愿者”，校级优秀共青团干部、优秀学生干部、十佳优秀学生、先进个人等荣誉称号。

时间如白驹过隙，大学时光即将结束。两年前我怀着对大学的憧憬与自己的梦想踏入了资阳环境科技职业学院的校门，此后我不断朝着自己梦想的方向前进，取得了许多进步，也获得了一些荣誉。这些成果的背后，有我付出的许多汗水。

勤奋学习，夯实专业基础

我来自一个单亲家庭，家庭环境与氛围让我从小就明白只有靠自己才能出人头地。与那些学霸、学神相比，我资质普通，但我不甘平庸。我知道唯有努力才能缩小我们的差距，逐渐赶上他们的步伐。我以诸葛亮《诫子书》中的“夫君子之行，静以修身，俭以养德。非淡泊无以明志，非宁静无以致远”为座右铭，勤恳为学，时刻提醒自己戒骄戒躁，在勤奋进取的道路上不断求索，探索适合自己的学习方法。

刚进入大学学习时，高考失利的挫败感让我的斗志更加昂扬。在大一上学期，我始终保持着高三的学习热情，在课前做好充分预习，课后及时完成复习，不断夯实自身所学。正是平常的努力让我复习时可以有重点地查漏补缺，面对考试时从容不迫。最后功夫不负有心人，我取得了理想的成绩，每一个学期的综合成绩都排名专业第一，也很幸运地获得了国家奖学金。

积极进取，领略不同风采

当代大学生绝不能“一心只读圣贤书”，于是我不断地尝试参加各种竞赛，在磨炼中努力提高自身综合素质。我不在意参加竞赛能否拿到奖项，而是关注能否从尝试中汲取经验。

在这其中，获得第四届全国大学生环保知识竞赛决赛三等奖使我的专业兴趣倍增。我开始相信即使是理化成绩并不好的我也能在这个专业中搏出自己的天地。在大二的时候，为了检验自己的专业知识掌握程度，我制作了一份资阳市九曲河部分断面水质监测的实验方案，得到了专业课老师的认可。同年，我与校友一同参加2021年四川省大学生计算机设计大赛暨“华迪杯”第14届中国大学生计算机设计大赛，获得了二等奖。在这次比赛中，我看到了别人的闪光点，也明白了自己不能桎梏于课本。于是，我结合自己的专业特点，作为负责人带领团队参加了第七届中国国际“互联网+”大学生创新创业大赛。

我曾经把获得奖学金定为我大学生活中的一门“必修课”，为了达到这个目标，探寻到了上下求索、博学深思的学习方式。“上下求索、博学深思”的态度并不局限于知识学习，还渗透到生活中的方方面面，我也从中获得了诸多收获，训练了逻辑思维能力。后来，我去一家传媒公司从事新媒体运营工作，制作的视频的播放量曾突破百万。为了让自己有更多灵感，我坚持阅读，以增加自己的知识储备，让自己成为一个“腹有诗书气自华”的人。学生会活动让我的社交能力进一步提高；我还设定每周运动目标，不断强健体魄……

真诚服务，锤炼思想勇争先

学校为我提供了优质的学习资源和磨炼平台，我明白应该怀着感恩之心努力学习、不断进取，成为一个有用的人，回报父母、回报老师、回报学校、回报社会。获得国家奖学金以后，我深感学校与社会之恩，便积极投身于志愿服务。在大一时，我就报名成为成都大运会的一名志愿者。此后，我还参加了2019成都全球创新创业交易会志愿服务，2021春节期间也参加了广汉市抗击新冠肺炎疫情志愿服务，身体力行地践行社会主义核心价值观，多次被评为优秀志愿者。每一份志愿工作，都是一份责任。后来，我郑重地向党组织提交入党申请书。从那一刻起，我就时刻以党员的标准要求自己，不断学习党的理论知识，用马克思主义武装自己。

我深知，当代青年人肩负着实现中华民族伟大复兴的中国梦的历史使命，不可有半点懈怠。

不忘初心，一苇以航

每一个国家奖学金答辩的舞台，都是一个"神仙打架"的现场。在那里，我看到了很多优秀的人，他们或竞赛成绩突出，或社会实践经历丰富。我相信，别人的光辉闪耀只是由于他们比我更早经历涅槃，更早浴火重生，而在此之前，他们也曾经历"焚膏油以继晷，恒兀兀以穷年""动心忍性，增益其所不能"。很荣幸，我能够向他们逐步靠近甚至成为他们其中的一员。

种种经历让我知道阳光终究会照亮那些阴霾笼罩的地方。现在的我们，只此青春，是时候真正为自己大干一场，为生命赋予意义。但一次成功不代表会永远成功，我们不能躺在功劳簿上睡大觉，而是要不断鞭笞自己，砥砺前行。获得国家奖学金这个荣誉是对我的付出的肯定，但这已然是过去式。如今的我需要去继续努力，继续朝着自己的目标奋斗，成就更好的自己。我相信，唯有努力和奋斗，才能改变我的人生。

立足平凡　成就不凡

南充文化旅游职业学院◆汪必臻

汪必臻，男，汉族，2001年11月生，共青团员，南充文化旅游职业学院旅游管理专业（历史文化旅游管理方向）2020级学生。综合成绩排名本专业第一；获国家奖学金，2021年全国研学课程设计大赛三等奖，全国高校青年抗疫志愿者，校级三好学生、学习标兵、优秀共青团员等荣誉。

不是每一滴汗水都能有所报偿，但只要拥有登高望远的耐力和雄心，终能水滴石穿，翻越山海，成就不凡。

骐骥千里，非一日之功

我的求学之路并不是一帆风顺的。高考失利后，我通过调剂志愿来到南充文化旅游职业学院。理想和现实的落差并没有消磨我的斗志，而是更加明确了我对未来的规划。我一直保持对学习的热爱，坚持努力学习的态度，更加渴求获取知识。我下定决心不虚度光阴，全力以赴地去锤炼出一个崭新的自己。回首一路走来的时光，我越发珍惜这段求学经历。

纸上得来终觉浅，绝知此事要躬行。学习是我们的第一要务，只有善于学习、善于思考，不断总结方法和经验、不断积累，才能有质的飞跃。课前，我坚持做好预习，整体了解下一堂课所学的内容，为课堂学习做好准备；课上，认真听讲，积极参与课堂互动，勤于思考，认真做好笔记；课后，按时按质完成老师布置的任务，注重与同学们的交流学习，通过练习来查漏补缺。在坚持不懈的努力下，我取得了专业第一的成绩。

理论学习需要与实践相结合。对于所学的专业，我深知实践操作与理论知识结合的重要性，并深刻认识到自己的不足，明白要全面地提升自己，就必须抛弃怯弱、自卑、偷懒的心态。我通过一遍一遍的技能实操，将理论知识运用到实践中，从学中做，在做中学，不断巩固所学知识，提高专业技能水平。我积极参加各类比赛，在导游技能大赛、演讲比赛等学科竞赛中都取得了较好的成绩，也提升了专业能力。我的成长就是在这样一步一步的磨砺中实现的。在这个过程中我看到了自己的无限可能。

凡心所向，一苇以航

大学以来，班主任的谆谆教诲让我受益匪浅。我记得班主任时常抽出时间为我解答疑惑，将自己所知所学倾囊相授。在参加各类技能大赛时，班主任为我提供了悉心的指导和实质性的建议，助我一路披荆斩棘；在参与国家奖学金答辩前，他帮我字斟句酌地修改答辩稿，让我能够自信从容地站在答辩会场上。2021 年 6 月，我参加了全国研学课程设计大赛，班主任尽心尽力地对我们团队进行专业指导，为我们拨开迷雾化解迷茫。通过班主任的指导及团队的共同努力，我们顺利地完成了参赛作品，并取得了全国三等奖的优异成绩。此次比赛提高了我的专业技能水平，增强了我的团队协作能力，磨炼了我面对困难和挫折的韧性。在学院首届“红色旅游线路创意策划大赛”中，我所在的团队取得了第一名的好成绩，坚定了我们在后续的省赛、国赛中力争佳绩的信心。虽然天赋不高，但我相信每一分付出都能结出硕果，每一个理想插上翅膀都会翱翔，每一个青春都会因为奋斗变得精彩！

古人云：学贵得师。班主任严谨的治学之风和对事业的孜孜追求将影响和激励我一生，他对我的关心和教诲，我更将永远铭记。

除了学习、比赛，我还积极参加社会实践活动。大一寒暑假期间，我作为一名志愿者积极投身基层防疫工作，为家乡发展贡献了青春力量。参加各种社会实践活动让我更加重视社交沟通，使我在团队协作等方面积累了许多经验，提升了我的组织、管理和协调能力，同时，也磨炼了我的意志，让我不断将责任要求转化成责任信念。正是这种信念，鼓舞着我不放弃、不懈怠，不断朝向更高的目标前进。

永葆热忱，笃行不怠

有一分热，发一分光，点亮自己，用自己的能量去照亮他人是一种价值追求。从大一开始，我一直担任班级学习委员，认真履职，做好老师和同学之间的桥梁，同全班同学一起构建良好的学习环境。我所在的班级于2021年12月被学院评为“先进班集体”，我和班级的另外3名同学包揽了大一学年本专业的年级前四名。通过不断努力，我考取了普通话水平二级甲等证书、四川省大学英语新三级证书、全国计算机等级考试一级证书，并积极备考大学英语四级考试、全国计算机二级考试、导游资格考试。

一年多以来，我收获的不仅仅是成长，更多的是责任与担当。思想是行动的先导，认识是行动的动力。思想的先进性取决于正确的世界观、人生观和价值观的引领，因此要树立坚定的共产主义崇高信仰。大一时，我就向党组织递交了入党申请书，参加了入党培训并获得了党校结业证书。对党的理论的学习使我的思想得到进一步升华，懂得了青年学子所肩负的责任和使命。在日常学习生活中，我也坚持以党员的标准严格要求自己，不断提升自身政治素养，充分发挥先锋模范作用。

心怀感恩，以此致谢

凡是过往，皆为序章。大学的求学之路已过半途，其间，我经历了“跋涉”的坎坷，得到了破茧成蝶、浴火重生般的成长。在此，我感谢老师们对我的细心培养，他们不仅传授我丰富的知识及学习和实践的有效方法，还教会我如何为人处世。没有他们的辛勤培育和谆谆教导，就没有我今天的荣誉。

我会心怀感恩不断提升自己，全面发展自己，努力实现人生价值。我要把荣誉转化成不断前行的动力，奋斗于新的征程！我也始终坚信，若你选择灿烂，山无拦，海无遮！